마가복음의 이해

The Gospel according to

MARK

마가복음의 이해

2020년 12월 27일 초 판 1쇄 인쇄
2020년 12월 30일 초 판 1쇄 발행

저 자 • 양 창 삼
발행인 • 조 경 혜
발행처 • 도서출판 그리심
07030 서울시 동작구 사당로2길 72 인정 인정 B동 (B01)

등록번호 • 제 7-258호(1998. 4. 23)
출 판 사 • 전화 523-7589 팩스 523-7590
홈페이지 • http://grisim.biz
전자우편 • grisimcho@hanmail.net

값: 표지 뒷면에

ISBN 978-89-5799-448-1 93230

양 창 삼

저 서

『기독교와 현대사회』로 한양대에서 우수저술상을 받았고,
『헨리 나우웬의 실천하는 영성』은
문화관광부 우수교양도서로 선정되었다.
함께 쓴 『뒤르케임을 다시 생각한다』는
대한민국 학술원 우수학술도서로 선정되었다.

기독교 관계 주요 저서로
『기독교사회학의 인식세계,』
『뒤틀린 삶의 문제와 기독교적 해답,』
『자아의식과 예수의식,』
『조선을 섬긴 행복: 서서평의 사랑과 인생』 등이 있다.

바른 성경읽기에 관심을 가져
『창세기』를 비롯한 모세오경, 『열왕기 상하 읽기』, 『시편 읽기』,
『잠언의 이해』, 『이사야의 이해』, 『다니엘서』, 『소선지서』, 『마태복음의 이해』를 비롯한 사복음서, 『사도행전의 이해』, 『로마서의 이해』,
『고린도전서와 고린도후서의 이해』, 『빌립보서』,
『히브리서의 이해』, 『베드로전서와 베드로후서의 이해』,
『요한1 · 2 · 3서와 요한계시록』 등을 내놓았다.

머리말

마가복음(Mark)은 네로 황제 때 박해 받던 교인들을 대상으로 썼다. 풍랑을 만난 사람들이다. 마가는 로마식 이름이고, 히브리식 이름은 요한이다. 예수님이 잡히시던 밤 벗은 몸으로 도망한 청년이 있었는데, 그 사람을 마가로 보기도 한다. 그만큼 예수를 뒤에서 따랐던 인물이다.

마가는 어머니 마리아와 함께 예루살렘에 살았다. 그의 집은 유명한 "마가의 다락방"으로 예수님이 최후의 만찬을 베푸신 곳이자 오순절 때 성령님이 강림하신 곳이다.

마가는 예수님의 직계 제자는 아니다. 베드로의 제자로, 베드로는 그를 "아들"이라 불렀다. 베드로의 사역지에서 통역을 하며 그를 도왔다. 그를 통해 예수님의 말씀과 행적에 관해 더 자세히 듣고 마가복음을 기록했다.

마가는 바나바의 생질이기도 하다. 바울과 바나바는 그를 안디옥에 데려가 제1차 전도여행을 함께 했다. 그런데 도중에 예루살렘에 돌아가는 바람에 제2차 전도여행 때 함께 할 수 없었다. 바울이 못마땅하게 여겼기 때문이다. 마가는 바나바와 함께 구브로(Cyprus) 전도를 했다. 하지만 바울의 제3차 전도여행 때는 바울 곁에 있었다. 관계가 회복된 것이다. 바울이 2차로 투옥되었을 때 바울은 소아시아에 있던 마가를 "나의 일에 유익한 자'라 부르며 데려오도록 했다. 마가는 바울에게 있어서도 매우 필요한 존재가 되었다.

마가복음은 예수님을 "하나님의 아들"로 묘사되고 있다. 1장 1절부터 "하나님의 아들 예수 그리스도의 복음의 시작이라"로 시작되고 있다. 십자가 사건에서도 백부장은 "이 사람은 진실로 하나님의 아들이었도다"라고 고백한다. 변화산 사건에서도 하나님은 음성을 통해 예수님은 하나님의 아들이심을 확증해준다.

마가복음은 이방인을 위한 복음서이다. 유대인의 관습을 잘 모르는 사람들을 위해 몇 가지 사실들을 잘 설명해주고 있다. 7장에서 장로들의 전통을 설명한 것이나, 예수님이 귀먹고 말이 어눌한 자를 고치시며 "에바다!" (Ephphatha)라 하셨는데, 그 뜻이 "열려라" 임을 가르쳐준 것이 그 보기이다.

마가복음에는 '곧, 즉시, 바로' 라는 말이 많이 나온다. 이것은 마가복음이 순종의 복음인 것을 보여준다. 이것은 그가 소아시아 내지전도를 하려던 바울을 따라가기보다 예루살렘으로 돌아온 불순종에 대한 자신의 회한이 작용했을 것으로 보인다.

마가복음은 예수님의 수난 기사를 중점적으로 다루고 있다. 예수님의 공생애 중 마지막 수난 주간에 대한 기사가 복음서 전체의 3분의 1을 넘는다.

많은 사람들은 마가복음이 4복음서 중에서 첫 번째로 기록되었다고 믿고 있다. 하지만 기록연대는 확실하지 않다. 16장에서 9-20절은 나중에 첨부되기도 했다. 마가복음의 메시지 중 "인자가 온 것은 섬김을 받으려 함이 아니라 도리어 섬기려 하고 자기 목숨을 많은 사람의 대속물로 주려 함이니라." (10:45)는 구절은 예수님 생애의 두 가지 초점, 곧 봉사와 희생을 잘 드러내고 있다. 이것은 우리가 이 땅에서 어떤 삶을 살아야 하는가를 잘 가르쳐주고 있다.

마가복음은 단순히 예수님의 생애사가 아니다. 그분은 하나님의 아들이시자 우리의 참 구주이심을 가르쳐 준다. 그리고 우리는 이웃에게 복음을 전하고, 그분의 삶을 이 땅에서 구현해야 할 작은 예수임을 일깨워주고 있다. 마가복음을 통해 주님을 만나기 바란다.

차 례

마가복음

마가복음의 이해

The Gospel according to

MARK

마가복음

마가복음 1장

세례 요한의 선포, 예수님의 세례 받으심, 시험 받으심, 네 제자를 부르심, 귀신을 쫓아내심, 시몬의 장모를 고치심, 나병을 고치심

1. 세례 요한의 선포(1-8절)

마가복음은 "하나님의 아들 예수 그리스도의 복음의 시작이라"(1절)로 시작되고 있다.

마가복음은 다른 복음서와는 달리 예수님의 탄생, 유년기 등을 언급하지 않고 바로 공생애로 들어간다. 1절은 예수님이 "하나님의 아들"이요 그리스도, 곧 메시야이심을 드러내고 있다. 본질상 하나님이시란 말씀이다. 이것은 주님에 대한 마가 자신의 신앙고백이기도 하고, 우리 모두의 신앙고백이어야 함을 보여주고 있다. 마가는 예수 그리스도의 복음(*euangeliou*, gospel)의 시작(*arche*, beginning)은 다음으로부터 출발한다는 것을 선언하고 있다. 그 시작은 바로 세례 요한의 출현이라는 것이다. 요한은 예수를 증거하며 그의 앞길을 예비하는 자로서 회개의 세례를 베풀었다.

"선지자 이사야의 글에 보라 내가 내 사자(*angelon*, messenger)를 네 앞에 보내노니 그가 네 길을 준비하리라 광야에 외치는 자의 소리(*phone*, voice)가 있어 이르되 너희는 주의 길(*ten hodon*, the way)을 준비하라 그의 오실 길을 곧게 하라 기록된 것과 같이."(2, 3절)

마가는 이사야의 글을 언급하고 있다. 이것은 이사야 40:3을 인용한 것이지만 출애굽기 23:20, 말라기 3:1 등도 혼합하여 인용하였다. 이사야의 예언은 원래 하나님께서 유다 백성을 바벨론 포로 생활에서 해방시켜 본국으로 인도하시기 위해 가까이 임하실 것을 상징적으로 표현한 것이다. 이를 위해 바벨론과 팔레스타인 사이에 있는 시리아 사막에 여호와의 길이 예배되어야 한다. 유다의 해방은 예수님을 구주로 영접함으로 얻게 될 영광스러운 해방을 예표하는 것이다. 따라서 세례 요한은 그리스도를 예비하기 위해 광야에 외치는 자의 소리가 된 것이다.

"주의 길을 예비하라"는 것은 유다로 하여금 해방될 것을 확신케 하는 예언이자 백성들의 마음을 준비하게 하는 명령이다. 광야에 외치는 자의 이 외침은 백성들에게 그리스도를 맞을 준비를 하도록 하는 것이다. 이제 우리도 이 주님을 맞을 준비를 철저히 할 필요가 있다.

4, 5절은 세례 요한이 출현하는 대목이다. 그는 구원 역사에 있어서 매우 중요한 역할을 담당했다. 말라기 이후 약 300년 이상 이스라엘은 선지자를 가지지 못했다. 하지만 사람들은 모세와 같은 선지자가 나타날 것을 대망했다. 그러므로 세례 요한의 출현은 종말론적 사건으로, 메시야 시대가 다가왔음을 보여주는 중요한 전환점이 되었다.

"세례 요한이 광야에 이르러 죄 사함을 받게 하는 회개의 세례(*baptisma*, baptism)를 전파하니."(4절) 세례 요한은 "회개의 세례"를 전파했다. 회개(*metanoias*, repentance)는 방향의 전환을 의미한다. 삶의 변화를 일으키게 하는 생각과 마음의 근본적인 돌이킴으로, 죄에 복종하던 자가 방향을 완전히 돌려 하나님께 복종하는 것이다. "회개의 세례"라 한 것은 그가 회개의 표징으로 세례를 주었기 때문이다.

그가 이처럼 회개를 강조한 것은 메시야 시대가 다가왔기 때문이다. 이것은 종말이 가까웠음을 보여주는 것으로, 그 때에는 하나님의 심판이 따르게 된다. 따라서 그 무서운 심판으로부터 구원을 받기 위해서는 지금 속히 회개하지 않으면 안 된다고 보았기 때문이다. 회개의 시급성을 강조한 것이다. 심판 때 회개하는 것은 이미 늦다. 그 때 아무리 크게 회개한다고 해도 주님은 그것을 받아들이지 않으신다.

"온 유대 지방과 예루살렘 사람이 다 나아가 자기 죄를 자복하고 요단강에서 그에게 세례를 받더라."(5절) 세례 요한의 외침은 사람들의 마음을 움직였다. 사람들은 그의 말을 듣지 않거나 그로부터 도망하지 않았다. 유대 각 지방은 물론 예루살렘 사람들이 그를 찾아와 "어찌 할꼬"하며 크게 죄를 회개하고 요단강에서 세례를 받았다. 회개 운동이 전국적으로 번진 것이다.

요한은 누구인가. 그는 낙타털 옷을 입고 허리에 가죽 띠를 띠고 메뚜기(locusts)와 석청(wild honey)을 먹었다(6절). 이것은 사막의 유목민처럼 소박하게 입고 먹으며 살았음을 보여준다. 낙타털로 짠 옷을 입고 허리에 가죽 띠를 띤 그의 모습은 선지자 엘리야의 복장과 같았다(왕하 1:8, 슥 13:4, 말 4:5, 눅 1:17). 석청은 들판의 나무나 돌 사이에서 나는 야생 꿀이다.

하지만 그가 전한 메시지는 아주 강한 것이었다. 그의 메시지는 뒤에 오실 메시야, 곧 그리스도에 집중되어 있었다.

"나보다 능력 많으신 이가 내 뒤에 오시나니 나는 굽혀 그의 신발 끈을 풀기도 감당하지 못하겠노라."(7절) 요한은 그리스도가 내 뒤에 오시지만 자신보다 능력이 많으신(mightier) 분이라 하였다. 그리고 자신은 그의 신발 끈을 풀기조차 감당하지 못한다 했다. 당시 신발 끈을 푸는 것은 종들이 하던 일이었다. 주인이 외출했다 돌아오면 종이 그의 신발 끈을 풀었다. 요한이 그 일조차 감당하지 못한다는 것은 뒤에 오시는 이의 종 역할조차 해드릴 자격조차 없다는 것이다. 이것은 겸손의 표현이다.

"나는 너희에게 물(*hydati*, water)로 세례를 베풀었거니와 그는 너희에게 성령(*Pneumati hagio*, the Holy Spirit)으로 세례를 베푸시리라."(8절) 자기는 물세례를 베풀지만 그리스도는 성령 세례를 베푸실 것이라는 말이다. 성령으로 세례를 베푼다는 것은 구약에서 말하는 메시야 시대의 특징이다(겔 36:26, 욜 2:28). 요한의 물세례는 메시야이신 예수님이 베푸실 성령세례를 예고하는 것으로, 이 말은 오순절 때 성령 강림으로 이루어졌다.

2. 예수님께서 세례를 받으시다(9-11절)

마가는 예수님의 본격적인 공생애에 앞서 두 사건을 소개한다. 하나는 예수님이 그 때에 갈릴리 나사렛으로부터 와서 요단강에서 요한에게 세례를 받으신 것이고, 다른 하나는 광야에서 시험을 받으신 것이다.

죄가 없으신 예수님이 요한으로부터 회개의 세례를 받으신 것은 의를 이루기 위함이다(마 3:15). 죄가 없음에도 불구하고 스스로 죄인의 자리에 서신 것이다(사 53:12). 죄 있는 우리와 같이 되신 것이다. 이것은 사람들의 죄를 자신이 대신 지시고 그들을 위해 죽으시겠다는 엄숙한 결심을 나타내신 것이다(사 53:6, 요 1:29). 내가 서야할 자리에 주님이 대신 서주셨다.

10, 11절에는 삼위 하나님의 세 인격이 나타나있다. 아버지가 말씀하시며, 아들은 세례를 받으시고, 성령이 아들에게 내려오신다.

예수님이 세례를 받고 물에서 올라오시자 곧(*euthys*, immediately) 하늘이 갈라지고(tearing open), 성령이 비둘기같이 자기에게 내려오는 것을 보셨다. 성령이 비둘기같이 임한(a dove descending upon Him) 것이다. 이것은 능력이 임하는 순간(empowering moment)을 보여준다. 성령을 통해 하나님의 능력이 베풀어지는 것이다.

그리고 하늘로부터 소리가 났다. "너는 내 사랑하는 아들이라 내가 너를 기뻐하노라." 하나님 아버지의 이 말씀은 예수님의 정체성을 입증한다. 예수님이 결점이 하나도 없는 인생이었음을 하나님이 입증하시는 말씀이다. 하나님으로부터 인정을 받으면 죽음도 두려워하지 않는다. 예수님은 하나님으로부터 인정받는 이 감격을 갖고 사셨다. 우리도 하나님으로부터 인정받는 자가 되자.

3. 시험을 받으시다(12, 13절)

마가는 예수님께서 세례를 받으신 후 곧(*euthys*, immediately) 광야에서 시험 받으신 것을 짧게 소개하였다.

마가는 여기에서 네 가지를 강조했다.

첫째, 성령이 예수님을 광야(*eremon*, wilderness)로 몰아내시었다(drive out). 이것은 세례를 받으실 때도 함께 하신 성령님이 시험 받으실 때도 함께 하심을 나타낸다. 주님은 성령 충만한 가운데 시험을 넉넉히 이길 수 있었다.

둘째, 광야에서 40일을 계시면서 사단(*Satana*, Satan)에게 시험을 받으셨다. 사단의 시험이 있었음을 말한다. 광야에서 사단의 시험은 유혹이다. 물질, 명예, 권세 등 보이는 세상의 쾌락을 즐기고 보이지 않는 하나님 나라를 과감히 버리라는 것이다. 첫 사람 아담은 이 시험에서 실패했다. 하지만 마지막 아담은 시험하는 자, 곧 사단의 궤계를 과감히 물리치심으로 첫 사람 아담의 실패에 따른 비참한 결과를 설욕할 수 있게 되었다.

셋째, 광야에서 들짐승과 함께 계셨다. 메시야 시대가 오면 사나운 들짐승도 유순하게 되어 사람들과 함께 평화롭게 지내리라는 기대가 있었다(사 11:6-8, 65:25). 짐승들도 예수님께서 어떻게 시험을 극복하시는 지 직접 눈으로 보며 배고파하실 때 함께 아파하고, 승리하실 때 영광을 돌렸을 것이다.

끝으로, 천사들이 예수님의 시종을 들었다(ministering). 천사들은 주님께서 결국 승리하심을 보고 기뻐 찬양했을 것이다. 이제 주님은 모든 시험을 이기고 영광스럽게 공생애를 시작하게 된다.

4. 네 제자를 부르시다(14-20절)

이 단원에서는 예수님의 갈릴리 전도 사역이 시작됨과 함께 네 제자, 곧 시몬과 그의 형제 안드레, 야고보와 그의 형제 요한을 부르신 장면을 소개하고 있다.

세례 요한이 잡힌 뒤에 예수님께서 갈릴리에 오셔서 하나님의 복음을 전파하셨다(14절).

"때가 찼고 하나님의 나라가 가까이 왔으니 회개하고 복음을 믿으라."(15절) 때가 찼다는 것은 하나님이 정하신 때(*kairos*, time), 곧 카이로스의 시간이 다 되었다는 말씀이다.

예수님이 전한 복음은 하나님의 나라(*he basileia tou Theou*, the Kingdom of God)였다. 히니님의 나라는 하나님이 통치하시는 나라다. 그 나라가 가까이 왔다는 것은 하나님의 종말론적인 통치가 가까운 장래에 실현될 것이라는 말씀이다. 예수님은 이 말씀을 통해 하나님이 자신의 인격과 사역을 통해 그 통치를 시작하셨으며, 오래지 않아 그 통치를 완벽하게 실현하실 것을 말씀하고 있다. 그러므로 회개하고 복음을 믿으라(repent and believe)는 것이다.

예수님이 갈릴리 바닷가를 지나가시다가 네 제자를 부르셨다. 갈릴리는 바다가 아니라 호수다. 그런데도 가끔 바다라 부르는 이유가 있다. 유대인에게서 바다나 호수는 큰물이 있는 곳이다. 그 큰물을 히브리어로 "얌"(yam)이라 부른다. 먼저 시몬(Simon)과 그의 동생 안드레(Andrew)가 바다에서 그물을 던지고 있는 것을 보셨다. 시몬은 베드로를 가리킨다. 그들은 어부였다. 예수님은 그들을 향해 "나를 따라오너라. 내가 너희를 사람을 낚는 어부(*halieis anthropon*, fishers of men)가 되게 하겠다."고 하셨다. 하나님 나라의 어부가 되라는 말씀이다. 그들은 즉시 그물을 버리고 예수를 따라갔다.

예수님은 조금 더 가시다가 세베대의 아들 야고보(James)와 그의 동생 요한(John)이 배에서 그물을 깁고 있는 것을 보시고 그들을 또한 부르셨다. 그들은 아버지 세베대를 일꾼들과 함께 배에 남겨 두고, 곧 예수를 따라갔다.

어부 네 사람 모두 "즉시" 주님의 명령에 순종했음에 주목할 필요가 있다.

5. 회당에서 말씀을 전하시고 귀신을 쫓아내시다(21-28절)

예수님과 그 제자들이 가버나움(Capernaum)으로 들어가셨다. 곧 안식일이 되자 예수님은 회당(synagogue)에 들어가 가르치셨다. 회당은 유대인들이 안식일에 예배를 드리는 곳이다. 하지만 평상시에는 재판소, 학교 등으로 사용되었다. 회당에는 회당 장들이 있어 회당에서 행해지는 모든 일, 곧 예배 의식, 교육, 재판 등을 관리하고 주관하였다. 회당에는 노래로 예배를 인도하는 핫잔(Hazzan)과 율법을 가르치는 랍비(Rabbi)들이 있어 회당을 출입하는 사람들을 지도하였다. 예수님은 가버나움 회당장의 허락을 얻어 자유롭게 설교할 수 있었다. 예수님은 가버나움뿐 아니라 각처에 있는 회당에서도 설교할 수 있는 기회를 얻었다.

사람들은 예수님의 가르침에 놀랐다. 예수님께서 서기관들(*grammateis*, scribes)과는 달리 권위 있게 가르치셨기 때문이다. 서기관들은 율법을 익히고 전하는 율법전문가들이다. 그들은 또한 회당에서 이스라엘 민족의 역사와 전승도 가르쳤다. 그런데 예수님의 말씀은 서기관의 말과는 달랐다. 서기관들은 유전에 집착하고 권위 있는 자의 말을 인용하여 해설하는 데 그쳤지만 예수님은 자신의 권위로 하나님의 나라를 직접 선포하고 회개하도록 촉구했기 때문이다. 사람들은 크게 놀라지 않을 수 없었다. 전하는 메시지의 내용도 다르고 시종 압도하는 힘이 있었다. 27절을 보면 주님의 말씀은 귀신도 제압할 정도였다.

그 때에 회당에 더러운 귀신(unclean spirit), 곧 악한 귀신 들린 사람이 하나 있었다. 귀신이 사람에게 들어가는 이유는 하나님의 형상대로 창조된 자들을 괴롭히고 멸하기 위함이다. 그 사람이 갑자기 큰소리로 말했다. 귀신은 예수님이 자신의 능력을 제어할 수 있는 분으로서 자신들의 강력한 대적자라는 사실을 알았기 때문이다.

"나사렛 예수여 우리가 당신과 무슨 상관이 있나이까 우리를 멸하러 왔나이까 나는 당신이 누구인 줄 아노니 하나님의 거룩한 자(*ho Hagios*, the Holy One)니이다."(24절)

"우리가 당신과 무슨 상관이 있나이까"는 "왜 우리를 간섭하려 하십니까"라는 뜻이다. 귀신은 예수님이 누구신지 알고 있다고 말한다. 그리고 당신은 하나님의 거룩한 자라고 한다. 귀신의 이 같은 말은 예수님으로부터 쫓겨나지 않으려는 방어적인 태도이다. 당신은 거룩한 분이고, 우리는 귀신으로 엄연히 다른데 왜 우리를 쫓아내려 하는가. 우리는 당신의 정체를 다 알고 있다는 것이다.

예수님은 귀신을 꾸짖으시고, "잠잠하고 그 사람에게서 나오라" 하셨다. 입 다물고 그 사람에게서 나가라 명령하신 것이다. 그러자 귀신은 그 사람에게 발작을 일으켜 놓고 큰 소리를 지르며 나왔다.

이 광경을 지켜 본 사람들이 모두 놀라며 서로 이렇게 말했다. "이게 어떻게 된 일이냐? 정말 권위 있는 새로운 가르침이다. 더러운 귀신들도 그 명령에 복종하지 않는가." 그들은 예수님의 가르침을 "새 교훈"(*kaine didache*, new teaching)이라 하였다. 더구나 귀신조차 예수님의 말씀에 순종하는 것은 지금까지 볼 수 없었던 놀라운 일이었다. 이 일로 예수의 소문이 곧 갈릴리 온 지방에 널리 퍼졌다.

6. 시몬의 장모를 고치시다(29-34절)

가버나움 회당에서 나오신 예수님은 곧 야고보와 요한과 함께 그곳에 있는 시몬과 안드레의 집에 들어가셨다. 시몬 베드로는 안드레와 한 집에 살면서 장모를 모시고 있었다. 그런데 시몬의 장모가 열병(*pyressousa*, great fever, violent fever)으로 누워 있었다. 이 열병은 이 지역에서 흔히 발생하는 고열을 동반하는 병으로, 잘못하면 죽을 수도 있는 병이다. 말라리아 일종으로 보기도 한다.

사람들이 이 일을 예수님께 말씀드리자 예수님은 가셔서 그녀의 손을 잡아 일으키셨다. 그러자 즉시 열병이 떠났다. 치료가 신속하게, 그리고 완전하게 이루어졌다. 주님이 함께 하시면 열병도 물러난다. 시몬의 장모는 예수님의 일행에게 시중을 들었다. 안식일 음식을 대접한 것이다. 열병으로 인해 남으로부터 섬김을 받던 자리에서 일어나 남을 섬기는 자리로 나아간 것이다.

날이 저물 때에 사람들이 모든 병자와 귀신 들린 사람을 예수께로 데리고 왔다. 해가 지면 안식일은 끝난다. 환자를 안식일에 운반하는 것은 안식일을 범하는 것이므로 안식일이 끝나기를 기다린 것이다. 온 동네 사람들도 문 앞에 모여들었다. 예수님은 온갖 병에 걸린 사람들을 고쳐 주시고, 많은 귀신을 내쫓으셨다. 하지만 귀신들이 말하는 것을 허락하지 않으셨다. 귀신들이 예수님이 누구이신지를 알았기 때문이다.

예수님은 십자가에 죽으실 때까지 자신의 정체를 숨기고자 하셨다. 당시 유대인들은 메시야에 대해 잘못된 생각을 가지고 있었다. 그들을 위해 정치적인 문제를 해결하고 이적을 행하실 것으로 착각하고 있었기 때문이다. 예수님은 인류의 죄를 대속하기 위해 오신 분이시다. 그 일을 이루시기 위해 수난을 당하시고 죽으시는 메시야이시다.

7. 전도여행(35-39절)

새벽 아직도 밝기 전에 예수님은 일어나 한적한 곳(*eremon topon*, solitary place)으로 나가셔서 거기서 기도하고 계셨다. 예수님은 평상시에는 전도를 하며 하나님 나라를 선포하셨다. 하지만 아주 이른 새벽 같은 때는 특별히 시간을 내어 하나님께 나아가 기도하셨다. 전도 여행을 하기에 앞서, 이적과 교훈을 펴시기 전에 크신 능력을 힘입으시기 위함이다. 이것은 예수님의 강력한 복음 선포와 이적 행하심의 배경에는 한적한 곳에서의 기도가 있었음을 보여준다.

예수님이 기도하는 시간에 시몬과 그의 일행이 예수님을 찾아 나섰다. 예수를 만나자 그들은 모든 사람이 주를 찾고 있다고 했다. 그러자 예수님은 "가까운 여러 고을로 가자. 거기에서도 내가 말씀을 선포해야 하겠다. 나는 이 일을 하러 왔다."고 하셨다. 예수님은 자신이 복음 전파의 사명이 있음을 분명히 하셨다. 예수님은 온 갈릴리와 여러 회당을 두루 찾아가셔서 말씀을 전파하고, 귀신들을 쫓아내셨다. 말씀 사역과 치유사역을 통해 하나님의 나라가 이 땅에 임하신 것을 보여주신 것이다.

8. 나병을 고치시다(40-45절)

나병환자(*lepros*, leper) 한 사람이 예수님께 와서 그 앞에 무릎을 꿇고 간청했다. "원하시면(*ean theles*, if you are willing) 저를 깨끗하게 하실 수 있나이다." 예수님께서 고쳐주고자 하시면 깨끗하게 해주실 수 있다는 말이다. 주의 능력을 신뢰하고 있음을 보여준다.

예수님은 그를 불쌍히 여기시고(*splanchnistheis*, moved with compassion) 손을 내밀어 그에게 대시고 말씀하셨다. "내가 원하노니 깨끗함을 받으라." 불쌍히 여기심은 문자적으로 그 환자를 보고 "가슴을 찢는 아픔을 느끼셨음"을 말한다. 그의 아픔에 깊이 공감하신 것이다. 이것은 그를 향한 주님의 자비와 긍휼을 나타낸다. 율법에 따르면 나병환자는 사람들에게 가까이 갈 수 없다. 그러나 주님의 사랑은 율법을 넘어서 그의 다가옴을 용납했을 뿐 아니라 고침까지 주었다. "그렇게 해주마. 깨끗하게 되어라." 그 즉시 나병이 그 사람에게서 떠나고 깨끗하게 되었다.

예수님은 그를 보내시며 단단히 이르시며 두 가지를 부탁하셨다.

하나는, 아무에게도 아무 말도 하지 말라는 것이다. 이것은 자신의 정체를 숨기시고자 하는 뜻을 담고 있다.

다른 하나는, 가서 제사장에게 네 몸을 보이고, 네가 깨끗하게 된 것에 대하여 모세가 명령한 것을 바쳐서, 사람들에게 증거로 삼도록 하라는 것이다. 나환자가 다시 정상적으로 사회생활을 하려면 제사장에게 완치되었음을 인정받은 다음 예물을 드리도록 되어 있다. 레위기에는 제사장이 나병을 진찰하는 규례가 언급되어 있고(레 13:16, 17), 결례법에 따라 제물을 바치고 정결하게 되었음을 일반에게 알리는 규례가 있다(레 14:2-32).

그러나 완치된 그는 가만히 있지 않았다. 나가서 이 모든 일을 이곳저곳에 알렸다. 주의 사랑을 입은 자는 가만히 있을 수 없다. 그러자 나병을 고친 이야기가 널리 퍼지게 되었다. 그로인해 예수님은 드러나게 동네로 들어가지 못하시고 바깥 외딴 곳에 머물러 계셨다. 그래도 사람들이 알고 사방에서 예수께로 모여들었다.

마가복음 2장

중풍병자를 고치심, 레위를 부르심, 금식 문제, 안식일 문제

1. 중풍병자를 고치시다(1-12절)

며칠이 지나서 예수님은 다시 가버나움으로 들어가셨다. 예수님이 집에 계신다는 말이 퍼졌다. 이 집은 베드로와 안드레의 집으로 추정된다. 예수님은 가버나움을 전도의 전진기지로 삼으셨고, 이곳을 방문할 때 이 집이 활용되었을 가능성이 높다.

많은 사람들이 모여들어 마침내 문 앞까지 꽉 차게 되었다. 발 들여놓을 틈도 없었다. 예수님은 그들에게 말씀(*logon*, word)을 전하고 계셨다.

그 때에 한 중풍병자(*paralytikon*, paralytic)를 네 사람이 데리고 왔다. 원문에는 "마비환자"라 되어 있다. 하지만 사람들이 너무 많아 그를 예수님께 데려갈 수가 없었다. 그분이 계신 곳의 지붕을 뜯어 병자가 누워 있는 들것(*krabatton*, pallet, mat)에 달아 내렸다. 당시 팔레스타인 집의 지붕은 갈대, 마른 풀, 나뭇가지들로 덮여 있고 그 위에 점토를 발라놓은 정도여서 쉽게 벗게 낼 수 있었을 것이다. 또 지붕으로 올라가는 계단이 붙어있어 그 계단을 이용했을 것이다. 들것에 실려 온 것을 보면 환자의 상태가 중했음을 보여준다. 중풍병은 뇌경색으로 인해 뇌의 오른쪽이 문제가 생기면 몸의 왼쪽에 마비가 오고, 뇌의 왼쪽에 문제가 생기면 오른쪽 몸을 잘 쓰지 못한다. 따라서 이 환자의 상태로 보아 단순 중풍병자라기보다 원문처럼 전신이 마비된 전신

장애인으로 보는 것이 바람직하다.

병자는 무엇보다 예수님 앞으로 가면 고침을 받을 수 있다는 믿음을 가졌다. 한계상황에서도 자신의 생명을 귀하게 여기는 것도 믿음이다. 주님은 그런 믿음의 사람에게 고침을 주시고, 사명을 주신다. 그리고 사람들, 특히 네 친구의 도움을 받아 예수께로 올 수 있었다. 친구들은 사랑과 우정으로 병자를 예수님 앞으로 이동시키는 데 총력을 기울였다. 이것은 예수님을 향한 병자의 믿음과 친구들의 확신 그리고 사랑의 실천이 어떤 정도였는가를 보여준다.

예수님은 그들의 믿음을 보셨다. 병자뿐 아니라 친구들의 믿음을 보신 것이다. 그리고 중풍병자에게 말씀하셨다. "작은 자(*teknon*, son)야 네 죄 사함을 받았느니라."(5절) 이것은 예수님만이 죄를 사할 수 있는 권세를 가진 분임을 드러낸다. 예수님은 바로 핵심으로 들어갔다. 이 사람의 문제는 육체적인 것으로 보이지만 사실은 영적인 죄의 문제가 심각하다는 것을 보신 것이다. 그러므로 육체적인 고침만 받는다고 해결될 일이 아니다. 그래서 "네 죄 사함을 받았다(*aphientai*, be forgiven)"고 말씀하신 것이다. 그 원인을 제거하는 것이 중요하지 병만 고친다고 되는 일이 아니다. "허물의 사함을 얻고 그 죄의 가리움을 받은 자는 복이 있도다."(시 32:1) 이 사건에서 장애인, 비장애인, 예수님이 어우러져 아름다운 세상을 만들고 있다.

마침 그곳에 서기관, 곧 율법학자들이 거기에 앉아 있었는데, 그들은 속으로 의아하게 생각했다(*dialogizomenoi*, reasoning). "이 사람이 어떻게 이런 말을 한단 말이냐? 하나님을 모독하는(*blasphemei*, blaspheme) 말이다. 하나님 한 분 밖에, 누가 죄를 용서할 수 있는가?" 예수님이 병자를 향해 "네 죄 사함을 받았다"는 말에 충격을 받은 것이다.

예수님은 그들이 말로 표현하지는 않았지만 그들이 마음속으로 무슨 생각을 하고 있는지 이미 아셨다. 그리고 "네 죄 사람을 받았느니라" 하는 말과

"일어나 네 상을 가지고 걸어가라" 하는 말 중 어느 것이 쉽겠느냐고 하셨다. 쉽다는 것은 진정한 회복을 위해 무엇을 해야 하는가 하는 말씀이다. 주님이 보시기에 진정한 회복은 죄 사함을 받았다는 것을 깨달은 다음에 오는 것이다.

나아가 예수님은 "이 땅에서 죄를 용서하는 특권(*exousian*, authority)이 내게 있다는 것을 보여 주겠다." 하시고 중풍병자를 향해 말씀하셨다. "내가 네게 이르노니 일어나 네 상을 가지고 집으로 가라."(11절) 일어나 네 침구를 가지고 집으로 돌아가라는 명령하신 것이다.

그러자 병자가 일어나 곧 상을 가지고 모든 사람 앞에서 나갔다. 전신마비로 움직일 수 없었던 자가 일어서 자기 자리를 들고 밖으로 나간 것이다. 사람들은 이 모습을 보고 놀라지 않을 수 없었다. 그들은 소리 높여 하나님께 영광을 돌리며 말했다. "우리가 이런 일을 도무지 보지 못하였다." 이런 일은 처음 보았다는 것이다.

2. 레위를 부르시다(13, 14절)

예수님이 다시 바닷가로 나가시자 많은 군중이 뒤따라왔다. 예수님은 그들을 가르치셨다. 그런 다음 길을 가시다가 알패오의 아들 레위(*Leuin*, Levi)가 가버나움의 세관에 앉아 있는 것을 보시고 "'나를 따르라." 하셨다. 세리인 그를 제자로 부르신 것이다. 그러자 그는 일어나 예수님을 따랐다.

레위는 마태를 가리킨다. 레위는 그의 본 이름이고, 마태는 다른 제자처럼 회심한 후 따로 받은 이름으로 보인다. 원래 레위는 이스라엘 열두 지파 중 레위 지파를 가리키는 이름이어서 그의 이름은 그가 속한 지파를 가리킬 수 있다는 주장도 있다.

그는 알패오의 아들로 소개되는데, 열두 제자 가운데 작은 야고보(James

the Less)도 알패오의 아들로 소개되어 있어 두 사람 모두 한 형제일 가능성이 있다고 보는 학자도 있다.

레위는 세관에 앉아있었다. 이것은 그가 세리였음을 보여준다. 당시 세리는 두 종류가 있다. 하나는, 술이나 곡식 같은 상품에 세금을 부과하는 일반적인 세리, "가바이"(*gabbai*)이다. 다른 하나는, 세관 통관 물에 세금을 매기는 세리, "미크사"(*mikhsa*)이다. 레위는 가버나움 세관에서 일하는 미크사였다. 당시 세리는 로마 제국(중앙정부)이나 헤롯(지방정부)을 위해 일했고, 권리를 남용하는 일이 많아 유대인들로부터 증오와 멸시를 받았다. 예수님은 그런 그를 제자로 부르신 것이다.

3. 죄인들과 식사하시다(15-17절)

예수님이 레위의 초대를 받고 그의 집에 가서 식사를 하게 되었다. 그 때 많은 세리와 죄인들도 예수와 그의 제자들과 자리를 같이 했다. 예수님을 따라온 것이다.

예수님이 죄인들과 세리들과 함께 음식을 잡수시는 것을 보고 바리새파의 서기관, 곧 율법학자들이 예수의 제자들에게 물었다. "어째서 당신의 선생은 세리들과 죄인들과 어울려서 음식을 먹는가?" 이 말은 세리처럼 직책상 불결하거나 율법, 특히 음식을 먹기 전 정결의식도 제대로 지키지 않는 저들과 함께 음식을 먹을 수 있는가 묻는 것이다. 함께 식사를 하는 것은 그만큼 친밀하다는 뜻인데, 예수님이 그럴 수 있느냐는 말이다. 율법의 정결 규정을 철저히 지키는 바리새파 서기관이 보기에 확실히 문제가 있어 보였기 때문이다.

예수님께서 그 말을 들으시고 그들에게 말씀하셨다. "건강한 자에게는 의사가 쓸 데 없고 병든 자에게라야 쓸 데 있느니라 나는 의인(*dikaious*, the righteous)을 부르러 온 것이 아니요 죄인(*hamartolous*, sinners)을 부르러 왔노라." (17절)

예수님의 대답은 바리새인의 사고방식과는 엄청난 차이가 있음을 보여준다. 바리새인들은 죄인과 세리를 상대하지 않는다. 죄인과 세리는 종교적으로 부정한 자들로 상종할 수 없는 자로 보기 때문이다. 자기들은 그들과 다르다고 생각하고 그들과 자리도 함께 하지 않는다. 그러나 예수님은 다르다. 죄인들을 사랑하시고 그들과도 식사를 함께 하신다. 사회적으로 차별을 받고 있는 그들이야말로 치료가 필요한 병든 자다. 예수님은 그들을 구원하시고자 이 땅에 오셨음을 분명히 하고 있다. 예수님은 인간을 차별하기 위해 오신 것이 아니라 인간회복을 위해 오셨다.

4. 금식 문제(18-22절)

요한의 제자들과 바리새파 사람들이 금식(fasting)하고 있던 어느 날, 사람들이 예수님께 와서 물었다. "요한의 제자들과 바리새파 사람들의 제자들은 금식하는데 선생님의 제자들은 왜 금식을 하지 않습니까?"

당시 금식은 보편적인 것이었다. 유대인들은 속죄일에 금식했고, 바리새인들은 일주일에 월요일과 목요일 두 번 금식했다. 그들은 금식을 많이 하는 것이 하나님을 향한 열심이라 생각하였다. 사람들이 예수님을 찾아와 한 질문은 금식을 빗대어 예수님과 그의 제자들이 하나님을 향한 열심이 없는 무리라 비난하고자 하는 의도가 담겨있다.

예수님은 그들에게 말씀하셨다. "혼인 잔치에 온 손님들이, 신랑과 함께 있는 동안에 금식할 수 있겠느냐? 신랑을 자기들 곁에 두고 있는 동안에는 금식할 수 없다. 그러나 신랑을 빼앗길 날이 올 터인데, 그 날에는 그들이 금식할

것이다.”(19, 20절)

예수님은 자신의 시대를 혼인잔치로 상징되는 메시야 시대, 곧 혼인잔치가 벌어지는 때라고 선언하신다. 혼인잔치는 메시야의 구원의 때를 상징한다. 당시에는 7일 동안 혼인잔치를 벌렸다. 혼인잔치에 참석한 사람들은 신랑과 더불어 혼인의 기쁨을 누린다. 여기서 신랑은 예수님이다. 구원이 날이 임했고, 혼인의 노래가 울려 퍼진다. 이같이 즐거운 때에 금식은 어울리지 않는다.

하지만 신랑을 빼앗길 날이 온다. 이것은 예수의 수난과 죽음을 암시하는 구절이다. 예수님이 수난을 당하게 되면 제자들은 슬픔을 이기지 못하여 금식하게 될 것이다.

“생베 조각(a patch of unshrunk cloth)을 낡은 옷(old garment)에 붙이는 자가 없나니 만일 그렇게 하면 기운 새 것이 낡은 그것을 당기어 해어짐이 더하게 되느니라 새 포도주(*neon oinon*, new wine)를 낡은 가죽 부대(old wineskins)에 넣는 자가 없나니 만일 그렇게 하면 새 포도주가 부대를 터뜨려 포도주와 부대를 버리게 되리라 오직 새 포도주는 새 부대에 넣느니라.”(21, 22절)

생베조각과 낡은 옷, 새 포도주와 낡은 가죽 부대는 복음과 관련된 새로운 삶과 유대교의 낡은 방식의 삶을 대조한 것이다. 생명력이 넘치는 예수님의 복음을 유대교의 금식과 같은 낡은 의식으로는 감당하지 못한다는 말씀이다. 메시야 시대에는 유대교처럼 낡은 방식, 곧 종교적인 행위나 업적을 쌓는 것이 아니라 새 시대의 방식, 곧 하나님이 주시는 구원의 은총을 받아 기쁨을 누리고 복음 안에서 새 삶의 방식을 따라 살아가야 한다는 것이다.

5. 안식일 문제(23-28절)

어느 안식일(Sabbath)에 예수님께서 밀밭 사이로 지나가시게 되었다. 제자들이 길을 내면서, 밀 이삭을 자르기(plucking, pick) 시작하였다. 바리새인이 그것을 보고 예수께 말했다. "보십시오, 어찌하여 이 사람들은 안식일에 해서는 안 되는 일을 합니까?"

유대인들은 전승에 따라 안식일에 39가지의 노동행위를 금지했다. 그 가운데 하나가 바로 추수작업이다. 바리새인들은 평일이 아닌 안식일에 이삭을 자르는 행위를 추수행위로 간주하고, 이를 문제 삼은 것이다.

예수님은 그들에게 말씀하셨다. "다윗과 그 일행이 먹을 것이 없어서 굶주릴 때에, 다윗이 어떻게 하였는지를 너희는 읽지 못하였느냐?"(25절) 예수님은 이스라엘에 추앙하는 다윗 왕의 예를 드셨다. 다윗과 그 일행이 그랬다면 바리새인들도 더 이상 비난할 수 없는 노릇이다.

"아비아달(Abiathar) 대제사장 때에 그가 하나님의 전에 들어가 제사장 외에는 아무도 먹을 수 없는 진설병(the loaves of the presentation), 곧 차림빵을 먹고 자기 일행에게도 주지 않았느냐?"(26절)

제사장들은 안식일마다 새로운 떡을 하나님께 드렸다. 물려낸 묵은 떡은 오직 제사장들만이 나누어 먹도록 되어 있다. 그런데 다윗은 놉에 가서 제사장 아히멜렉을 찾아갔다. (사무엘상 21:1에 따르면 아비아달의 부친인 아히멜렉이 당시의 대제사장이었다.) 제사장은 다윗과 그 일행이 굶주리고 있다는 사실을 알고, 그들에게 물려낸 거룩한 떡(the consecrated bread), 곧 진설병을 내주어 먹게 하였다(삼상 21:1-6). 진설병은 성소 안에 있는 진설병 상에 두 줄로 여섯 개씩 진열해놓은 떡을 말한다. 열두 진설병은 열두 지파를 가리킨다. 진설병은 우리의 생명의 떡이 되신 예수 그리스도를 상징한다(요 6:48, 55).

그리고 말씀하셨다. "안식일이 사람을 위해 있는(made for man) 것이지 사람이 안식일을 위하여 있는 것이 아니다."(27절) 안식일의 근본정신은 인간에게 유익을 주는 데 목적이 있다. 사람에게 복이 되도록 안식일을 제정하셨다는 것이다. 그러므로 안식일과 같은 중대한 때에 율법의 외형을 위반한다 해도 그 정신을 살리는 것이 옳다는 말씀이다.

"그러므로 인자는 안식일에도 주인(*kyrios*, Lord)이다"(28절) 안식일은 하나님께서 제정하신 것이다. 예수님은 하나님으로부터 모든 권세를 받으신 분이시다. 그의 권세가 아버지와 하나이다(요 10:30). 예수님은 안식일에 관한 규례들을 친히 만드실 권한을 가지고 계신다. 이른 의미에서 예수님은 안식일에도 주인이시다. 안식일은 그 주인이신 예수 그리스도를 위해 존재한다.

마가복음 3장

안식일에 병을 고치심, 열두 제자를 택하심, 성령을 훼방하는 죄, 예수님의 참 골육

1. 안식일에 병을 고치시다(1-6절)

예수님이 다시 회당에 들어가셨다. 그런데 거기에 한쪽 손 마른 사람, 곧 한쪽 손이 오그라든(*exerammenen*, shriveled, withered) 사람이 있었다. 그날은 마침 안식일이었다. 따라서 사람들은 예수님이 그 사람을 고치는지 주시하고 있었다. 고치면 곧장 고발하려는 것이었다. 당시 유대교의 율법 해석에 따르면 생명이 위독한 경우가 아니라면 안식일에 병자를 고쳐서는 안 된다. 손 마른 사람 정도는 생명이 위독한 경우에 해당되지 않는다고 본 것이다.

예수님은 손 마른 사람에게 말씀하셨다. "한 가운데에 일어서라."(Stand up in front of everyone) 일어나 사람들 앞으로 나오라 명령하신 것이다.

예수님은 안식일에 손 마른 사람을 고치는지 지켜보고 있는 사람들을 향해서도 말씀하셨다. "안식일에 선을 행하는 것과 악을 행하는 것, 생명을 구하는 것과 죽이는 것, 어느 것이 옳으냐(*exestin*, lawful)."(4절) 그러나 그들은 아무 대답도 없었다. 선을 행하는 것이 옳다고 하면 예수님이 병자 고치는 것을 긍정하는 것이 되고, 선을 행하는 것이 옳지 않다고 하면 그들의 도덕관에 문제가 있는 것이 되므로 침묵할 수밖에 없었다.

예수님은 노여운 얼굴로 둘러보시고 그들의 완악한 마음(*porosei tes kardias*, the hardness of the heart, stubborn heart), 곧 고집스런 마음을

슬퍼하셨다. "완악함(*poros*)"은 원래 대리석의 일종을 가리키는 말이었다. 완악한 마음은 돌처럼 굳은 마음을 뜻한다. 예수님은 병자에게 말씀하셨다. "네 손을 내밀라."(Stretch out your hand) 그가 손을 내밀자 오그라든 그의 손이 완전히 회복되었다.

그 모습을 본 바리새인들이 나가서 곧 바로 헤롯당(the Herodians)과 함께 어떻게 예수를 죽일까 의논했다. 예수님을 죽일 방법을 모의한 것이다. 당시 헤롯당은 바리새인과 적대관계를 유지하고 있었다. 헤롯당은 갈릴리 지방을 다스린 헤롯 안티파스와 가까웠던 정치적 여당으로, 친 로마 성향이어서 바리새인들이 싫어했다. 하지만 예수님을 제거하는 데는 둘이 하나가 되었다. 그들은 예수님을 제거대상 1호로 보고 서로 협력한 것이다.

2. 예수님을 따르는 큰 무리와 병 고치심(7-12절)

예수님이 제자들과 함께 다시 갈릴리 바닷가로 가시자 갈릴리 지방에서 온 많은 사람들이 뒤따랐다. 또 유대, 예루살렘, 이두매, 요단강 건너편, 두로와 시돈 근처에서도 많은 사람들이 예수님의 하신 일을 듣고 몰려왔다. 이두매(Idumea)는 예루살렘 서남쪽에 위치한 곳으로 주전 6세기 무렵 에돔 사람들이 거주하여 이런 명칭이 붙여졌다. 요단강 건너편(beyond the Jordan)은 베뢰아 지방을 가리킨다. 두로(Tyre)와 시돈(Sidon)은 팔레스타인 서북쪽에 위치한 페니키아 해안 성읍들이다. 멀리서도 예수님의 소문을 듣고 몰려든 것이다.

예수님은 몰려드는 사람들을 피하기 위해 제자들에게 작은 배 한 척을 준비하도록 하셨다. 예수님이 많은 사람들을 고쳐 주시자 병으로 고생하는 사람들이 예수님을 만지려고 마구 밀어닥쳤기 때문이다.

또 더러운 귀신들(unclean spirits), 곧 악한 귀신들은 예수를 보기만 하면 그 앞에 엎드려서 외쳤다. "당신은 하나님의 아들입니다." 예수님을 가리켜 "하나님의 아들"(*ho huios tou Theou*, the Son of God)이라 한 것은 예수님이 메시야이심을 드러내는 것이다. 군중들은 지금 예수님으로부터 병 고침을 받기 위해 온 것일 뿐 그가 하나님의 아들임을 알지 못한다. 그러나 귀신들은 예수님이 누구이신지 알고 있었다. 당시 사람들은 메시야를 정치적으로 해석하여 메시야가 초자연적인 힘을 발휘하여 정치적으로 억압을 받고 있는 자기들을 고통에서 해방시켜 줄 것으로 기대했다. 이것은 자기 백성을 위해 고난을 받고 죽으시기 위해 오신 것과는 거리가 먼 기대다.

예수님은 귀신들을 엄히 꾸짖으시며 자신을 세상에 드러내지 않도록 하셨다(they should not make him known). 예수님이 그렇게 하신 이유는 여러 가지다. 무엇보다 예수님의 정체를 드러낼만한 때가 아직 이르지 않았기 때문이고, 메시야에 대한 왜곡된 기대 때문이기도 하다. 나아가 예수님의 정체성을 드러내는 중한 일을 귀신이 맡을 일도 아니다. 예수님께서 귀신들이 자신의 정체성을 나타내는 것을 허용할 경우 예수님을 반대하는 사람들이 예수님을 귀신과 한 패라 비난할 가능성이 아주 높다.

3. 열두 제자를 택하시다(13-19절)

예수님이 산에 올라가 자기가 원하는 사람들을 부르셨다. 그러자 그들이 모두 예수께로 나아왔다. 예수님은 열 두 제자를 따로 세우셨다.

이것은 그들을 자기와 함께 있게 하시고 또 내보내어 전도도 하게 하시며 귀신을 쫓아내는 권능도 주시기 위함이었다(14, 15절). 이것은 예수님이 왜 제자들을 두시려 했는가를 보여주는 대목이다. 크게 세 가지다. 첫째는 예수님과 함께 살면서 그분의 말씀을 직접 듣고 배우는 것이다. 둘째는 복음 전도를 위함이다. 그들을 가리켜 "사도"라 하는 데, 이것은 "보냄을 받은 자"라는 뜻을 가지고 있다. 예수의 이름으로 파견되어 구원의 메시지를 전하는 것이다. 끝으로, 귀신을 내쫓는 임무를 수행하도록 하기 위함이다. 귀신을 쫓는다는 것은 예수의 이름으로 악한 영들을 물리치는 것으로, 여러 이적 중 가장 대표가 되는 이적이다.

열두 제자는 다음과 같다. 베드로라는 이름을 받은 시몬(Simon), 보아너게(Boanerges) 곧 우뢰의 아들들(Sons of Thunder)이란 이름을 받은 세베대의 두 아들 야고보(James)와 요한(John), 안드레(Andrew), 빌립(Philip), 바돌로매(Bartholomew), 마태(Matthew), 도마(Thomas), 알패오의 아들 야고보(James), 다대오(Thaddaeus), 가나안인(the Zealot) 시몬(Simon), 그리고 예수를 판 가룟 유다(Judas Iscariot)이다.

시몬은 벳새다 사람으로, 베드로라는 이름이 더해졌다. 베드로는 헬라어이고, 아람어로는 게바이다. '반석', '바위' 라는 뜻을 가지고 있다. 안드레는 그의 형제이다. 야고보와 요한은 형제로, 우레의 아들이라는 별칭이 더해진 것은 그들의 성격을 반영한 것으로, 명예욕과 질투심이 강하고 다혈질이었다. 야고보는 열두 제자 중 가장 먼저 헤롯에게 순교 당했다. 빌립은 벳새다 사람이다. 바돌로매는 나다나엘과 동일 인물이다. 마태는 세리 레위이다. 도마는 디두모라는 다른 이름을 가지고 있다(요 11:16). 알패오의 아들 야고보는 세베대의 아들 야고보와 다른 인물로, "작은 야고보"로 통한다. 다대오는 야고보의 아들 유다이다(눅 6:16). 요한복음 14:22에는 가룟인 아닌 유다로 소개된다. 가나안인 시몬은 열심당원이다. 가나안인은 열심당원을 가리키는 별칭이다. 열심당원은 로마로부터 독립을 쟁취하기 위해 무력을 사용했던 투쟁적 혁명당원을 가리킨다. 가룟 유다는 예수를 팔고 스스로 목숨을 끊었다. 그 대신 맛디아(Matthias)가 보선되었다(행 1:26).

예수님은 어부, 세리, 혁명당원 등 다양한 배경을 가진 사람들을 제자로 부르셨다. 이것은 예수의 구원 사역이 이념과 반목을 넘어선 하나님의 종말적 사역임을 보여준다. 제자들은 예수님과 함께하며 생생한 현장교육을 받고 장차 오순절 성령 강림 이후 초대교회에서 기둥과 같은 역할을 담당했다.

4. 성령을 훼방하는 죄: 용서받지 못하는 죄(20-30절)

예수님이 집에 들어가시자 다시 많은 사람들이 몰려왔다. 이 집은 베드로의 집일 가능성이 높다. 예수님 일행은 식사할 겨를도 없었다.

한편 예수님의 가족은 예수님이 미쳤다는 소문을 들었다. 그리하여 예수님을 붙잡아 고향으로 데려가려고 이곳까지 찾아 나섰다(21절). 예수님이 친척과 고향, 직업을 버리고 떠돌이 생활을 하고 있었고, 그가 귀신들린 사람들을 고치셨다. 그런데 예수님이 미쳤다는 나쁜 소문이 들렸다. 그러자 가족들이 예수님께서 혹시 잘못된 것이 아닌지 몹시 걱정하며 그를 찾아 나선 것이다.

그뿐 아니다. 예루살렘에서 내려온 서기관, 곧 율법학자들로부터도 모함을 받았다. 그들은, 예수가 바알세불(Baalzebul)이 지폈다, 곧 귀신 들렸다고 했다. 바알세불은 문자적으로 "하늘의 주", "집 주인"이라는 뜻으로 왕이신 바알, 귀신의 왕, 사단을 가리킨다. 에그론 사람들이 섬기던 우상 바알세붑(Baal-Zebub), 곧 "파리의 주", "파리 떼의 주"도 바알세불이라 불렀다. 서기관들은 예수님이 귀신들린 자들을 깨끗하게 하시자 그가 귀신의 왕, 곧 바알세불의 힘을 빌어서 이적을 베푼다고 하였다(22절). 예수님이 귀신 들렸고, 귀신의 힘을 빌려 귀신을 쫓아낸다는 것이다. 예수님은 서기관들로부터도 모함을 받으셨다.

그래서 예수께서 그들을 불러 놓고, 비유로 그들에게 말씀하셨다.

“사단이 어떻게 사단을 쫓아낼 수 있겠느냐? 한 나라가 갈라져서 서로 싸우면, 그 나라는 버틸 수 없다. 또 한 가정이 갈라져서 싸우면, 그 가정은 버티지 못할 것이다. 사단의 나라도 서로 싸워 갈라지면 오래가지 못하고 망한다.”(23-26절)

예수님은 왕국은 물론 한 가정이 분열하면 치명적인 결과를 가져온다는 사실에 빗대어 사단도 분열하면 망하고 만다고 하셨다. 서기관의 주장 자체가 일반 논리에도 맞지 않는다는 말씀이다.

“사람이 강한 자의 집에 들어가 물건을 털어가려고 하면 먼저 그를 결박해야 한다. 그렇지 않고는 그 집을 털 수가 없다.”(27절)

이 말씀은 예수님이 사단보다 더 강하지 않으면 사단을 꼼짝 못하게 하고, 귀신으로부터 고통당하는 사람들을 빼내올 수 없음을 뜻한다. 예수님은 말 한 마디로 사단을 결박하실 수 있는 전능하신 하나님이시다.

그리고 예수님은 아주 중요한 말씀을 하셨다. “내가 진실로 너희에게 이르노니 사람의 모든 죄와 모든 모독하는 일은 사하심을 얻되 누구든지 성령을 모독하는 자는 영원히 사하심을 얻지 못하고 영원한 죄가 되느니라.”(28, 29절)

서기관들은 예수님의 사역을 사단의 행위로 간주하고 정죄하였다. 그러나 예수님은 성령의 능력을 힘입어 말씀을 가르치고 이적을 행하셨다. 하나님의 말씀을 말씀으로 받아들이지 않고 성령의 능력을 사단의 능력이라 말하는 것은 성령을 훼방하는(*blasphemese*, blaspheme) 일이다. 사람에게 대한 모든 죄와 모독은 용서받을 수 있다. 그러나 성령님을 모독하는 자는 절대로 용서받지 못하고 그의 죄는 영원히 남는다. 그러한 자는 결코 구원을 얻지 못한다는 말씀이다. 예수님은 이 사실을 분명히 해두셨다.

예수님이 이렇게 말씀하신 것은 사람들이 “더러운 귀신이 들렸다,” 곧 그에게 더러운 귀신이 붙었다고 말했기 때문이다.

5. 누가 내 형제이냐: 예수님의 참 골육(31-35절)

그 때 예수님의 어머니와 동생들이 밖에 와서 사람을 시켜 예수님을 불렀다. 둘러앉은 사람들이 예수님께 말했다. "선생님, 어머니와 형제분들이 밖에서 선생님을 찾고 계십니다." 어머니 마리아는 물론 남동생들, 여동생들이 예수를 찾고 있었다.

그때 예수님은 그들에게 "내 어머니와 형제가 누구냐?" 하시고 둘러앉은 사람들을 보시며 말씀하셨다.

"보아라, 이들이 내 어머니며 내 형제들이다. 누구든지 하나님의 뜻을 따라 사는 사람이 내 형제요 자매요 어머니이다."(35절)

이 말씀은 예수님이 혈육에 따른 가족관계의 신성함을 무시하는 말씀이 아니다. 가족관계는 매우 중요하다. 하지만 하나님 자녀로서의 영적 결합은 혈육관계보다 더 깊고 귀중하다는 것을 강조하신 것이다. 하나님의 뜻(*thelema*, will)을 따르고 순종하는 사람이야말로 그리스도 안에서 참된 형제자매가 될 수 있다.

마가복음 4장

씨 뿌리는 자의 비유, 등불의 비유, 자라는 씨의 비유, 겨자씨의 비유, 풍랑을 잔잔케 하신 예수님

1. 씨 뿌리는 자의 비유(1-20절)

1) 씨 뿌리는 비유(1-9절)

예수님께서 다시 바닷가, 곧 갈릴리 호수 근처에서 가르치기 시작하셨다. 사람들이 너무 많이 모여들자 예수님은 배(*ploion*, boat)에 올라앉으시고 사람들은 바닷가에 그대로 있었다. 배를 강단으로 사용하신 것이다.

그때 예수님은 여러 가지 비유(*parabolais*, parables)를 들어 그들에게 가르치셨다. 비유는 어떤 사물을 설명하기 위해 그와 비슷한 다른 사물을 빌어 표현하는 것으로, 예수님은 일상생활을 통해 잘 알려진 것을 보기로 들어 영적 진리를 설명하셨다. 특히 하나님의 나라를 설명하기 위해 이 땅의 것, 자연 등을 드셨다. 비유는 예수의 가르침을 진지하게 받아들이는 사람들에게 진리를 더욱 분명하게 해준다. 하지만 영적인 것에 관심이 없는 사람에게는 더욱 모호해지는 특성이 있다. 비유를 든다고 해서 다 이해하는 것은 아니다.

예수님은 비유로 하나님 나라의 비밀을 전하시며 씨 뿌리는 비유를 드셨다.

예수님은 이 비유의 말씀을 하시기 전에 "들으라."(*akouete*, listen) 명령하셨다. 이 비유의 말씀이 너무 중요하다는 말씀이다.

그리고 예수님은 들에 나간 농부가 뿌린 씨들이 어떻게 되었는가를 말씀하셨다. 네 가지 경우다. 당시 유대에서는 씨를 뿌릴 때 사람의 손으로 직접 뿌리는 방식(직파)과 구멍 뚫린 자루에 씨앗을 넣어 짐승의 등에 싣고 뿌리는 방법이 있었다. 본문에서는 직파 방식을 가리킨다.

첫 번째, 어떤 씨는 길가(along the road)에 떨어졌다. 그러자 새들이 와서 그 씨를 먹어 버렸다. 이 비유는 길가에 떨어진 씨의 경우이다. 여기 길(*hodon*, road)은 밭의 경계를 이루는 것일 수도 있고, 밀과 보리를 추수한 다음 사람들이 자주 다녀 생긴 것일 수도 있다.

두 번째, 어떤 씨는 흙이 많지 않은 돌밭(*petrodes*, rocky place)에 떨어졌다. 곧 싹이 나오기는 했다. 하지만 흙이 깊지 않았다. 해가 뜨자 나온 싹이 그만 타버리고, 뿌리가 없어서 말라 버렸다. 돌밭에 떨어진 씨의 경우다. 여기서 돌밭은 돌이 많은 밭을 말하는 것이 아니라 암반이 넓게 자리한 곳에 흙이 얇게 덮여있는 경우를 말한다.

세 번째, 어떤 씨는 가시덤불에(among the thorns) 떨어졌다. 그런데 가시나무가 싹이 자랄 기운을 막아버려(*synepnixan*, choked) 열매를 맺을 수 없었다. 가시덤불에 떨어진 씨의 경우이다. 가시나무가 그 기운을 막는다는 것은, 땅 속에 있는 가시나무의 잔뿌리들이 양분을 빨아들여 농부가 뿌린 씨의 싹들이 자라지 못하게 하는 경우일 수도 있고, 덤불에 막혀 햇빛을 충분히 보지 못한 경우일 수도 있다.

끝으로 어떤 씨는 좋은 땅(*kalen gen*, good soil)에 떨어졌다. 싹이 나고 잘 자라 30배, 60배, 100배의 열매를 맺었다. 좋은 땅에 떨어진 씨의 경우이다. 좋은 땅은 땅도 기름지고 햇빛과 물의 공급도 원활한 곳을 말한다. 이곳에 떨어진 씨는 놀라운 결실을 맺는다.

이 비유의 말씀을 하시며 예수님은 "들을 귀 있는 사람은 잘 들어라." 하셨다. 이것은 강한 경고의 말씀이다. 비유에 대한 이해는 말씀을 듣는 자들의 영적 자세에 따라 달라지기 때문이다.

2) 비유로 말씀하신 목적(10-12절)

예수께서 혼자 계실 때 그분을 따르던 사람들이 열두 제자와 함께 그 비유들이 무슨 뜻을 가지고 있는지 예수님께 물었다.

예수님께서 말씀하셨다. "하나님 나라의 비밀을 너희에게는 주었으나 외인에게는 모든 것을 비유로 하나니."(11절)

하나님 나라의 비밀(*mysterion*, mystery)은 하나님이 그의 백성들에게 계시하신 것을 말한다. 이 비밀은 문맥상 하나님 나라가 예수 그리스도의 오심을 통해 가까이 이르렀음을 가리킨다.

너희, 곧 믿는 자들에게는 하나님 나라의 비밀을 아는 것이 허락되었고, 하나님 나라의 비밀을 맡겨주셨다. 믿는 자들은 무엇보다 하나님의 말씀에 순종하는 태도를 가지고 있다. 하나님은 그런 자들에게 영안을 열어 주시어 하나님 나라의 비밀을 알 수 있게 하신다. 그러나 외인(those who are outside), 곧 불신자들에게는 영안이 열리는 기회가 허락되지 않았다. 그래서 비유로 말한 천국 복음이 그들에게는 모두 수수께끼로 들릴 뿐이다. 계속 풀 수 없는 수수께끼로 남아있다는 말씀이다. 하나님 나라의 비밀은 모두에게 선포되지만 믿음을 가진 자만이 이해할 수 있음을 보여준다.

"이는 그들로 보기는 보아도 알지 못하며 듣기는 들어도 깨닫지 못하게 하여 돌이켜 죄 사함을 얻지 못하게 하려 함이라."(12절)

이것은 그들이 보아도 알지 못하고 들어도 깨닫지 못하게 하여 그들이 돌이켜 죄에 대한 용서를 받지 못하도록 하기 위해서라는 말씀이다. 11-12절의 말씀은 이사야 6:9-10을 요약적으로 인용한 것이다. 이사야 당시 이스라엘 백성들은 하나님의 말씀을 완고하게 거부했다. 이사야는 이스라엘의 완고함을 책망했다. 여기서는 백성들이 예수님이 말씀하시는 비유를 깨닫지 못하는 것을 가리킨다. 그들이 비유를 깨닫지 못하는 것은 복음을 거부하는 마음 때문이다. 하나님께 순종할 때 천국 복음의 비밀을 깨달을 수 있는데, 그렇지 못하다는 것이다. 주님은 이러한 태도를 경책하시며 복음을 거부하는 자에 대해서는 죄 사함이 없다는 것을 확실히 하셨다.

3. 씨 뿌리는 비유의 설명(13-20절)

그리고 예수님은 그들에게 또 말씀하셨다. "너희가 이 비유도 알아듣지 못하겠느냐? 그래 가지고서 어떻게 다른 모든 비유를 이해하겠느냐?"

예수님은 이 비유를 설명해주셨다.

"뿌리는 자는 말씀을 뿌리는 것이라."(14절)

씨를 뿌리는 농부는 말씀(*to logon*, the word)을 전하는 사람을 가리킨다. 예수님과 모든 전도자들을 가리킨다. 말씀 전하는 것을 씨 뿌리는(speirei, sow) 것으로 비유하였다.

"말씀이 길 가에 뿌려졌다는 것은 이들을 가리킴이니 곧 말씀을 들었을 때에 사탄이 즉시 와서 그들에게 뿌려진 말씀을 빼앗는 것이요."(15절)

길가에 뿌려졌다는 것은, 그들에게 말씀이 뿌려질 때 그들이 그 말씀을 듣기는 하지만 즉시 사단이 와서 그의 마음에 뿌려진 말씀을 빼앗아 간다. 길가에 떨어진 씨는 뿌리조차 내릴 수 없다. 열매를 거둘 수 없음은 말할 것도 없다. 여기서 사단은 말씀을 받아들이지 못하게 하는 방해자임을 보여준다. 이런 사람은 사단이 훼방할 것을 알고 미리 대비해야 하지만 자신도 영적으로 무관심하기 때문에 사단의 방해에 대비하지 못한다.

"또 이와 같이 돌밭에 뿌려졌다는 것은 이들을 가리킴이니 곧 말씀을 들을 때에 즉시 기쁨으로 받으나 그 속에 뿌리가 없어 잠깐 견디다가 말씀으로 인하여 환난이나 박해가 일어나는 때에는 곧 넘어지는 자요."(16, 17절).

돌밭에 뿌려지는 것들이란 이런 사람들을 가리킨다. 그들은 말씀을 들으면 곧(immediately) 기쁘게(with joy) 받아들인다. 하지만 그들 속에 뿌리가 없어서 오래가지 못한다. 마음 속 깊이 간직하지 못하고 잠시(temporary) 견디다가 환난(tribulation)이나 핍박(persecution)이 일어나면 곧 넘어지고 만다. 환난이나 핍박을 견디지 못하는 것은 그만큼 영적인 깊이가 결여되어 있음을 보여준다. 말씀이 내 안에 깊이 뿌리 내리지 못하면 고난을 이겨내지 못한다.

"또 어떤 이는 가시떨기에 뿌려진 자니 이들은 말씀을 듣기는 하되 세상의 염려와 재물의 유혹과 기타 욕심이 들어와 말씀을 막아 결실하지 못하게 되는 자요."(18, 19절)

어떤 사람은 가시덤불 속에 떨어진 씨와 같다. 말씀을 듣기는 하지만 이 세상 걱정과 재물에 대한 유혹과 그 밖에 여러 가지 욕심이 들어와서 말씀을 막는다(*sympnigousin*, choke). 열매를 맺지 못하게 하는 것이다. 세상 걱정은 이 세상살이에 대한 걱정을 말하고, 재물(*ploutou*, riches)에 대한 유혹은 쾌락을 추구하게 하는 재물이 주는 기만적 유혹(*apate*, deceit)을 말한다. 이것들이 말씀을 자라게 하는 데 방해가 된다.

"좋은 땅에 뿌려졌다는 것은 곧 말씀을 듣고 받아 삼십 배나 육십 배나 백 배의 결실을 하는 자니라."(20절)

그러나 어떤 사람은 좋은 땅에 뿌려진 씨와 같다. 그들은 말씀을 듣고 받아들여 30배, 60배, 100배의 열매를 맺는다(*karpophorousin*, bring forth fruit). 좋은 땅에 뿌려지면 어떤 방해를 받는다 해도 그 모든 것을 넉넉히 이길 수 있는 영적인 역량이 갖춰져 있어 놀라운 결실을 얻게 된다.

2. 등불의 비유(21-25절)

"또 그들에게 이르시되 사람이 등불을 가져오는 것은 말 아래에나 평상 아

래에 두려 함이냐 등경 위에 두려 함이 아니냐." (21절)

"사람이 등불을 켜 그것을 말이나 침대 아래 둘 사람이 있겠느냐? 오히려 그것을 등잔대 위에 올려놓지 않겠느냐?" 주님의 말씀이다. 말(*modion*, bowl, basket)은 곡물을 되는 데 사용하는 그릇을 말한다. 유대 가정에서는 곡물의 양을 재거나 곡물의 십일조를 계산하기 위해 말을 두었다. 유대인들은 등불을 끌 때 이 말로 등잔을 덮었다. 평상(*klinen*, bed)은 침대를 말한다.

"드러내려 하지 않고는 숨긴(*krypton*, be hidden) 것이 없고 나타내려 하지 않고는 감추인 것(*apokrypton*, secret thing)이 없느니라." (22절)

숨겨 둔 것은 드러나기 마련이고, 감추어 둔 것도 드러나기 마련이다. 이 등불의 비유는 등불이 모든 사물을 비추어 드러내듯 조명하고 계시됨을 보여 주고 있다.

예수님이 이 말씀을 하신 것은 지금까지 비밀처럼 감추어져 왔던 하나님의 나라가 그리스도 안에서 이미 인간 세상에 구체적으로 구현되고 있으며 장차 모든 이들이 명백하게 그 실체를 보게 되리라는 뜻이다.

나아가 이 비밀은 메시야의 비밀과도 연관이 있다. 등불이신 예수님은 당분간 자신의 신분을 감추셨지만 언젠가는 드러나게 될 것이라는 말씀이다. 예수님이 메시야이시고, 하나님의 아들이라는 사실은 그가 십자가 위에서 죽으시고 부활하심을 통해, 그리고 복음 전도를 통해 세상에 널리 알려진다.

"들을 귀 있는 자는 들으라." (23절)

들을 귀가 있는 사람은 들어라(*akoueto*, let him hear). 말씀을 듣는 사람은 영적으로 잘 듣고 헤아려야 한다는 말씀이다.

"또 이르시되 너희가 무엇을 듣는가 스스로 삼가라 너희의 헤아리는 그 헤아림으로 너희가 헤아림을 받을 것이며 더 받으리니." (24절)

"너희가 무엇을 듣는가 스스로 삼가라(*blepete*, take heed)."는 말씀은 "주의하여 들으라.", "새겨들으라."는 말씀이다. 예수님의 비유의 말씀을 주의하여 듣고 영적으로 잘 이해하라는 것이다.

"너희의 헤아리는 그 헤아림으로 너희가 헤아림을 받을 것이며 더 받으리니." 문자적으로는 "너희가 재는 그 자(*metro*, measure)로 잼을 받을(will be measured) 것이다"라는 것이다. 헤아림은 예수님이 가르치심을 듣는 태도를 가리킨다. 하나님 나라에 관한 예수님의 가르치심에 대해 마음 문을 열고 주의 깊게 듣는 사람은 더 많은 깨달음을 얻게 된다. 복음을 받아들이는 정도에 따라 많은 복음을 또다시 받아들일 수 있게 된다. 복음을 접하면 접할수록 복음을 더 잘 이해하고, 더 깊은 진리에 도달할 수 있다. 나아가 주님의 말씀을 귀담아 듣고 실천하면 그만큼 더 많은 것을 얻게 될 것이라는 말씀이다.

"있는 자는 받을 것이요 없는 자는 그 있는 것까지도 빼앗기리라."(25절)

"있는 자(*hos echei*, whoever has)는 받을 것이요(*dothesetai*, it will be given)." 믿음을 가지고 주님의 말씀에 마음 문을 열고 그 말씀을 받는 자는 더 받을 것이다. "없는 자(*hos ouk echei*, whoever does not have)는 그 있는 것(*ho echei,* what he has)까지도 빼앗기리라(*arthesetai ap autou*, will be taken from him)." 그러나 이와는 반대로 누구든지 불신앙으로 자기의 마음 문을 닫으면 그가 가지고 있다고 생각되는 것마저 빼앗기게 될 것이다.

3. 자라는 씨의 비유(26-29절)

땅에 뿌려져 은밀히 자라는 이 씨의 비유는 마가복음에만 있는 말씀이다. 앞의 "씨 뿌리는 자의 비유"는 씨앗의 성장과 수확의 성공에 필요한 적절한 토양의 중요성을 강조했다. 그러나 이 단락의 "자라는 씨의 비유"는 씨앗 그 자체의 신비한 힘이 강조되고 있다. 이 비유는 씨, 곧 하나님의 말씀이 밭에 뿌려지면 모르는 사이에 성장하여 풍성한 열매를 맺는다는 것을 보여준다.

"또 이르시되 하나님의 나라는 사람이 씨(*sporon*, seed)를 땅에 뿌림과 같으니." (26절)

예수님은 계속하여 비유의 말씀을 하셨다. "하나님의 나라는 이렇게 비유할 수 있다. 농부가 밭에 씨를 뿌려놓았다."

여기서 씨는 하나님의 말씀이다. 씨 뿌림은 전도이다. 하나님의 좋은 씨앗인 그 말씀이 우리 마음 밭에 심어지면 놀라운 일이 일어나게 된다.

이 비유에서는 씨앗이 강조되고 있다. 씨, 곧 하나님의 말씀 자체에 생명력이 있기 때문이다. 씨앗은 작다. 하지만 작은 씨앗이 큰 결과를 가져온다. 뿌려진 하나님의 말씀을 통해 장차 얻게 될 영광스러운 열매를 보라. 이것은 씨의 놀라운 가능성이다. 우리는 이것을 믿음의 눈으로 바라볼 필요가 있다.

"그가 밤낮 자고 깨고 하는 중에 씨가 나서 자라되 어떻게 그리 되는지를 알지 못하느니라." (27절)

하루하루 지나는 동안 농부도 모르는 사이에, 뿌려진 씨는 움이 돋고 자란다(*mekynetai*, grow). 농부가 땅에 씨를 뿌리기는 하지만 농부는 사실 어떻게 그렇게 되는지 그 과정을 알지 못한다.

이 비유의 중심에는 비밀리에 자라는 씨앗이 있다. 우리가 알지 못하는 사이에 자란다는 사실이다. 우리가 자고 깨고 하는 중에 자라게 하시는 이는 하나님이시다. 그저 자라지 않는다. 하나님이 햇볕과 비를 주시고, 그것이 잘 자라도록 하신다. 이 일은 하나님의 놀라운 섭리 속에서 이뤄진다.

"땅이 스스로 열매를 맺되 처음에는 싹이요 다음에는 이삭이요 그 다음에는 이삭에 충실한 곡식이라." (28절)

씨앗이 땅에 심기우면 신비하고 놀라운 일이 벌어진다. 처음에는 싹(*chorton*, plant, stalk)을 내고, 그 다음에는 이삭(*stachyn*, ear, head)을 내고,

또 그 다음에는 이삭에 여문 알곡(*pleres siton*, full grain, full kernel)을 낸다. 싹, 이삭, 곡식, 열매 맺음 그 모든 과정은 신비다. 오직 하나님의 은혜 속에서 자라게 하시기 때문이다.

"열매가 익으면 곧 낫을 대나니 이는 추수 때가 이르렀음이라." (29절)

곡식이 다 익어 추수(*therismos*, harvest) 때가 되면 농부는 낫으로 그것을 거둬들인다. 추수는 맨 마지막 단계다. 열매가 다 익었을 때 비로소 농부는 추수를 한다. 다 때가 있다.

우리 모두에게도 영적 추수 때가 온다. 예외 없이 누구에게나 온다. 그 때 우리 모두 하나님 앞에 서게 된다. 우리가 맺는 영적인 열매에 따라 하나님으로부터 판단을 받게 된다.

이 비유는 기본적으로 하나님 나라에 관한 것이다. 따라서 학자들은 그 나라의 실현을 예수님과 연관시켜 생각하기도 한다. 즉 그의 나라는, 초기에 낟알처럼 작고 초라하게 시작되지만 마지막에는 풍성한 결실을 얻게 된다는 것이다

하나님의 나라는 예수님이 이 땅에 오심, 곧 초림을 통해서 시작되었다. 예수님은 하나님의 나라가 우리 가운데 임하였음을 말씀하셨다. 하지만 사람들 눈엔 아직도 작은 씨앗 같아서 그것을 잘 인식하지 못하였다. 그러나 주님이 재림하시는 때는 아주 다르다. 종말에는 새 하늘과 새 땅이 열리고 주의 통치가 완벽하게 이루어진다. 그 때 우리는 그 나라의 풍성함을 맛보게 된다. 재림하시는 날, 하나님의 말씀을 통해 열매를 맺은 자에게는 그 모든 것이 경이롭다. 하지만 그렇지 못한 자에게는 슬픔의 날이 될 것이다.

4. 겨자씨의 비유(30-32절)

"또 이르시되 우리가 하나님의 나라를 어떻게 비교하며 또 무슨 비유로 나

타낼까." (30절)

예수님은 하나님의 나라를 무엇에 비기고, 무슨 비유로 그것을 나타낼까 말씀하셨다.

"겨자씨 한 알과 같으니 땅에 심길 때에는 땅 위의 모든 씨보다 작은 것이로되" (31절)

하나님의 나라는 겨자씨 한 알과 같다. 그것이 땅에 심길 때는 씨앗 중에서 가장 작다.

하나님의 나라를 겨자씨(*sinapeos*, mustard) 한 알(*kokko*, a grain)에 비교하신 것이다. 그리고 겨자씨 비유를 드셨다. 이 비유 역시 "자라는 씨의 비유"와 같은 맥락을 가지고 있다. 겨자씨는 씨앗 중에서 가장 작다(*mikroteron*, smallest). 육안으로 자세히 보아야 할 정도로 작다. 하지만 겨자나무는 보통 1.5미터, 큰 것은 3미터까지 자란다. 하나님 나라의 시작도 작다. 하지만 그 나라는 계속 확장된다.

"심긴 후에는 자라서 모든 풀보다 커지며 큰 가지를 내나니 공중의 새들이 그 그늘에 깃들일 만큼 되느니라." (32절)

겨자씨가 심긴 후에는 밭의 모든 채소(*lachanon*, garden plants)보다 더 크게 자라난다. 큰 가지들(*megalous kladous*, great branches)을 늘어뜨린다. 그래서 새들이 그 그늘(*skian*, shadow)에 깃들일 수 있게 된다.

겨자나무에 깃들인 새들은 겨자나무의 크기를 알려주기 위한 도구로 든 것이다. 에스겔 31:6에 "공중의 모든 새가 그 큰 가지에 깃들이며 들의 모든 짐승이 그 가는 가지 밑에 새끼를 낳으며 모든 큰 나라가 그 그늘 아래에 거주하였느니라."라는 구절이 있다. 이것은 이집트를 레바논의 백향목 같다는 것으로, 주위의 모든 나라들이 이집트의 보호를 받으며 살고 있음을 나타낸 것이다. 따라서 일부 학자들은 공중의 새를 이방민족을 가리키는 것으로 보고,

하나님의 나라가 세계적인 크기로 성장한다는 것을 보여주는 것으로 해석하기도 한다. 이방의 백성들이 하나님 나라의 백성이 될 만큼 커진다는 것이다.

자라는 씨앗의 비유나 겨자씨 비유는 사람들이 감각적으로 감지할 수는 없지만 하나님의 나라가 실체로서 분명히 우리 가운데 존재하고 있으며, 그 나라의 미래 또한 얼마나 영적으로 풍요롭고 영광스러운가를 보여주고 있다.

5. 비유로만 가르치시다(33, 34절)

"예수께서 이러한 많은 비유로 그들이 알아들을 수 있는 대로 말씀을 가르치시되."(33절)

예수님은 이처럼 많은 비유를 들어 하나님의 나라가 무엇인가를 그를 따라오는 무리들이 알아들을 수 있는(*edynanto akouein*, able to hear) 데까지 가르쳐주셨다.

"비유가 아니면 말씀하지 아니하시고 다만 혼자 계실 때에 그 제자들에게 모든 것을 해석하시더라."(34절)

그러나 예수님은 비유가 아니고는 그들에게 말씀하지 않으셨다. 혼자 계실 때는 제자들에게는 이해를 돕기 위해 따로 모든 것을 더 깊이 설명해 주셨다. 사적으로(*kat idian*, in private) 특별한 시간을 가지셨다는 말씀이다. 예수님의 제자들은 주님을 통해 비유의 뜻을 더 깊게 이해할 수 있었을 것이다.

6. 바다의 풍랑을 잔잔케 하시다(35-41절)

"그 날 저물 때에 제자들에게 이르시되 우리가 저편으로 건너가자 하시니."(35절)

그 날 저녁에 예수님이 제자들에게 말씀하셨다. “바다 저편(*peran*, other side)으로 건너가자.” 갈릴리 호수 서편에서 동편으로 가자고 하신 것이다.

“그들이 무리를 떠나 예수를 배에 계신 그대로 모시고 가매 다른 배들도 함께 하더니.”(36절)

“무리를 떠나”(*aphentes*, having dismissed)는 “무리를 해산 시키고”라는 뜻을 담고 있다. 예수의 소문을 듣고 모여든 무리를 흩거나 아니면 다른 곳으로 전도여행을 떠나시기 위한 것일 수 있다. 제자들은 군중을 남겨 두고 예수님이 타신 배로 함께 떠났다. 다른 배들도 함께 따라갔다. 끝까지 예수를 따른 사람들도 있었음을 보여준다.

“큰 광풍이 일어나며 물결이 배에 부딪쳐 들어와 배에 가득하게 되었더라.”(37절)

그런데 갑자기 큰 폭풍(*megale lailaps*, violent storm)이 휘몰아치고 파도(*kymata*, waves)가 배 안으로 덮쳐 들어오므로, 물이 배에 벌써 가득 찼다. 거센 바람이 일어나고 파도가 덮쳐 배가 침몰하게 된 것이다. 갈릴리 호수 주변 지역에서는 이런 일들이 빈번했다. 호수가 주위의 높은 산과 좁은 골짜기, 그리고 들로 둘러싸인 분지에 위치해 있어 자주 돌풍이 일었다.

“예수께서는 고물에서 베개를 베고 주무시더니 제자들이 깨우며 이르되 선생님이여 우리가 죽게 된 것을 돌보지 아니 하시나이까 하니.”(38절)

그러나 예수님은 배의 고물(*prymne*, stern), 곧 배의 뒷부분에서 베개(cushion)를 베고 주무시고 계셨다. 예수님은 왜 주무셨을까? 전도하시느라 피곤해 곤히 잠들었을 수도 있다. 하지만 주님은 이미 알고 계셨고, 하나님의 영광을 보여줄 때를 기다리셨을 수도 있다. 주님은 외부 환경에 영향을 받지 않으시는 전능하신 분이시다. 예수님은 광풍에 흔들리는 분이 아니시다. 이것은 하나님 아버지에 대한 예수님의 믿음이 굳건했음을 보여준다.

제자들은 예수님을 깨우며 말했다. "선생님, 우리가 죽게 되었나이다." 절망이다. "그런데도 왜 우리를 돌보지 않으십니까?" 생사를 다투는 상황인데 자신들의 생존을 위해 함께 염려하지 않으신 것에 대한 원망이 담겨있다. 제자들은 마음이 상해있었다.

갑자기 풍랑이 일고 배에 물이 가득하자 제자들은 흔들렸다. 예수님을 모시고 있으면서도 광풍과 파도가 자신들의 생명을 위협하자 무서워한 것이다. 그들의 믿음이 두려움을 주는 외적 환경 앞에서 여지없이 무너진 것이다. 이것이 문제였다.

우리도 살면서 이런 때가 얼마나 많은가. 예수님이 광풍에도 불구하고 편히 주무신 것은 하나님에 대해 완전한 신뢰가 있었기 때문이다. 그런데 제자들은 예수님을 모시고 있음에도 불구하고 그러하지 못했다. 제자들은 어떠한 환경에서도 예수님을 끝까지 신뢰했어야 했다.

예수님이 함께 하시면 무엇이 두려울까. 우리는 그 믿음이 필요하다. 환경만 보며 두려워하지 말고 우리와 함께 하시는 주님을 바라보자. 다윗이 골리앗을 넘어뜨릴 수 있었던 것은 실제적인 삶 속에서 역사하실 하나님을 믿었기 때문이다.

우리가 주님을 안다면 밖이 아무리 혼란스러워도 주를 보며 평안했어야 한다. 주님이 하실 것을 기다릴 줄 알아야 한다. 믿음의 토양을 바꾸라. "저편으로 가자" 하신 주님을 믿고 가라. 주님이 누리시는 영원한 평안을 가져라.

하나님은 풍랑 속에서도 우리를 돌보신다. 인간이 아무것도 할 수 없는 상황에서도 하나님은 모든 것을 주관하고 계신다. 제자들은 풍랑에도 흔들려서는 안 되는 사람들이다. 오늘의 그리스도인도 마찬가지다.

"예수께서 깨어 바람을 꾸짖으시며 바다더러 이르시되 잠잠하라 고요하라 하시니 바람이 그치고 아주 잔잔하여지더라."(39절)

제자들의 의심이 있었음에도 불구하고 예수님은 일어나 바람을 꾸짖으셨다. "꾸짖으시며"(*epetimesen*, rebuked)는 악한 세력을 향한 책망을 나타낼 때 사용되는 말이다. 주님은 바다를 향해 소리치셨다. "잠잠하라!"(*Siopa*, Silence) "고요하라!"(*Pephimoso*, Be still) 풍랑의 현장에 개입하신 것이다. 그러자 바람이 그치고 바다는 아주 고요해졌다(*megale galene*, great calm). 자연의 힘을 능가하시는 예수님의 신적 권위가 드러난 것이다. 주님은 우리의 문제도 능히 풀어주실 수 있는 분이다.

"이에 제자들에게 이르시되 어찌하여 이렇게 무서워하느냐 너희가 어찌 믿음이 없느냐 하시니."(40절)

그리고 예수님은 제자들에게 말씀하셨다. "왜 그렇게 무서워하느냐?(*deiloi*, fearful) 너희가 아직도 나를 믿지 못하느냐?" 제자들은 "어찌하여 무서워하느냐, 아직도 믿음이 없느냐"는 소리를 들었다. 큰 믿음이 아닐지라도, 조그만 믿음일지라도 그 믿음이 필요하다.

제자들은 예수님을 능력의 주로 인정하지 않았다. 그래서 주님은 '아직도 믿음이 없느냐' 하셨다. 믿음은 풍랑 속에서도 하나님께 맡기는 것이다. 주님을 신뢰하고, 자신을 전적으로 주님께 맡기는 것이다. 우리는 하나님이 오늘 현재의 삶에 개입하시는 분이시며 섭리의 하나님이심을 믿어야 한다. 광풍만을 보지 말고 우리와 함께 하시는 주님을 바라보라. 주님을 신뢰하라.

"그들이 심히 두려워하여 서로 말하되 그가 누구이기에 바람과 바다도 순종하는가(*hypakouei*, obey) 하였더라."(41절)

제자들은 몹시 두려워하며 서로 말했다. "도대체 이분이 누구시기에 바람과 바다도 복종하는가?" "누구이기에"(*tis*, who)는 예수님이 어떤 분이신지 정확히 알지 못하였음을 보여준다. 예수님을 늘 따라 다녔음에도 불구하고 예수님이 나의 삶에 구체적으로 개입하시는 분이심을 알지 못한 것이다.

바람과 바다가 순종했다는 것은 예수님이 자연세계를 통치하시는 분이심을 뚜렷이 보여준다. 구약에서 하나님은 바다의 놀과 흉용한 물결을 잠잠하게 하시는 분으로 묘사되어 있다. 예수님이 그와 같은 능력을 가지셨다는 것을 이 사건은 명백하게 보여주었다. 그러한 하나님의 구원의 능력이 예수님 안에 역사하고 있다는 사실을 믿지 못한 것은 제자들이 얼마나 불신앙이었는가.

마가복음은 네로 황제 때 박해 받던 교인들을 대상으로 썼다. 풍랑을 만난 사람들이다. 주님께서 풍랑을 주신 이유가 있다. 바람과 바다조차 순종하는 것을 보이시려는 것일 수 있고, 풍랑과 물결을 다스리는 주님을 보도록 하시려는 것일 수 있다. 하나님은 풍랑을 통해서도 만나주시기를 원하신다. 풍랑이 일 때 주님을 보는 영적인 눈이 필요하다.

마가복음5장

귀신 들린 자를 고치심,
회당장 야이로의 딸과 혈루증 여인

1. 귀신 들린 자를 고치시다(1-20절)

"예수께서 바다(*thalasses*, sea) 건너편 거라사인의 지방에 이르러." (1절) 예수님이 갈릴리 건너 거리사인(Gerasenes)이 사는 지역으로 들어가셨다. 거라사나 데가볼리는 유대인들에게 있어서 가고 싶어 하지 않는 지역일 만큼 편견을 가진 곳이다. 이방문화에 찌든 곳이기 때문이다.

거라사(Gerasa)는 희랍 이름을 가진 도시다. 알렉산더 대왕에 의해 세워졌지만 로마가 이곳을 점령했다. 갈릴리 동쪽 요단강 좌우에 있는 10개 도시, 곧 데가볼리(Decapolis) 중 하나다.

데가볼리는 희랍어로 '10개 도시' 라는 뜻을 가지고 있다. 알렉산더 대왕과 그 장군들이 팔레스타인에 세운 거라사, 가다라, 다마스쿠스, 빌라델비아, 스구도볼리, 힙포스, 벨라, 라바나, 디온, 가다나 등 10개 도시를 말한다. 희랍식 이름을 가진 것은 그만큼 헬라문화를 수용했기 때문이다. 아데미, 제우스 등 여러 헬라 신전이 있었고, 이방인들이 많이 살았다. 부유한 도시로 유대인들이 싫어하는 돼지도 키웠다. 유대인들이 가고 싶지 않은 이유가 충분하다.

그런데 주님은 이러한 편견을 깨뜨리고 그곳을 찾으셨다. 잃은 양이 있는 곳이라면 주님은 어디든 가신다. 그것이 유대인과 주님이 다른 점이다. 주님에게는 편견이 없다. 잃은 영혼을 찾기 위해 가지 못할 장소는 없다.

"배에서 나오시매 곧 더러운 귀신 들린 사람이 무덤 사이에서 나와 예수를 만나니라." (2절)

예수님이 배에서 내리시자 곧(*euthys*, immediately) 귀신 들린 사람(a man with the unclean spirit)이 무덤 사이에서 나와 예수님과 마주치게 되었다. 일반적으로 유대 지역의 무덤은 벼랑에 굴을 파서 만들었다. 당시에는 동굴이 매장지로 사용되거나 산 자의 피난처로 사용되었다. 특별히 정신적으로 장애를 가진 자, 범죄자, 극빈자들이 이용했다.

마가복음에는 귀신 들린 자 한 사람만 소개되지만 마태복음에는 두 사람으로 소개되어 있다. 마가는 그 중 하나에 초점을 맞춘 것으로 보인다. 마가는 예수님이 더러운 귀신에게 사로잡혀 고통 받는 한 인간을 어떻게 회복시켜 사명자로 삼으셨는가를 기록하고 있다.

귀신들린 자는 사람들에게 두려움을 준다. 하지만 예수님은 다르다. 잃어버린 영혼을 찾고 그를 구원하기 위해 극복 못할 능력은 없다. 귀신들린 사람은 예수님을 만남으로 인생이 달라졌다. 주님이 그를 고쳐주실 것이기 때문이다. 예수님은 유대인의 편견을 깨뜨리고 귀신들린 자, 곧 잃은 양 한 사람을 향해 구원의 팔을 펴신다. 예수님은 한 불행한 인간을 위해 큰일을 행하셨다.

우리도 사업실패, 인간적 실패 등 많은 문제를 안고 있다. 그럴 때마다 주님 앞에 나와야 한다. 내 안에 있는 주님이 그것들보다 강하기 때문이다. 주님이 주시는 힘으로 우리는 넉넉히 이길 수 있다.

3-5절은 귀신들린 자에게 어떤 증상이 있는가를 자세히 보여주고 있다. 그는 쉬거나 잠잘 줄을 몰랐고, 끊임없이 소리 지르고, 자기 몸에 상처를 냈다. 예수님은 인간답게 살지 못하는 그를 불쌍히 여기셨다. 그리고 그를 온전한 인격으로 회복시키고자 하셨다.

그 사람은 무덤 사이, 곧 공동묘지에 살고 있었는데 이제는 아무도 그를 묶어 둘 수가 없고 쇠사슬로도 묶어 둘 수 없었다(3절). 그마저 소용이 없었기 때문이다.

"이는 여러 번 고랑과 쇠사슬에 매였어도 쇠사슬을 끊고 고랑을 깨뜨렸음이러라 그리하여 아무도 그를 제어할 힘이 없는지라."(4절) 3절에 대한 설명이다. 사람들은 그를 여러 번 쇠고랑(shackles)과 쇠사슬(chains)로 묶어두었다. 하지만 그는 쇠사슬도 끊고 쇠고랑도 부수었다. 아무도 그를 휘어잡을 수 없을 만큼 힘이 강했다.

그는 밤낮 공동묘지와 산 속을 돌아다니며 소리를 지르고 돌로 자기의 몸에 상처를 내곤 하였다(5절). 귀신들린 자의 삶은 아주 비참했다.

그가 멀리서 예수님을 보고 뛰어와 엎드렸다(6절). 그리고 큰 소리로 외쳤다. "가장 높으신 하나님의 아들 예수님, 내가 당신과 무슨 상관이 있습니까? 하나님을 두고 애원합니다. 제발 나를 괴롭히지 마십시오."(7절)

"지극히 높으신 하나님의 아들 예수여." 귀신은 영적 존재이기 때문에 예수님이 누구신지 알고 있었다. 사복음을 보면 귀신들린 사람들은 예수님께 나아올 때마다 예수님의 존재를 밝혔다. 귀신이 예수님의 신분을 밝힌 것은 자기 방어적 표현으로, 예수님 앞에서 더 이상 피할 수 없는 상태에 있음을 보여준다.

유대인은 귀신들린 것으로 판명할 때 다섯 가지 기준을 가지고 있었다.

첫째, 죽은 사람과 이야기 한다. 귀신들린 사람은 무덤에서 살았다.

둘째, 초자연적인 힘을 가지고 있다. 쇠사슬과 고랑을 깨뜨릴 정도다.

셋째, 깨끗지 못하다. 더러운 귀신이다.

넷째, 이상한 행동을 한다.

끝으로, 하나님을 훼방한다. 귀신은 주님을 향해 "나와 당신이 무슨 상관이 있나이까?" 말한다. 이것은 "왜 간섭하느냐?" "나를 가만히 두라"는 것이다.

당돌하다.

거라사의 귀신들린 자는 이 모든 현상을 가지고 있었다. 귀신은 무서운 힘으로 한 사람의 몸과 마음을 짓밟았다.

그가 부탁을 하면서 "나를 괴롭히지 마옵소서."라고 한 것은 그 사람을 괴롭히고 있는 귀신들의 소리다. 8절의 말씀처럼 예수님은 이미 그 사람 안에 든 귀신을 향해 "나오라"고 하셨다. 그렇기 때문에 자신을 괴롭히지 말라 한 것이다. 예수님은 그 영혼을 불쌍히 여기시고 깨끗하게 하셨다. 마귀는 감히 예수님을 상대할 수 없다.

"이는 예수께서 이미 그에게 이르시기를 더러운 귀신아 그 사람에게서 나오라 하셨음이라."(8절) 이것은 예수님이 그에게 "더러운 귀신아, 그 사람에게서 나오너라." 하고 명령하셨기 때문이었다. 8절은 왜 귀신들린 자가 7절의 말을 하게 되었는가를 보여준다.

예수님이 그에게 "네 이름이 무엇이냐?" 하고 물으셨다. 예수님은 귀신들린 자로 하여금 스스로의 인격적인 주체성을 일깨우시기 위해, 그리고 그 안에서 대적하는 귀신들을 제압하시기 위해 그의 이름을 물으셨다. 그러자 그는 "군대입니다. 우리 수가 많기 때문입니다." 하고 대답하였다(9절). 이것은 그가 수많은 귀신에 사로잡혀 자아를 완전히 상실했음을 보여주는 부분이다.

그는 보통 귀신 들린 자가 아니다. 귀신이 자기 이름을 군대, 곧 레기온(Legion)이라 했다. 레기온은 로마군단을 가리키는 말이다. 로마의 군단 조직은 시대에 따라 달랐다. 처음에는 3, 4천명이었으나 제국시대에는 6천명이 넘었다. 보통 기병 부대, 창 부대, 보병 부대 등으로 구성되었다. 이 구절에서는 병력과 상관없이 강력한 로마군을 상징적으로 나타내어 많은 수의 귀신들이 집단을 이뤄 한 사람 안으로 들어왔음을 나타낸 것이다. 가히 군대 귀신이다. 귀신 들린 자는 수많은 악령에 사로잡혀 있었다.

“자기를 그 지방에서 내보내지 마시기를 간구하더니.”(10절)

그리고는 자기들을 그 지역에서 내쫓지 말아 달라고 예수님께 간청하였다. 이것은 귀신들이 낯선 곳으로 가기를 꺼린다는 것을 보여준다. 이 지방은 이방인들이 많이 살고, 유대인들이 불결하게 생각하는 곳이어서 자기들이 살기에 적합한 곳으로 생각하고 있었을 수도 있다. 누가복음 8:31에서는 귀신들이 무저갱(abyss)으로 들어가라 하지 마시기를 청하였다. 요한계시록 9:1-11, 20:3에 따르면 무저갱은 마귀의 감옥으로, 문자적으로는 “깊이를 알 수 없는 구덩이”(깊은 심연)라는 뜻을 가지고 있다. 귀신들이 자기들을 내보지 말라고 한 것은 무저갱에 던지게 되는 것, 곧 영원한 형벌에 처하는 것을 두려워했음을 보여준다.

“마침 거기 돼지의 큰 떼가 산 곁에서 먹고 있는지라.”(11절) 마침 그 곳 산기슭에 많은 돼지 떼가 풀을 먹고 있었다.

“이에 간구하여 이르되 우리를 돼지에게로 보내어 들어가게 하소서 하니.”(12절) 귀신들은 예수님께 간청했다. “우리를 돼지 떼에게 보내 그 속에 들어가게 해 주십시오.” 귀신들은 돼지 떼에게 옮겨가고 싶다고 했다. 유대인에게 있어서 돼지는 불결한 짐승이다. 따라서 귀신들은 자신들이 만약 돼지에게 들어갈 경우 완전히 파멸되지 않을 것으로 생각했을 것이다. 돼지 떼를 안식처로 삼고 싶었던 것이다.

“허락하신대 더러운 귀신들이 나와서 돼지에게로 들어가매 거의 이천 마리 되는 떼가 바다를 향하여 비탈로 내리달아 바다에서 몰사하거늘.”(13절)

예수님이 허락하시자 더러운 귀신들이 나와 돼지 떼 속으로 들어갔다. 거의 2,000 마리나 되는 돼지 떼가 가파른 비탈로 내리달려 바다에 빠져 죽고 말았다. 바다에서 몰살해 죽은 돼지만도 2,000마리였다. 돼지 한 마리에 여러 귀신들이 들어갔을 것이다. 이것은 귀신들이 그 사람으로부터 완전히 떠났다는 것을 보여준다.

예수님은 귀신들을 돼지에게 옮겨 바다에 빠져 죽게 했다. 이것은 귀신들이 기대했던 것과는 정 반대의 결과였다. 그들의 기대와 달리 돼지들이 미쳐 바다에 빠지자 그들은 파멸을 당하게 되었다. 유대인들은 강을 생명의 근원으로, 바다를 나쁜 짐승이 들어가는 길로 생각했다. 주님은 사단의 권세를 물리치고 그들을 지옥으로 가게 하셨다.

귀신의 목적은 하나님의 형상으로 창조된 사람을 파멸시키는 것이었다. 그러나 그 목적은 달성되지 못했다. 주님의 목적은 귀신 들린 자가 잠시 잃었던 하나님의 형상을 궁극적으로 회복시키는 것이었기 때문이다.

어떤 이들은 귀신이 돼지에 들어갈 수 있는가, 남의 재산인 돼지를 몰살시켜도 무방한가 하며 문제 제기를 하기도 한다. 하지만 여기서 중요한 사실은, 예수님께서는 많은 수의 돼지 떼보다 한 사람의 생명을 더 귀하게 보셨다는 것이다.

"치던 자들이 도망하여 읍내와 여러 마을에 말하니 사람들이 어떻게 되었는지를 보러 와서."(14절) 돼지를 치던 자들이 도망하여 읍내와 촌에 이 일을 알렸다. 그러자 사람들이 무슨 일이 일어났는지 보려고 모여들었다.

"예수께 이르러 그 귀신 들렸던 자 곧 군대 귀신 지폈던 자가 옷을 입고 정신이 온전하여 앉은 것을 보고 두려워하더라."(15절) 사람들은 전에 군대 귀신 들렸던 사람이 옷을 입고 맑은 정신(*sophronounta*, sound minded)으로 예수님 앞에 앉아 있는 것을 보고 두려워하였다. 놀랍기도 하고, 두렵기도 한 것이다.

"이에 귀신 들렸던 자가 당한 것과 돼지의 일을 본 자들이 그들에게 알리매."(16절) 처음부터 이 일이 진행된 과정을 지켜본 사람들은, 그들에게 귀신 들렸던 사람에게 어떤 일이 일어났고, 돼지 떼에게도 어떤 일이 일어났는가를 자세히 말해주었다.

"그들이 예수께 그 지방에서 떠나시기를 간구하더라."(17절) 그러자 그들은 예수님께 자기네 지역에서 떠나 달라고 간청하였다. 왜 그랬을까? 두 가지로 생각해볼 수 있다. 하나는, 자기들에게 미칠 재산 피해를 걱정해서다. 돼지떼가 몰살한 것을 본 거라사 사람들은 혹시라도 자기들의 재산과 행복에 미칠 어떤 영향을 생각하지 않을 수 없었을 것이다. 그들이 입은 경제적 손실을 생각하고, 더 이상 손해를 보고 싶지 않아 떠나도록 요청한 것이다. 다른 하나는, 예수님을 통해서 일어난 초자연적인 사건에 너무 놀라고 두렵기도 했기 때문이다.

예수님이 배에 오르시자 귀신 들렸던 사람이 같이 가게 해 달라고 간청했다(18절). 나음을 입은 자는 기꺼이 예수를 따르고자 했다.

나음을 입은 사람은 예수님과 합류하기 원했다. 하지만 예수님은 허락하지 않으셨다. 대신 그에게 다른 사명을 주셨다. "어서 집으로 돌아가 주님께서 네게 얼마나 큰 은혜를 베푸셨는지(how much the Lord did) 그리고 너를 얼마나 불쌍히 여기셨는가를(had mercy on you) 가족에게 말해주거라."(19절)

예수님은 귀신들렸던 그를 온전히 회복시켜 그의 가족에게로 돌려보내신다. 그리고 가족들에게 말하도록 하셨다. 그리고 예수님은 그에게 자신이 체험한 하나님의 은혜와 사랑을 가족들에게 증거하며 정상적인 삶을 이어나갈 것을 당부하셨다.

사복음을 보면 예수님은 이와 같은 이적을 베푸신 다음 아무에게도 말하지 말라고 하셨다. 이 경우도 마찬가지다. 귀신들렸던 사람이 예수를 따라와 예수님이 자기에게 행하신 바를 갈릴리 전역에 퍼뜨리는 것을 미리 막으신 것이다. 아직 공개적으로 자신을 드러낼 때가 아니기 때문이다.

그러나 그의 가족과 친척들에게 말하는 것은 허락하셨다. 그의 역할을 가족으로 한정하신 것이다. 이것은 다시 말해 어서 가서 식구들을 구원하라는 말씀이다. 그가 구원하기 위해 찾아나서야 할 사람은 다름 아닌 식구들이라는 것이다. 구원받은 우리도 다른 사람을 구원하는 일에 동참해야 한다. 구원은 구원을 낳는다.

"그가 가서 예수께서 자기에게 어떻게 큰 일 행하셨는지를 데가볼리에 전파하니 모든 사람이 놀랍게 여기더라."(20절)

그가 곧 가서 예수님께서 자기에게 행하신 큰일을 데가볼리 지방에 알렸다. 이것은 그가 예수님이 자신에게 베푸신 그 큰 은혜를 그의 가족이나 그가 사는 거라시에만 한정시키고 않았음을 보여준다. 여기서 큰일은 자신을 비참한 불행의 상태에서 해방시켜주신 주님의 큰 은혜를 말한다. 지금까지 인간사회로부터 배척받아온 그가 온전하게 회복되고, 나아가 하나님이 그에게 베푸신 큰 은혜를 전하는 인물이 되었으니, 정말 놀라운 반전이 아닐 수 없다. 그의 말을 들은 데가볼리 사람들은 모두 신기하게 여겼다.

데가볼리 사람들 가운데 상당수가 주님께 돌아왔을 것이다. 구원한 사람 중에서 다른 사람을 구원하기 위해 사용하지 못할 사람은 없다. 구원받은 자는 잃은 자를 구원하기 위해 찾아나서야 한다. 천국에 가면 죄를 지을 수도 없고, 전도할 수도 없다. 전도는 우리가 이 땅에 있을 때 할 수 있는 가장 중요한 일이다. 우리 모두는 주님께 빚진 자요 전도의 사명을 받은 자다.

2. 회당장 야이로의 딸과 혈루증 앓는 여인(21-43절)

야이로의 어린 딸은 줄곧 사랑을 받아왔지만 혈루증을 앓는 여인은 12해 동안 사랑을 받지 못했다. 다행히 집안에 돈이 있어서 치료를 해왔지만 고치지 못했고, 지금은 매우 절망적인 상태에 있었다. 회당장 야이로나 혈루증 앓는 여인은 주님을 만나 인생이 역전되었다. 마이너스 인생에서 플러스 인생으로 바뀐 것이다.

예수님은 배를 타고 다시 건너편으로 돌아오셨다. 많은 사람들이 예수님께 모여들기 시작했다. 예수님은 갈릴리 바닷가에 계셨다(21절).

그 때 회당장(*archisynagogon*, synagogue rulers) 가운데 한 사람인 야이로(Jairus)가 찾아와서 예수를 뵙고, 그 발아래에 엎드렸다(22절).

회당은 유대인의 주거지에 세워져 있고, 그곳에는 10여명의 관리인이 있었다. 그 가운데 여러 회당 장을 두었다. 회당장은 안식일마다 회당 예배를 주관하고, 재판을 관장하며, 회당 건물을 돌보고 회당 사용을 허가하는 일을 맡았다. 예수님 당시에는 한 회당에 3-7명의 회당장이 있었고, 그들로 구성된 회당장 회의가 있었다. 야이로는 이 회의 기구에 속한 인물이었다.

회당장은 유대 지도자이다. 그가 예수님 발아래 엎드렸다(*piptei*, fall)는 것은 매우 중요한 사건이다. 일반적으로 발아래 엎드림은 신하로서의 경의를 표하는 동작이었기 때문이다. 회당장인 야이로는 예수님 앞에 나갔을 때 고민했을 것이다. 예수님을 택할 것이냐 유대전통을 따를 것이냐. 선택의 기로에서 예수님을 선택하고 주님께 나아갔다. 어렵고 힘든, 아주 용기 있는 결단이었다.

그는 간곡히 청했다. “내 어린 딸이 죽게 되었습니다. 오셔서, 그 아이에게 손을 얹어 고쳐 주시옵소서. 살려 주옵소서.”(23절) 손을 얹는 것(lay the hands)은 안수를 말한다. 안수는 제물을 드리거나, 축복을 할 때, 병자를 치료할 때, 그리고 성직을 임명할 때 행해진다. 여기서 안수는 병을 고칠 때 사용하는 동작이다.

그래서 예수님이 그와 함께 가셨다. 그런데 많은 사람들이 예수님의 뒤를 따라가며 예수님을 밀어댔다(pressing in on Him).(24절)

군중 가운데 12년 동안 혈루증(*rhysei haimotos*, a flux of blood), 곧 피가

그치지 않고 나오는 병을 앓던 한 여자가 있었다(25절). 혈루증은 배설기관에서 계속 출혈하는 증세의 병이다. 이 병은 당시에 치료가 불가능한 병이었다.

이 병은 가진 자는 종교적으로 부정한(unclean) 자로 여겨 사회로부터 배척당하고 격리된다. 남편으로부터 이혼 당했을 가능성도 있다.

다른 사람이 그를 만질 수도 없고, 그 사람이 다른 사람에게 가까이 가서 만질 수도 없다. 부정한 자는 예배 참석도 안 되고, 교제도 금지되었다. 그녀가 앉은 자리에 앉으면 그 사람도 부정하게 된다. 사회적으로 추방된 자(social outcast)요 저주받은(cursed, condemned) 자로 취급되었다.

사람이 자기에게 가까이 오면 "나는 부정한 자니 나를 멀리 하세요"라고 외쳐야 했다. 부정한 여인은 하나님의 은혜도 받을 수 없는 자로 간주되었다. 가족으로부터도 격리되어 있어야 했다. 12년 동안 성전이나 집회에 참석할 수 없어 영적으로도 하나님을 향한 갈급함 또한 컸을 것이다. 그러므로 그가 군중 속에 나타난 것은 이제 예수에 마지막 기대를 걸었음을 말해준다.

여인은 많은 의사들을 찾아다니며 치료를 받느라 무척 고생했다. 그녀가 가진 재산도 다 날렸다. 그러나 나아지기는커녕 오히려 아무런 효험 없이 병만 더 악화되었다(26절).

여인은 자신의 것으로 낫고자 했지만 실패했다. 12년 동안 이 병을 앓는 동안 여인은 세상, 그리고 돈에 대해 철저한 절망을 경험했다. 12년간 투병을 했다는 것은 세상에는 소망이 없고, 어느 누구도 자기를 고칠 수 없다는 것을 철저히 실감하게 되었다.

그러나 이제 여인은 군중 속에 있다. 마지막으로 주님께 나아간 것이다. 자기중심에서 하나님 중심으로 전환한 것이다. 여인은 고난을 통해 절망을 배우고, 그 절망의 나락에서 예수를 알고, 주님을 의지하는 정금 같은 믿음의 사람으로 나온 것이다.

그의 질병이 이제 예수님을 만나는 축복의 통로가 되었다. 질병이 오히려 주님을 만나는 선물이 된 것이다. 그 선물은 참된 것에 소망을 두려 하려는 것이다. 그것은 고난이 아니면 배울 수 없는 것이다. 그리스도인의 목표는 빨리 고난의 통로를 통과해 나오는 것이 아니다. 우리의 목표는 절망감 속에서 그리스도를 발견하는 것이 목표이다. 남편도, 은행통장도 내가 의지할 것이 못 된다. 우리가 의지할 것은 오직 주님이다.

"예수의 소문을 듣고 무리 가운데 끼어 뒤로 와서 그의 옷에 손을 대니." (27절)

마침 그녀는 예수님이 오신다는 소문을 듣고 군중 틈에 끼어들었다. 그리고 예수님께 더 가까이 다가갔다. 예수님께 마지막 소망을 걸고 간 것이다. 그리고 마침내 뒤에서 예수님의 옷자락을 만졌다(touched the clothing).

규례에 따르면 부정한 여인은 사람들 앞으로 나갈 수 없었다. 그러나 그는 군중 속으로 나갔고, 예수님 옷자락을 붙잡았다. 예수님의 옷 가를 만진 것은 금기를 깨뜨린 사건이다.

그가 주님의 옷자락에 손을 댄 것은 예수님에 대한 믿음이다(25-27절). 광야에서 놋 뱀을 보면 살리라 했지만 그것을 믿지 않고 보지 않다가 죽은 사람도 많았다. 급한 사람에게 주님을 믿으면 살리라고 아무리 급하게 외쳐도 그 믿음을 갖지 않는 사람도 우리 주변에는 많다. 여인은 예수님에 대한 소문을 들었고, 주님을 믿고 붙들었다.

여기서 한 가지 질문이 생길 수 있다. 혈루증을 앓는 여인이 거룩하신 예수님께 손을 댔다. 그렇다면 예수님은 부정하게 되셨을까? 답은 간단하다. 예수님은 인간의 터치와 관계없이 언제나 거룩하신 분이시다. 주님은 인간의 규례를 뛰어넘으시는 유일한 분이시다. 주님은 하나님이시기 때문이다.

여인은 예수님의 옷만 만져도 구원을 받으리라 생각했다(28절). "구원을 받으리라"의 원문은 자기 병이 나을 것이라(*sothesomai*, I will be healed) 생각한 것을 말한다. 여인은 절망가운데 예수님에 대한 소문을 들었다. 그리고 예수님께 나아가기만 하면 자신의 병이 나을 수 있다는 믿음이 생겼다.

생각(*elegen*, she was saying)은 "되 뇌이고 되 뇌였음"을 뜻한다. 그리고 이를 행동으로 옮기기 위해서는 사회적 통념을 깨고 돌파하는 필사적 용기와 믿음이 필요했다. 그리고 마침내 믿음으로 터치한 것이다.

"그의 옷에만 손을 대어도"(*ean hapsomai*, if I shall touch). 여기서 우리는 주님의 옷자락을 만지려는 여인의 겸손함과 그 옷만 만져도 자기 병이 나을 것이라는 절대적 신앙을 읽을 수 있다. 손을 "대어도(*hapsomai*, touch)"는 "매달리다"(cling to you)는 뜻을 가지고 있다. 육체적인 매달림이 아니라 영적인 매달림이다. 그의 매달림은 당신만이 나의 유일한 소망이요 답이라는 믿음이 담겨 있다. 믿음은 행동이 요구된다. 말로만 믿는다고 말하는 것은 게으른 것이다. 부정한 여인은 주님께 매달림으로 거룩한 사람이 되었다.

"이에 그의 혈루 근원이 곧 마르매 병이 나은 줄을 몸에 깨달으니라."(29절) 예수님의 옷자락을 만지는 순간 즉시 피가 멎었고 그녀는 곧 병이 나은 것을 느꼈다. 금방 나았고, 다 나았다는 사실을 자각할 수 있었다.

이것은 여인이 소문으로 듣던 예수님을 이제 인격적으로, 체험적으로 만났음을 보여준다. 여인은 직접 예수께 하소연하지 않았다. 뒤로 와서 몰래 옷자락에 손을 댄 것뿐이었다. 그럼에도 불구하고 구원이 임했다. 예수님의 은혜는 찾고 구하는 자에게 자동적으로 흘러가는 것으로 묘사되어 있다. 예수는 닫힌 샘이 아니다. 누구나 접근하면 얻을 수 있는 샘이다.

"예수께서 그 능력이 자기에게서 나간 줄을 곧 스스로 아시고 무리 가운데서 돌이켜 말씀하시되 누가 내 옷에 손을 대었느냐 하시니."(30절)

예수께서는 곧 자기에게서 능력(*dynamin*, power)이 나간 것을 아셨다. 예수의 능력이 여인 속으로 흘러들어간 것이다. 이것은 성령의 권능과 함께 역사했음을 보여준다. "내게서 능력이 나갔다." 예수님은 한 여인을 위해 자신의 능력을 소진시켜주셨다. 예수의 능력이 낫게 한다. 그 능력이 우리를 고친다.

예수님은 자신의 능력이 나간 것을 아시고, 무리 가운데서 돌아서서 물으셨다. "누가 내 옷에 손을 대었느냐?" 이것은 예수님이 이 일의 자초지종을 모르고 물으신 것이 아니다. 다 아시고 하신 말씀이다. 그 여인으로 하여금 간증할 기회를 찾으신 것이다.

이에 제자들은 예수님께 오히려 반문했다. "무리가 선생님을 에워싸고 떠밀고 있는데, 누가 손을 대었느냐고 물으십니까?"(31절) 밀치는 과정에서 얼마든지 손이 옷을 댈 수 있는 것 아니겠느냐는 반응이다.

하지만 예수님은 그렇게 한 여자를 보려고 둘러보셨다(32절). 주님은 이 모든 사실을 아시고 뒤돌아보신 것이다. 예수님이 그를 찾으신 것이다. 바쁜 가운데서도 뒤로 돌아보신 예수님, 여인에게는 다시없는 인격적 만남의 기회였다. 예수님이 뒤돌아봄에서 우리의 인생도 역전될 수 있다. 뒤돌아보심의 은혜를 기억하자.

여인은 자기에게 일어난 일을 알고 있었기 때문에 두렵기도 하여 떨면서 예수께로 나아와 엎드렸다(*prosepesen*, fell down before). 그리고 모든 것을 사실대로 말하였다(33절).

여인은 왜 두려워하며 떨었을까? 비록 자신이 고침을 받기는 했지만 부정한 손으로 주님의 옷자락에 손을 댔다는 두려움이 있었다. 예수님이 "누가 내 옷에 손을 댔는가?"라 했을 때 여인은 규례를 어기고 손 댄 사실로 인해 두려울 수밖에 없었다. 여인은 두려운 마음으로 고백을 했다.

그러자 예수님은 여인에게 말씀하셨다. "딸아, 네 믿음(*pistis*, faith)이 너를 구원하였느니라. 이제 평안히 가라. 그리고 질병에서 해방되어 건강하여라."

(34절)

믿음으로 구원을 받았다는 선언이다. 훔친 것이 아니라 믿음으로 받은 것이다. 주님은 응어리진 여인의 마음에 최고의 선물을 주셨다. 예수는 믿고 나오는 자에게 은혜를 펴주시는 분이시다. 사랑으로 어루 만져주시는 분이시다. 예수님은 정면으로 여인을 보시고, 듣고 용서하셨다.

"네 믿음이 너를 구원하였느니라." 예수님은 육신의 질병에서의 해방만 목표 삼지 않았다. 영생을 얻게 하신 것이다(요 3:15, 16). 주님은 여인으로 하여금 영육간의 완전한 회복을 바랐다.

"평안히 가라." 평안(*eirene*, peace)을 향해 가라는 유대식 작별인사이다. 헤어지면서 평안을 빈 것이다. 더 이상 혈루병과의 전쟁은 없다. 영원히 너와 함께 하겠다. "건강할 지어다." 계속 육적으로나 영적으로 건강하기 바란다는 뜻이다. 전승에 따르면 이 여인은 성령강림 때 성령을 받고 초대교회에서 신실한 교인으로 생활했다.

예수님은 은밀히 고통을 받고 있는, 사람들이 알아주지 않고 소외된, 절망밖에 없는 숨은 인재를 알아주신다. 우리 주변에는 숨은 상처를 가진 사람이 많다. 우리가 그들에게 전도함으로써, 예수의 소문을 냄으로써 치유의 매체가 될 수 있다.

예수께서 말씀을 계속하고 계시는데 회당장의 집에서 사람들이 와서 회당장에게 말했다. "따님이 죽었습니다. 이제 선생님을 더 괴롭혀서 무엇 하겠습니까?" (35절)

회당장 쪽 사람들은 예수님이 병든 회당장의 딸을 고칠 것이라 믿었다. 하지만 딸은 죽었다. 그들은 예수님이 죽은 그를 살리시리라 생각지 못했다. 인간적으로 볼 때 그것은 불가능한 일이기 때문이다. 그래서 더 이상 예수님을 괴롭히지(*skylleis*, trouble) 말라 한다. 이제 예수님에 대한 기대를 접으라는 것이다.

예수님은 곁에서 그 말을 무심코 들으시고 회당장에게 말하셨다. "두려워 말고 믿기만 하라." (*Me phobou monon pisteue*, Not fear only believe)(36절). 믿음 선언을 하신 것이다. 사람들의 말에 흔들리지 말고 하나님의 능력을 끝까지 신뢰하라는 말씀이다. 주님은 절망하는 야이로에게 소망을 갖게 하셨다.

예수님은 베드로, 야고보와 그의 동생 요한만 따라오게 하셨다. 다른 사람은 오지 못하게 하셨다(37절). 주님은 변화산(막 9:2)이나 겟세마네 동산(막 14:32, 33) 등 중요한 때마다 이 세 제자들이 함께 하도록 허락하셨다. 그만큼 주님의 사역을 이해하고 온전히 전할 수 있다고 보았기 때문이다.

예수님은 그 세 제자들과 함께 회당장의 집으로 갔다. 회당장 집에 이르렀을 때 예수님은 사람들이 울고 통곡하며 시끄럽게 떠드는 것(*thorybon*, commotion)을 보셨다(38절). 당시 이스라엘에서는 장례를 치룰 때 피리 부는 사람과 곡하는 사람을 고용했기 때문에 집안이 시끄러울 수 있다.

예수님은 안으로 들어가 말씀하셨다. "어째서 소란스럽게 우느냐? 그 아이는 죽은 것이 아니라 자고 있다."(39절) 울고 있는 사람들에게 죽은 것이 아니라 자고 있다(*katheudei*, sleep) 말씀하신 것이다. 이것은 소녀가 죽지 않았다는 말씀이 아니다. 소녀는 이미 죽었다. 하지만 예수님은 죽은 자를 다시 살릴 수 있음을 말씀하신 것이다. 마치 잠자는 자를 깨우듯 주님께서 죽은 자를 다시 일어나게 하실 것이라는 말씀이다. 성경에서는 부활을 확신하는 성도들의 죽음을 "잔다"고 하였다(행 7:60, 고전 15:20, 벧후 3:4).

주님은 절망에서 소망의 문을 여셨다. 주님은 인생의 절망 가운데 선 우리를 향해 오늘도 소망의 선언을 하실 수 있는 유일한 분이시다.

"그들이 비웃더라 예수께서 그들을 다 내보내신 후에 아이의 부모와 또 자기와 함께 한 자들을 데리시고 아이 있는 곳에 들어가사."(40절)

그러나 그들은 예수님을 비웃었다. 세상은 교회를 비웃는다. 그러나 소망의 주님을 바라보아야 한다. 주님은 어떤 상황에서도 우리와 함께 하신다. 세상 끝 날까지 함께 하시리라.

예수님은 사람들을 다 내보냈다. 믿음 없는 사람들을 나가라 하신 것이다. 그들은 하나님의 능력을 볼 자격이 없다. 그 다음 소녀의 부모와 데리고 간 제자들과 함께 소녀가 있는 방으로 들어가셨다. 제자들과 부모만 초청하신 것이다.

“그 아이의 손을 잡고 이르시되 달리다굼 하시니 번역하면 곧 내가 네게 말하노니 소녀야 일어나라 하심이라.”(41절)

예수님은 소녀의 손을 잡으셨다. 능력의 손이다. 그리고 “달리다굼!”(*Talitha koum*) 하셨다. 이 말은 당시 유대인들이 사용하던 아람어로 “소녀야, 일어나라!”(*Korasion egeire*, little girl, arise)는 뜻이다. 마가가 이것을 번역하여 설명한 것은 마가복음의 대상이 유대인이 아니라 이방인이었음을 보여준다. 달리다굼은 예수님의 능력 선언이자 명령이다. 예수의 능력이 인생에게 선포되는 것이다. 예수님이 우리 인생의 능력이시다. 나아가 이 사건은 주님이 재림하실 때 성도들을 부활시키는 예표이기도 하다.

“소녀가 곧 일어나서 걸으니 나이가 열두 살이라 사람들이 곧 크게 놀라고 놀라거늘.”(42절)

그러자 열 두 살 된 그 소녀는 곧 잠에서 깨어나듯 일어났다. 그리고 걸어 다녔다. 이것을 지켜본 사람들은 너무 놀라 정신이 하나도 없었다. 죽은 사람이 살아나다니.

예수님은 이 일을 아무에게도 알리지 못하게 단단히 주의를 시키셨다. 그리고 난 뒤 소녀에게 먹을 것을 주라고 하셨다(43절). 소녀는 그동안 치명적인 병으로 인해 얼마나 배가 고팠겠는가.

마가는 회당장 야이로의 딸을 고치신 주님과 혈루증을 앓은 여인을 고쳐주신 주님을 교차시키며 소개하고 있다. 혈루증을 앓는 여인이 중간에서 시간을 뺏자 회당장의 마음은 달았을 것이다. 하지만 주님은 두 사람을 모두 만족시키는 결과를 가져다주었다. 주님의 지체는 오히려 하나님의 영광, 곧 죽은 자를 살리시는 하나님의 능력을 더 뚜렷이 보여주는 계기가 되었다. 이 일을 하실 수 있는 분은 오직 주님이시다. 마가는 주님께서 우리가 가진 심한 질병과 그로 인해 상한 마음을 어떻게 치유하시고 위로하시는가를 극명하게 보여주고 있다.

마가복음 6장

고향에서 배척받은 예수님, 세례 요한의 순교, 오병이어의 기적, 바다 위를 걸으심, 게네사렛에서 병자를 고치심

1. 고향에서 배척 받은 예수님(1-6절)

예수께서 그곳, 곧 갈릴리 호수를 떠나 고향(*patrida*, hometown)을 향해 가시자, 제자들도 따라갔다(1절). 예수님의 고향은 나사렛을 가리킨다. 갈릴리 호수에서 서쪽으로 약 30km 지점에 있다. 당시에는 작은 마을이었다.

안식일이 되자 예수님은 회당에서 가르치기 시작하셨다. 많은 사람들이 예수님의 말씀을 듣고 놀라며 말했다. "이 사람이 이 모든 것을 어디서 얻었을까? 저 사람의 이런 지혜(*sophia*, wisdom) 와 놀라운 힘(*dynameis*, miracles)이 어떻게 해서 생긴 것인가?"(2절). 30년간 그의 성장과정을 늘 지켜보아왔을 뿐 아니라 율법학교에서 교육을 받지 않은 예수, 그리고 직업이 목수였던 예수님이 랍비처럼 회당에서 가르치시고 기적을 베푸시니 놀라지 않을 수 없었을 것이다.

그들 스스로 하는 질문은 그의 가르침과 이적의 출처를 묻는 말이다. 나사렛 사람들은 예수님이 가르치는 지혜가 어디에서 나온 것일까, 어떻게 그 손으로 기적들을 일으키는 것일까 의심하기 시작했다. 하나님인가 사람인가, 아니면 사단인가. 고향사람들은 예수님의 지혜와 권능을 도저히 믿을 수가 없었다.

"이 사람이 마리아의 아들 목수가 아니냐 야고보와 요셉과 유다와 시몬의 형제가 아니냐 그 누이들이 우리와 함께 여기 있지 아니하냐 하고 예수를 배

척한지라." (3절)

"이 사람은 마리아의 아들 목수(*tekton*, carpenter)가 아닌가? 그는 야고보와 요셉과 유다와 시몬의 형이 아닌가? 또 그의 누이들은 모두 우리와 같이 여기에 살고 있지 않은가?" 나사렛 사람들은 이렇게 말하면서 예수를 좀처럼 믿으려 들지 않았다. 달갑지 않게 여긴 것이다. 여기서 예수님께서 나사렛에서 목수로 활약했으며, 어머니 마리아, 여러 형제와 자매들과 함께 생활했었음을 보여준다. 예수의 형제 야고보는 훗날 예루살렘 교회의 지도적 인물이 되었다. 그는 의인 야고보라 불리기도 했으며 야고보서를 썼다.

그러자 예수님은 그들에게 말씀하셨다. "선지자는 자기 고향과 자기 친척과 자기 집 밖에서는, 존경을 받지 않는(*atimos*, without honor) 법이 없다." (4절)

예수님은 이러한 그들의 태도에 대해 당시 유행하던 속담을 인용하셨다. "어디서나 존경을 받는 예언자라도 자기 고향과 친척과 집안에서만은 존경을 받지 못한다." (공동번역) 한 마디로 선지자는 고향 밖에서는 높임을 받아도 고향에서는 높임을 받지 못한다(요 4:44)는 것이다. 이것은 그들의 믿음 없음을 안타깝게 여기는 말씀이다. 고향 사람들의 고정된 편견과 도식적인 논리, 그리고 제한된 경험만으로 사실을 평가하고자 하는 한 참된 진리에 눈을 뜰 수 없다.

나아가 주님의 말씀은 곧 있게 될 제자들의 파송과 관련이 있다. 얼마 후 제자들이 파송을 받게 되는 데, 그곳에서 전도할 때 사람들이 그들을 배척하더라도 예수님이 고향에서 배척을 받았던 사실을 기억하고 낙심하지 말 것을 가르치고 있다.

"거기서는 아무 권능(*dynamin*, work of power)도 행하실 수 없어 다만 소수의 병자에게 안수하여 고치실뿐이었고." (5절) 거기서는 아무 기적도 베풀

수 없어 다만 몇몇 병자에게 손을 얹어 고쳐주셨다.

이것은 예수님이 기적을 행하실 능력이 없어서가 아니라 사람들이 이를 받아들일 믿음이 없었음을 가리킨다. 예수님이 기적을 행하실 때 사람들이 그것을 통해 다가오시는 하나님을 받아들여야 하는데, 의심이 가득 찬 그들은 받아들일 준비가 되어 있지 않았다. 그런 곳에 기적을 행한 들 아무 의미가 없게 된다. 믿음이 없을 뿐 아니라 그를 거역할 때 주님은 기적을 베풀지 않으셨다.

"그들이 믿지 않음을 이상히 여기셨더라 이에 모든 촌에 두루 다니시며 가르치시더라." (6절)

예수님은 그들이 자기를 믿지 않는 것(*apistian*, unbelief)을 보고 놀라지 않을 수 없었다. 바로 전에 있었던 사건현장의 사람들과는 너무나 대조적이었기 때문이다. 그 후 예수님은 여러 마을을 두루 다니시며 가르치셨다.

2. 열두 제자의 파송(7-13절)

예수님은 열두 제자를 가까이 부르셨다. 그들을 둘 씩 둘 씩 보내시며, 그들에게 악한 귀신을 쫓아내는 권능(*exousian*, authority)을 주셨다(7절). 예수님의 구원운동은 제자들의 선교활동을 통해 하나님의 백성을 모음에 있다.

예수님은 먼저 제자들에게 전도의 사명을 주셨다. 둘 씩 짝지어 보낸 것은 말씀을 전할 때나 힘들때 서로 도울 수 있을 뿐 아니라 11절에서와 같이 전도로 인해 발생할 사건에서 서로 증인이 되어줌으로써 힘을 얻기 때문이다. 증인을 위해서는 두 사람의 증인이 필요하다.

그리고 제자들에게 귀신을 제어할 능력을 주셨다. 예수님은 제자들에게 전도하라는 사명과 함께 전도할 때 기적을 베푸실 수 있는 능력을 부여함으로써 명실 공히 전도의 효과를 높이게 하셨다.

"명하시되 여행(*hodon*, journey)을 위하여 지팡이 외에는 양식이나 배낭이나 전대의 돈이나 아무 것도 가지지 말며."(8절) 그들에게 명령하셨다. "길을 떠날 때는 지팡이(*rhabdon*, staff) 외에는 아무것도 가지고 가지 말라. 식량(*arton*, bread)이나 가방이나 돈도 가지고 가지 말라."

지팡이는 긴 여행에 지친 몸을 의지하는 데 필요하기도 하지만 무엇보다 들짐승의 공격을 막아낼 수 있는 무기로 사용되기도 한다. 배낭(*peran*, bag)은 여행 용 가방을 가리킨다. 전대(*zonen*, belt)는 몸 둘레에 몇 차례 휘감아 매는 허리띠로, 돈이나 귀중품을 넣을 수 있는 주머니 역할을 했다. 돈은 은화나 금화라기보다 가치가 적은 동화를 말한다. 전도자에게 양식, 귀중품, 돈은 필요한 것이 아니라는 말씀이다. 전도는 물질적 소유에 의존하는 것이 아니라 하나님을 전적으로 의존하는 것이 중요하기 때문이다. 지팡이, 곧 최소한의 장비만 가지고, 나머지 모든 것은 하나님께 맡기라는 말씀이다.

주님이 이렇게 말씀하시는 것은 당시 헬라의 철학자들이나 유대교 순회 전도자들, 그리고 귀신을 쫓아내는 자들의 행태를 본받지 말라는 뜻도 담겨 있다. 그들은 돈과 식량 주머니를 가지고 다니면서 재산을 모으고 그것을 통해 자신들의 생활을 스스로 돌보고자 했다. 그러나 주님은 자기의 제자들이 소유에 얽매이지 않고 그런 자들과는 전혀 다른 차원에서 전도에 나설 것을 말씀하고 있다.

"신(*sandalia*, sandals)만 신고 두 벌 옷(*dyo chitonas*, two tunics)도 입지 말라 하시고."(9절) 신발은 신되 여분의 옷도 껴입지 말라. 신고 있는 신발 하나와 입은 옷 하나로 족하다는 것이다. 두 켤레 신발, 두 벌 옷도 가지지 말라는 말씀이다.

여기서 신은 샌들이다. 가시나 돌들이 많은 땅을 돌아다닐 때 편하다. 옷은 대부분 양모나 아마포로 만든 속옷이다. 그것을 어깨에 걸쳤다. 일반 사람들은 속옷을 두 벌 껴입지 않는다. 부유한 사람들이나 그랬다. 예수님이 제자들로 하여금 최소한의 장비만 가지고 여행하도록 한 것은 모든 경우에서 전적으로 하나님만 의지하도록 하기 위함이었다.

예수님은 다시 그들에게 말씀하셨다. "어느 마을에 들어가든지 거기서 떠날 때까지 너희는 한 집에서 머물러라."(10절) 이리저리 더 좋은 집을 찾아다니지 말라는 말씀이다.

어느 곳에서든지 사람들이 너희를 영접하지 않고 너희 말도 듣지 않거든 그 곳을 떠날 때 신발에 묻은 먼지(*choun*, dust)를 떨어 그들의 대한 증거(*martyrion*, testimony)를 삼으라(11절). 그렇게 함으로써 그들을 고발할 증거물로 삼으라(새번역)는 것이다.

유대인들은 관습적으로 이방인의 도시를 떠날 때 발의 먼지를 떨어버리는 행동을 했다. 이방 땅의 부정한 것들을 유대 땅에 들여오지 않기 위한 것이다. 예수님은 유대인들의 이 같은 관습을 복음을 듣지 않는 이스라엘에게 적용시키셨다. 제자들이 복음을 전할 때 듣지 않을 경우 이스라엘인이라 할지라도 이방과 다를 바 없으니 그 집을 나설 때 발의 먼지를 떨어버리라는 것이다. 이것은 그들에 대한 경고의 표시이다. 제자들은 자신들과 복음을 받아들이지 않는 그들에게 이 같은 행동을 보임으로써 그들이 종말에 하나님이 부르시는 참 이스라엘에 속하지 않는다는 것을 상징적으로 보여주도록 하셨다. 바울과 바나바도 비시디아 안디옥에서 완강하게 복음을 거부하는 유대인들에게 발의 티끌을 떨어버렸다.

"증거를 삼으라."는 말씀은 복음을 통한 하나님의 은혜를 거절하는 행위에 대한 경계와 함께 최후의 심판 때 그들을 고발할 증거를 가리킨다. 예수님의 이 말씀은 제자들이 믿음 안에서 담대하게 하나님 나라가 도래했음을 선포하도록 하셨음을 알 수 있다.

그리고 원문이나 KJ, NIV 등에는 "내가 진실로 너희에게 이르노니 심판 날에 소돔과 고모라 땅이 그 성보다 견디기 쉬우리라"는 말씀이 더해져 있다. 개역개정을 비롯한 우리 말 성경에는 이 말씀이 생략되어 있다.

12-13절은 전도 여행에서 제자들이 행한 세 가지 사역을 기록하고 있다.

그들은 전도하러 나가서 회개해야 한다(*metanoosin*, they should repent)는 말씀을 선포했다(12절). 말씀을 전파하며 사람들에게 회개할 것을 강조한 것이다.

그들은 많은 귀신을 쫓아냈을 뿐 아니라 수많은 병자에게 기름을 발라(*eleiphon elaio*, were anointing with oil) 병을 고쳐 주었다(13절). 기름을 바르는 것은 당시 유대인들이 치료법으로, 널리 사용되었다. 그러나 여기서는 예수 그리스도의 이름으로 병이 나았음을 상징하기 위해 사용되었다.

3. 세례 요한의 순교(14-29절)

이로 인해 예수님의 소문이 널리 퍼져 마침내 헤롯왕의 귀에까지 들어갔다. 그들은 "죽은 세례 요한이 다시 살아났다(*egegertai*, is risen). 그 때문에 그가 이런 놀라운 능력을 발휘하는 것이다."라고 했다(14절).

여기서 헤롯왕은 예루살렘 성전을 재건한 헤롯 대왕이 아니라 그의 아들 헤롯 안티파스이다. 그는 B.C. 4년부터 A.D. 30년까지 로마의 식민지인 요단강 서쪽 갈릴리 지방과 베레아 지방을 다스리는 분봉 왕(영주)이었다.

원문에는 "그들은 말했다"(*elegon*, they were saying)로 되어 있다. 헤롯왕뿐 아니라 예수님의 소문을 들은 사람들이 그렇게 말한 것이다. 세례 요한이 기적을 행했다는 말은 성경에 없다. 그러나 헤롯이나 예수의 소문을 들은 사람들은 세례 요한이 죽었다가 살아났고, 또한 새로운 능력을 받은 것으로 추측했을 가능성이 있다.

어떤 사람은 예수님이 엘리야라고 말하기도 하고, 또 어떤 사람은 옛 선지자 가운데 한 분이라고도 했다(15절).

엘리야는 구약 시대의 선지자로, 죽지 않고 승천을 했다. 그런데 사람들은 그가 종말 심판에 앞서 이스라엘을 바르게 인도하기 위해 장차 다시 올 것이라 기대했다(말 3:23). 예수님을 엘리야로 본 것은 그만큼 위대한 존재로 보았음을 말해준다. 하지만 어떤 사람들은 그저 옛 선지자 가운데 하나, 곧 예전에 있었던 많은 선지자들과 같은 선지자로 보기도 했다(눅 7:39, 요 4:19).

하지만 헤롯은 예수에 관한 소문을 듣고 "내가 목 베어 죽인 요한이 다시 살아났다"고 하였다(16절). 이것은 세례 요한이 비록 그에게 죽임을 당하기는 했지만 헤롯이 그 후에도 얼마나 세례 요한을 두려워했는가를 보여준다.

17-29절은 세례 요한이 어떻게 죽임을 당했는가를 자세히 기록하고 있다.

헤롯은 전에 자기의 동생 빌립의 아내 헤로디아(*Herodiada*, Herodias)와 결혼한 일이 있었다. 헤롯은 그 일로 요한을 잡아 옥에 가둔 일이 있었다(17절). 원인은 헤롯이 그 여자를 아내로 맞은 데 있었다.

빌립은 헤롯 대왕의 아들로, 헤롯 안티파스의 이복 동생이었다. 헤로디아는 헤롯 대왕의 손녀이자 헤롯 아그립바의 누이였다. 이런 관계를 볼 때 헤로디아는 삼촌인 빌립과 결혼한 것이다. 그런데 헤로디아가 다른 삼촌인 헤롯 안티파스와 결혼한 것이다. 이것은 헤롯 일가의 족보는 아주 복잡하고 문란했음을 보여준다.

요한이 갇힌 것은 헤롯을 향해 동생의 아내와 결혼한 것은 옳지 않다고 보았기 때문이다(18절). 율법은 동생의 아내와 결혼하는 것을 근친상간으로 보았고(레 18:16, 20:21), 요한은 이 결혼을 불륜으로 간주해 비난함으로써 헤롯의 노여움을 샀다.

헤로디아도 요한에게 원한을 품고, 요한을 죽이고자 했다. 하지만 뜻을 이루지 못했다(19절). 뜻을 이루지 못한 이유는 20절에 나타나 있다.

"헤롯이 요한을 의롭고 거룩한 사람으로 알고 두려워하여 보호하며 또 그의 말을 들을 때에 크게 번민을 하면서도 달갑게 들음이러라."(20절)

헤롯이 요한을 의롭고(*dikaion*, righteous) 거룩한(*hagion*, holy) 사람으로 여겨 두려워하고 보호했기 때문에 헤로디아는 요한을 죽이고자 하는 자신의 뜻을 이룰 수 없었다. 헤롯은 요한이 말을 할 때 그 말을 듣고 몹시 괴로워했다. 하지만 그의 말을 달게 듣곤 했다. 바른 말이기 때문이다.

"마침 기회가 좋은 날이 왔으니 곧 헤롯이 자기 생일에 대신들과 천부장들과 갈릴리의 귀인들로 더불어 잔치할 새."(21절)

마침 헤로디아에게 절호의 기회가 찾아왔다. 헤롯이 자기 생일날에 고관들(*megistasin*, great men)과 고위 군지휘관들(*chiliarchois*, chief captains)과 갈릴리의 귀빈들(*protois*, leading men)을 초대하여 잔치를 베풀었다.

천부장은 문자적으로 1,000명의 부하를 거느린 지휘관을 말한다. 하지만 여기서는 군단 지휘관이나 사령관을 가리킨다. 갈릴리 귀빈은 사회적으로 명성이 있는 자들을 가리킨다.

"헤로디아의 딸이 친히 들어와 춤을 추어 헤롯과 그와 함께 앉은 자들을 기쁘게 한지라 왕이 그 소녀에게 이르되 무엇이든지 네가 원하는 것을 내게 구하라 내가 주리라 하고."(22절)

헤로디아의 딸이 잔치 자리에 들어와 춤으로 헤롯과 그 자리에 초대 받은 사람들을 즐겁게 해주었다. 그러자 왕이 소녀에게 말했다. "네 소원을 말해보아라. 내가 들어주겠다."

헤로디아의 딸은 전 남편 빌립의 딸 살로메이다. 무희들이 따로 있는데, 공주가 남자 손님들 앞에서 춤을 추는 것은 궁중 예법 상 맞지 않다. 하지만 헤로디아는 살로메로 하여금 춤을 추게 함으로써 기회를 얻고자 했다. "네 소원을 말해 보거라" 했을 때 가장 기뻤을 사람은 헤로디아였을 것이다.

그리고 그 소녀에게 굳게 맹세하면서까지 말했다. "네가 원하는 것이면, 이 나라의 절반이라도 주겠다."(23절) 헤롯은 흥에 겨워 아무 생각 없이 맹세까지 했다(*omosen*, swore). "내 나라의 절반까지라도 주리라"는 것은 무엇이든 주겠다는 말이다.

헤롯은 로마에 종속된 일개 영주에 불과하다. 그가 다스리는 나라의 땅은 로마의 것이기 때문에 자기 마음대로 줄 수도 없다. 그런데도 이런 말을 한 것은 자신의 권위를 사람들 앞에 과시하려는 뜻이 담겨 있다. 맹세까지 한 것은 그 약속을 꼭 지키겠다는 것이므로, 헤로디아로서는 엄청난 것이었다. 그녀가 그토록 바라던 일이 실현될 수 있기 때문이다.

소녀가 밖으로 나가서 자기 어머니에게 물었다. "어머니, 내가 무엇을 달라고 청할까요?" 그녀의 어머니는 말했다. "세례 요한의 머리(*kephalen*, head)를 달라고 하여라."(24절)

소녀는 급하게 왕에게 돌아가 청했다. "세례 요한의 머리를 쟁반에 담아 지금 곧 제게 주십시오." 세례 요한의 목을 구한 것이다. 그것도 지금 당장 달라고 했다(25절).

"왕이 심히 근심하나 자기가 맹세한 것과 그 앉은 자들로 인하여 그를 거절할 수 없는지라."(26절)

그 말을 듣자 왕은 몹시 괴로워했다. 양심의 가책을 받아 근심하기에 이른 것이다. 하지만 자기가 한 약속도 지켜야 하고, 자기 체면을 세울 필요도 있었다. 잔치 자리에 앉아 있는 손님들이 이미 다 듣고 지금 자신이 그 약속을 잘 지키나 보고 있는 데 차마 소녀의 요구를 거절할 수 없었다. 헤로디아는 그것을 노렸다. “자기가 맹세한 것”에서 맹세(*horkous*, oaths)는 복수형이다. 이것은 헤롯이 여러 번 반복하여 맹세했음을 보여준다. 그러니 스스로 지키지 않을 수 없게 되었다.

“왕이 곧 시위병 하나를 보내어 요한의 머리를 가져오라 명하니 그 사람이 나가 옥에서 요한을 목 베어.”(27절) 왕은 즉시 호위병(*spekoulatora*, executioner), 곧 사형집행관 하나를 보내며 요한의 목을 베어 오라고 명령했다. 그러자 그는 감옥에 가서 요한의 목을 베었다. 그는 요한의 머리를 쟁반에 담아다가 소녀에게 주었다. 그러자 소녀는 그것을 자기 어머니에게 갖다 주었다(28절).

세례 요한의 제자들이 요한이 죽임을 당했다는 소식을 듣고 와서, 그 시체(*ptoma*, body)를 거두어다가 무덤에 안장하였다(29절). 일생을 통해 예수님의 선구자 역할을 했던 요한은 그렇게 갔다. 그의 죽음은 장차 예수님이 당하실 고난과 죽으심을 예고한 것이다(막 9:11-13).

세례 요한은 옥중에 있는 동안 그의 제자들과 계속 연락이 있었던 것으로 보인다. 요한이 죽자 그의 제자들은 위험을 무릅쓰고, 그의 시신을 가져다 장사를 지냈다. 그들은 이 사실을 예수님께 알렸다(마 14:12).

4. 오병이어의 기적(30-44절)

한편 사도들이 돌아왔다. 그들은 자기들이 행하고 가르친 모든 일을 예수님께 보고 하였다(30절). 이것은 제자들이 나아가 회개의 복음을 전하고 귀신을 쫓아내며 병자를 고치는 등 이적을 행한 것에 대한 보고를 말한다. 복음서에서 유독 여기서만 그들을 “사도들”(*apostoloi*, apostles)이라 하였다. 사도는 복음을 전하기 위해 “파견된 무리”라는 뜻이다.

31-44절은 예수님께서 행하신 오병이어 기적을 소개하고 있다. 이 기적은

예수님이 마치 양떼를 돌보는 목자처럼 자애로운 사랑으로, 당시 수탈을 일삼던 정치 지도자나 종교지도자와는 전혀 다르며, 자기 백성을 돌보시는 참된 목자라는 사실을 강렬하게 보여주고 있다.

"이르시되 너희는 따로 한적한 곳에 가서 잠깐 쉬어라 하시니 이는 오고 가는 사람이 많아 음식 먹을 겨를도 없음이라."(31절)

그 때 예수님은 그들을 향해 "너희는 따로 외딴 곳(*eremon topon*, solitary place)으로 가서, 좀 쉬라."고 하셨다. 거기에는 오고가는 사람이 너무 많아서 식사를 할 겨를도 없었기 때문이다. 예수님은 전도여행을 다녀온 제자들뿐 아니라 자신도 좀 한적한 곳으로 같이 가서 잠시 쉬는 것이 좋겠다고 생각하셨다.

예수님의 일행은 배를 타고 조용한 곳으로 떠났다. 그러나 그들이 떠나는 것을 본 많은 사람들이 예수님의 일행인 줄 알고 여러 마을에서 나와 육로로 달려가 그 곳에 먼저 도착하였다(32, 33절). 사람들이 예수님 일행을 먼저 알아보고 발걸음을 재촉하여 예수님 일행보다 먼저 그곳에 도착한 것이다. 휴식을 취하러 가는 길에 군중들이 뒤따라옴으로 인해 방해를 받았다.

"예수께서 나오사 큰 무리를 보시고 그 목자 없는 양 같음으로 인하여 불쌍히 여기사 이에 여러 가지로 가르치시더라."(34절)

예수님은 배에서 내리셨다. 많은 사람들이 모여들자 주님은 그들을 보시고 그들이 마치 목자 없는 양처럼 갈 바를 알지 못하는 것을 아셨다. 주님은 그들을 불쌍히 여기셨다(*esplanchnisthe*, was moved with compassion). 불쌍히 여기심은 그들의 형편을 보고 창자가 끊어지는 듯한 아픔을 느끼셨다는 말씀이다. 목자가 없는 경우 양들은 맹수의 먹이가 될 수 있기 때문이다. 그들에겐 참된 영적 지도자가 없어 방황하고 있었다.

그런 그들에게 예수님은 여러 가지로 많은 것을 가르치셨다. 예수님이 그들의 참 목자가 되신 것이다. 오병이어(五餠二魚) 기적은 단지 물질적인 것을 채워주시는 것으로 끝나지 않는다. 영적으로 곤핍한 그들에게 먼저 말씀으로 영적인 필요를 가득 채워주셨다.

날이 저물어 가자 제자들이 예수님께 와서 말했다. “이 곳은 벌판인 데다가 날도 이미 저물었습니다.”(35절) 이것은 빈들(*eremos topos*, desolate place), 곧 광야에서 말씀의 잔치가 늦게까지 이어졌음을 말해준다.

“사람들을 가까운 마을로 보내 각자 음식을 사 먹게 하시지요.”(36절) 이 사람들을 해산시켜, 제각기 먹을 것을 사 먹게 근방에 있는 농가나 마을로 보내시는 것이 좋겠다고 제안한 것이다.

그러나 예수님의 생각은 달랐다. 주님은 제자들에게 말씀하셨다. “너희가 그들에게 먹을 것을 주어라.”(*Dote autois hymeis phagein*, give them something to eat) 그러자 당황한 제자들이 말했다. “그러면 우리가 가서 빵 이백 데나리온 어치를 사다가 그들에게 먹이라는 말씀입니까?”(37절)

무엇보다 주님은 제자들을 향해 “너희가 먹을 것을 주라.” 하셨다. 제자들 보기에 이것은 불가능하게 보이는 제안이었다. 하지만 이것은 다른 사람의 필요에 민감 하라는 말씀이다. 각자가 알아서 하도록 하자는 제자들의 생각과는 달리 주님은 무리가 지금 무엇이 필요한가를 아셨다. 그리고 “너희가 먹을 것을 주라” 하신다. 필요에 반응하라는 것이다. 주님은 떡과 복음이 함께 가도록 하신다.

누가 기적의 대상인가? 이 말씀은 바로 우리라는 것을 가르쳐 준다. “너희가 있는 것으로 주라.” 그러면 기적이 일어날 것이다. 주님은 사랑의 눈으로 우리가 어떻게 하는가 보고 계신다.

제자들은 말한다. “우리가 가서 이백 데나리온의 떡을 사다 먹이리이까.” 돈이 많이 들 터인데 그 많은 돈이 어디 있느냐는 것이다. 데나리온(denarion)은 당시 많이 사용하던 로마 화폐이다. 한 데나리온은 노동자의 하루 품삯이었다. 이백 데나리온은 200일분에 해당하는 품삯이다. 빌립은 3백 데나리온으로도 부족할 것이라고 말한다(요 6:7).

예수님은 그들에게 말씀하셨다. "너희가 가진 빵이 몇 개나 되는지 가서 알아보고 오너라."(38절a) 우리가 뭘 가지고 있는지 찾아보라 하신다. 영적 재고조사를 하라는 말씀이다. 자기 자신을 희생하여 가난한 자를 도와주라는 뜻도 담겨 있다.

그래서 제자들이 알아보고 나서 보고를 했다. "빵 다섯 개와 물고기 두 마리가 있습니다."(38절b) 오병이어다. 떡은 밀이나 보리로 납작하게 만든 빵으로, 유대인들의 주식이다. 하층민이 먹는 보잘 것 없는 음식으로 간주되기도 한다. 물고기는 주로 굽거나 소금에 절인 아주 작은 것이다. 사람들은 이것을 빵과 함께 반찬으로 먹었다.

요한복음을 보면 안드레는 말한다. "여기 한 아이가 있어 보리떡 다섯 개와 물고기 두 마리를 가지고 있나이다. 그러나 그것이 이 많은 사람에게 얼마나 되겠사옵나이까."(요 6:9) 그 말을 하면서 그는 기적이 일어나리라는 기대를 전혀 하지 않았다. 가진 것이 너무 적기 때문이다. 여기서 물고기의 크기는 보잘 것 없이 아주 작은 것이다.

우리의 문제는 너무 크고, 우리는 너무 연약하기 때문에 기적이 일어나리라고 생각지 않는 것인가. 언제 기적이 일어나는가? 기적은 바로 불가능하다고 생각할 때 일어난다. 우리는 부족하지만 하나님은 하실 수 있다는 기대가 있을 때 가능하다. 바로 그 때 주님이 우리의 삶 가운데 기적을 행하신다. 주님은 또한 마지막 순간까지 기다렸다가 기적을 행하신다.

무엇으로 기적을 행하시는가? 내가 가진 것으로 기적을 행하신다. 먹을 것이 하늘에서 떨어지기를 기다리는 것이 아니다. 우리의 것을 재활용하신다. 주님은 우리를 그대로 다시 쓰시며 기적을 보이신다.

주님은 재활용의 하나님이시다. 우리를 새로운 피조물로 만들어 재활용하신다. 내 모습 그대로, 내가 가진 것 그대로 사용하신다. 하나님 앞에 나갈 때 즉시 나가야 하나님은 그것으로 기적을 행하신다. 비록 내가 부족하다 할지라도 지금 시작하라. 그리하면 하나님이 우리를 통해서 기적을 행하신다. 겨자씨만한 믿음만 있어도 가능하다.

"너희가 만일 믿음이 한 겨자씨만큼만 있으면 이 산을 명하여 여기서 저기로 옮기라 하여도 옮길 것이요 또 너희가 못할 것이 없으리라."(마 17:20)

예수님은 제자들에게 명하여, 모두들 떼(그룹)를 지어 푸른 풀밭(*chloro chorto*, green grass)에 앉게 하셨다(39절).

모든 사람을 떼 지어 풀밭에 앉히라고 지시하신 것이다. 광야에도 잔디가 있는 데가 있다는 주장도 있고, 일반적으로 광야에는 잔디가 없으므로 목자가 푸른 풀밭으로 인도하시는 것처럼 상징적으로 보아야 한다는 주장도 있다. 잔디가 있든 없든, 아니면 조금 있든 주님은 어디에서 기적이 일어나게 하셨는가? 주님이 명령하신 그 자리, 곧 떼를 지어 앉은 그 자리이다.

"떼로 백 명씩 또는 오십 명씩 앉은지라."(40절) 주님은 오십 명씩, 혹은 백 명씩 떼를 지어 앉게 하셨다. 이렇게 해야 사람들을 계수하고 음식을 나눠주기 쉬웠을 것이다.

주님은 사람들을 질서 있는 유기체로 만들었다. 은혜의 만찬이 될 수 있도록 조직화한 것이다. 이처럼 주님의 말씀에 따라 떼를 지어 앉아 있는 장면을 상상해보라. 질서가 있고, 장엄하다. 예수님은 혼돈과 혼란의 주님이 아니시다. 이 장면은 메시야 시대를 암시한다. 유대인들은 마지막 날 메시야가 오면 잔치를 베풀 것이며, 이 잔치에 엄한 질서가 있을 것이라 믿었다.

주님은 이미 기적이 일어날 것을 아셨다. 사람들이 이렇게 앉았는데도 기적이 일어나지 않는다면 얼마나 망신스러운 일이겠는가.

“예수께서 떡 다섯 개와 물고기 두 마리를 가지사 하늘을 우러러 축사하시고 떡을 떼어 제자들에게 주어 사람들에게 나누어 주게 하시고 또 물고기 두 마리도 모든 사람에게 나누시매.”(41절)

“하늘을 우러러 축사하시고 떡을 떼어.” 예수님은 빵 다섯 개와 물고기 두 마리를 받아 들고 하늘을 우러러 축사하셨다(*eulogesen*, blessed). 이것은 찬미 기도와 감사 기도를 하셨음을 보여준다. 먼저 감사 기도를 드리셨다. 유대인의 식사는 가장이 하나님께 드리는 감사 기도로 시작하고 끝이 난다. 예수님의 기도는 우리를 먹이시는 하나님께 감사를 드리고 나서야 비로소 떳떳이 먹을 수 있음을 보여준다.

그 다음 빵을 떼어서(*kateklasen*, broke) 제자들에게 주시며 사람들 앞에 갖다 놓게 하였다. 그리고 물고기 두 마리도 모든 사람들에게 나누어 주셨다.

질서가 잡혔을 때, 비록 오병이어의 적은 것을 올려드렸지만 주님은 이를 받으시고 축사하셨다. 작다며 피하지 말라. 주님이 축사하실 것을 기대하고 드리라. 내 힘이 아니라 하나님의 능력으로 하라.

어떻게 했을 때 기적이 일어났는가? 감사하고 축사하셨을 때이다. 주님이 기도를 끝냈을 때 엄청나게 많은 떡과 물고기가 생긴 것이 아니라 그 때에도 오병이어였을 것이다. 그러나 그것을 떼실 때 기적이 일어났을 것이다. 믿고 나눠주기 시작하는 순종의 모습에서, 삶의 현장에서 기적이 일어난다.

그 결과 그들은 모두 배불리 먹었다(42절). 어느 한 사람도 빠짐없이 실컷 먹고 만족했다(*echortasthesan*, were satisfied). 풍성한 잔치가 되었다.

남은 떡 조각과 물고기를 열두 바구니에 차게 거두었으며.”(43절) 다 배불리 먹고 남은 떡 조각과 물고기를 열두 바구니(*kophinon*, hand baskets)에 차게 거두었다. 하나님이 베푸신 은혜는 언제나 필요로 하는 것보다 풍성하다.

남은 부스러기(*klasmata*, fragments)를 모으는 것은 유대인의 식사 풍습이

기도 하다. 남은 것을 거두는 것은 남은 부스러기조차 소홀히 하지 않는 정신이 담겨있을 뿐 아니라 음식의 부패를 막기 위한 것이다. 여기서는 기적이 완전무결하게, 또한 위대하게 종결되었음을 보여준다.

무리들이 다 먹고도 12광주리를 채우는 기적이 일어났다. 일부 성경학자에 따르면 이 기적에서 남은 음식이 열두 광주리인 것은 '12'가 완성을 뜻하는 것과 관련이 있다. 예수님이 주신 축복이 풍성했음을 나타낸다.

빵을 먹은 사람은 남자 어른만도 오천 명이었다(44절). 이것은 청장년 남자만 계산한 것이다. 이것은 유대인의 인구 계수법에 따른 것으로, 여자와 아이들은 계수에서 제외되었다. 주님을 보겠다며 수많은 사람들이 왔는데 그들이 아내와 1명의 자녀만 데려왔다고 해도 1만5천 명이 될 수 있다.

주님의 오병이어 잔치는 헤롯의 잔치와 여러 모로 비교된다. 헤롯은 궁전에서 잔치를 벌였지만 주님은 빈들에서 잔치를 벌였다. 헤롯의 잔치는 고관들이 대상이었지만 주님이 베푸신 잔치는 목자 없는 양처럼 길 잃은 무리들이었다. 헤롯의 잔치에서는 아랫사람들이 수종을 들었지만 예수님이 베푸신 잔치에는 예수님뿐 아니라 그의 제자들이 수종을 들었다. 헤롯의 잔치로 세례 요한이 죽임을 당했지만 예수님의 잔치에는 주님의 능력을 통해 많은 무리들이 생명의 삶을 맛 볼 수 있었다.

5. 바다 위를 걸으시다(45-52절)

예수님은 즉시 제자들을 재촉하셨다. 먼저 배를 타고 건너편 벳새다(Bethsaida)로 가라는 것이다. 그리고 자신은 무리를 해산시켜(*apolyei*, dismiss) 돌려보내는 일을 하셨다(45절).

왜 그랬을까. 오병이어의 기적을 체험한 군중들은 열광하기 시작했다. 예수님이야말로 자신들이 열망하며 기다리던 메시야라며 그를 자신들의 왕으로 삼고자 한 것이다(요 6:14-15). 예수님을 우리 죄를 구속하기 위해 고난 받으실 메시야가 아니라 정치적이고 세속적인 메시야로 오해한 것이다. 예수님은 이 무리들을 해산시키는 것이 마땅하다 생각하시고, 먼저 제자들로 하여금 배를 타고 벳새다로 가게 하셨다. 그리고 자신은 군중들을 상대하셨다. 나아가 예수님은 제자들이 이런 유혹에 빠지지 않도록 미리 배에 태워 보내셨을 것이라는 주장도 있다.

군중을 다 보내신 다음 예수님은 기도하시려고 산으로 올라가셨다(46절). 군중들로부터 물러나 기도하러 가신 것이다. 날이 저물었을 때 제자들이 단 배는 바다 한가운데 있었다. 그리고 예수님은 혼자 육지에 계셨다(47절). 예수님은 땅으로, 제자들은 바다로 분리된 것이다.

"바람이 거스르므로 제자들이 힘겹게 노 젓는 것을 보시고 밤 사경쯤에 바다 위로 걸어서 그들에게 오사 지나가려고 하시매."(48절)

예수님은 바람이 거슬러서 불어와 제자들이 노를 젓느라 몹시 애쓰는 것을 보셨다. 바람이 휘몰아쳐 노를 젓기 어려워진 것이다. 예수님은 밤 사경(*tetarten phylaken*, fourth watch)쯤, 곧 이른 새벽인 4시쯤 바다 위를 걸어서 제자들에게 오셨다가, 그들을 지나가려(*parelthein*, pass by) 하셨다. 그들을 지나쳐 가시려 하신 것이다.

구약시대에는 밤 시간을 셋으로 구분했다. 하지만 신약시대에는 로마의 계산법을 따라 밤을 넷으로 구분했다. 따라서 밤 사경은 새벽 3시부터 해뜨기 전, 곧 새벽 6시까지를 가리킨다.

제자들은 저물 때, 곧 오후 6시에 바다로 가 배를 탔다. 그리고 밤 사경까지 배를 저으며 힘 든 시간을 보냈다. 적어도 10시간 이상 고생을 한 것이다. 처음에 배를 탔을 때는 그다지 어렵지 않았다. 배 젓는 일이야 늘 해오던 일이었기 때문이다. 자신감을 가지고 배를 탔을 것이다. 하지만 주님이 함께 하지 않았을 때 어려움을 당하게 되었다. "힘겹게"(*basanizomenous*, straining)는 "고문하듯이"라는 뜻을 가지고 있다. 맞바람을 맞아 앞으로 나가지 못했음을 보여준다.

그런데 물 위를 걸어오신 예수님이 지나가려 하셨다. 이것은 제자들을 구원하러 오시는 것 아니었음을 보여준다. "그가 홀로 하늘을 펴시며 바다 물결을 밟으시며"(욥 9:8). 제자들로 하여금 물결을 밟는 자가 지나가시는 것을 보여주고자 하신 것이다. 주님은 "스스로 있는 자", 곧 전능하신 주, 자연을 만드시고 섭리하시는 주이심을 알려주고자 하신 것이다. 자기계시다. 예수님은 이것을 통해 제자들의 믿음을 시험해보고자 하셨다.

제자들은 예수께서 바다 위로 걸어오시는 것을 보고, 유령(*phantasma*, ghost)으로 생각하고 소리를 질렀다(49절). 능력의 주님을 보지 않고 유령으로 착각한 나머지 몹시 두려워한 것이다.

그런데, 이 사건을 두고 어떤 이는 바다 "위로"(epi, on)를 "곁으로"로 해석한 다음 예수님이 바다 위가 아닌 해변을 거니신 것이라는 주장한다. 심지어 영지주의자들은 예수가 영체였고 인성은 지니지 않았다고 주장한다. 하지만 이 사건은 예수님께서 몸소 초자연적인 능력을 보여주신 사건이다.

제자들이 예수님을 유령인가 한 것은 바다 위에서 걸어오시는 모습을 보고, 모두 놀랐기 때문이다. 예수님은 이내 그들에게 말씀하셨다. "안심하라(*tharseite*, take courage). 나다. 두려워 말라."(50절)

"배에 올라 그들에게 가시니 바람이 그치는지라 제자들이 마음에 심히 놀라니."(51절)

예수님이 그들이 탄 배에 오르시자 곧 바람이 그쳤다. 제자들은 너무 놀라 어쩔 줄 몰랐다. 바다 위로 걸어오시는 것도 놀라운 일인데, 예수님이 배에 오르시자 그동안 사납게 불던 바람이 그쳤다. 이 또한 놀라운 일이 아닐 수 없다. 이것은 예수님께서 자연을 지배하시는 분이심을 보여준다.

"이는 그들이 그 떡 떼시던 일을 깨닫지 못하고 도리어 그 마음이 둔하여졌음이러라."(52절)

제자들이 놀라기만 한 것은 그들이 오병이어 대한 기적을 깨닫지 못하고 오히려 마음이 둔해졌기(*peporomene*, hardened) 때문이다. 예수님이 계속적으로 이적을 행하셨음에도 불구하고 그가 하나님의 아들이라는 사실을 깨닫지 못하고 영적으로 둔감해졌었다. 그들이 영적으로 우둔했던 것은 예수님의 기적들을 단지 놀라운 일로만 생각했기 때문이다. 한 기적을 보고, 그러한 기적이 계속되는 것을 보았으면 예수님이 어떤 분이신가를 깨달아야 할 터인데, 그러지 못했다. 그것들을 통해서 하나님이 예수님 안에서 역사적인 활동을 개시하셨다는 신앙적 인식에 도달하지 못했기 때문이다. 하지만 예수님이 그들과 함께 하시자 모든 두려움은 사라지고 평온을 되찾았다.

6. 게네사렛에서 병을 고치시다(53-56절)

"건너가 게네사렛 땅에 이르러 대고."(53절) 예수님 일행은 갈릴리 바다를 건너 게네사렛(Gennesaret) 땅에 이르렀다. 이곳은 갈릴리 호수 서북쪽 해안에 자리한 비옥한 곳으로, 예수님 당시 사람들이 많이 살고 있었다. 긴네렛이라 불리기도 한다(민 34:11, 수 12:3).

54-55절은 갈릴리 전도사역이 절정에 달했음을 보여주고 있다.

사람들은 배에서 내리는 예수님을 금방 알아보았다(54절). 그만큼 예수님에 대한 관심이 컸다.

사람들은 그 온 지방을 뛰어다니면서(*periedramon*, ran around), 예수가 어디에 계시다 하면, 병자들을 침상(*krabattois*, mats) 째 메고 예수님 계시는 곳으로 데리고 오기 시작했다(55절). 그들은 예수님이 오시기를 고대했기 때문에 모든 사람에게 예수님이 오셨다는 것을 알리기 위해 사방으로 뛰어다녔을 것이다.

예수님이 마을이든 도시이든 농촌이든 어디에 들어가시든, 사람들이 병자들을 장터거리에 데려다 놓고, 예수의 옷 가만이라도 손을 대게 해달라고 간청하였다. 옷 가(*kraspedou*, fringe)는 옷술 또는 옷단을 가리킨다. 그리고 손을 댄 사람은 모두 병이 나았다(56절). 그들에게 소중한 믿음이 있었기에 가능한 일이었다.

시장(*agorais*, marketplaces)은 성문 앞에 있는 광장을 말한다. 사람들은 여기서 상품 거래도 하고, 노예를 사고팔기도 했다. 아이들은 그곳을 놀이터로 삼기도 했다. 당시에는 의사에게 갈 수 없는 병자들을 시장의 광장에 내다 놓기도 했다. 그러면 지나가는 사람들이 서서 그들과 이야기하고 그들을 위로하는 풍습이 있었다. 하지만 예수님이 누구신가. 사람들은 그러한 병자들에게도 자비를 베푸셔서 옷 가만 만질 수 있게 허락해 달라 했다. 옷 가를 만진다고 해서 꼭 나음을 얻는 것은 아니다. 하지만 그들은 나음을 얻으리라는 믿음을 가지고 있었다. 열두 해 혈루병을 앓던 여인이 주님의 옷 가를 만져 고침을 받은 소문이 퍼졌을 가능성도 있다.

마가복음 7장

결례에 대한 가르침, 수로보니게 여인의 딸을 고쳐주심, 귀먹고 어눌한 자를 고쳐주심

1. 결례에 대한 가르침(1-23절)

예루살렘에서 온 바리새파 사람들(*Pharisaioi*, Pharisees)과 몇몇 서기관들(율법학자들, *grammateon*, scribes)이 예수님 주변에 모여 있었다(1절). 그런 가운데 그들이 주목해본 것이 있었다.

바리새인과 서기관은 종교적으로 주류에 속하는 사람들이다. 그들 모두 율법과 장로들의 전통을 중시하지만 부활 문제 등에서 서로 견해를 달리해 적대적이었다. 그러나 예수님을 잡는 데는 한 통속이 되었다.

그들이 본 것은 예수님의 제자 가운데 몇 사람이 부정한 손으로(*koinais chersin*, with impure, defiled hands), 곧 손을 씻지 않고 음식 먹는 것이었다(2절).

바리새파 사람들과 모든 유대인들은 원래 장로들(*presbyteron*, elders), 곧 조상들이 지켜 온 전통(*paradosin*, tradition)에 따라 먼저 손을 잘(주의 깊게) 씻지 않으면 음식을 먹지 않았다(3절). 손을 씻을 때 유대인들은 손을 컵 모양으로 둥글게 하고 그 위에 물을 부어 깨끗하게 씻었다.

유대인들에게는 기록된 율법인 모세 오경과 구두로 전승된 장로들의 전통(유전), 두 가지 규범이 있었다. 장로들의 전통은 구약성경에 기록된 율법, 곧 모세 오경 외에 랍비들이 구두로 전해준 교훈과 계율(계명)을 말한다. 바리새인들은 구약에 기록된 율법(오경)뿐 아니라 조상들이 구전으로 전한 계율도 지켜야 한다고 생각했다. 그들은 장로들의 전통도 모세로부터 전승된 것으로 믿었고, 그것이 모세의 율법을 설명하는 중요한 단서이자 유대교의 핵심으로 간주되었다. 시대에 따라 새로운 해석이 첨가되어 구전으로 내려오는 법도 크게 확대되고, 조항도 까다로워졌다. 바리새인들은 성문화된 율법보다 구전법을 더 중시했다. 손 씻는 규례도 구전법, 곧 장로들의 전통에서 나온 것이다.

"또 시장에서 돌아와서도 물을 뿌리지 않고서는 먹지 아니하며 그 외에도 여러 가지를 지키어 오는 것이 있으니 잔과 주발과 놋그릇을 씻음이러라." (4절)

또 시장(*agoras*, market)에서 돌아왔을 때에도 몸을 깨끗이 하지 않으면 음식을 먹지 않았다. 여기서 물을 뿌리는 것(*baptisontai*, sprinkle, wash, cleanse)은 목욕을 뜻한다. 전신목욕이다. 그 밖에도 잔(cups), 주발(pitchers), 놋그릇(copper pots)을 씻는(*baptismous*, washing) 등 지켜야 할 일들이 많았다. 심지어 식탁(*couches*, tables)도 씻었다. 이것은 장로들의 전통에 따라 지키는 규례가 많았고, 그 가르침에 따라 철저히 지켜왔음을 보여준다.

"이에 바리새인들과 서기관들이 예수께 묻되 어찌하여 당신의 제자들은 장로들의 전통을 준행하지 아니하고 부정한 손으로 떡을 먹나이까." (5절)

그래서 바리새파 사람들과 율법학자들이 예수님께 물었다. "왜 당신의 제자들은 조상들의 전통을 어기고 씻지 않은 손으로 음식을 먹습니까?"

"준행하지 아니하고" (*ou peripatousin*, not walk)는 문자적으로 "걷지 아니하고"이다. 장로들의 전통 가운데서 생활규범을 일컬어 "할라카" (Halakha)라 한다. 할라카는 사람들이 어떻게 하나님과 함께 걸어가야 하며, 성경의 원칙을 따라 삶을 살 수 있는지에 대해서 설명한다. 할라카를 직역하면 "걸음"이다. 이를 준행치 않았다는 것은 이런 전통에 따라 걷지 않았음을 지적하는 말이다.

"이르시되 이사야가 너희 외식하는 자에 대하여 잘 예언하였도다 기록하였

으되 이 백성이 입술로는 나를 공경하되 마음은 내게서 멀도다." (6절)

그러자 예수님이 대답하셨다. "바로 너희와 같은 위선자들(*hypokriton*, hypocrites)을 두고 이사야가 다음과 같이 잘 예언하였다. '이 백성이 입술(*cheilesin*, lips)로는 나를 존경하나 마음(*kardia*, heart)은 내게서 멀리 떠나 있다.'"

유대 백성을 두고 오래 전에 한 이사야의 말씀이 지금 아주 적절하다는 것이다. 주님이 인용하신 말씀은 이사야 29:13에 있는 말씀이다. 예수님은 바리새인들이 형식을 따르는 데는 열심을 다하지만 마음으로는 하나님을 믿지 않는 것을 개탄하셨다. 그들 자신의 주장과 행위가 일치하지 않는 위선적인 행위를 지적하신 것이다.

"사람의 계명으로 교훈을 삼아 가르치니 나를 헛되이 경배하는도다 하였느니라." (7절)

그들은 사람의 훈계(*entalmata*, precepts)를 교리(*didaskalias*, doctrines)로 가르치며, 나를 헛되이(*maten*, in vain) 예배한다. 그들은 사람이 만든 법을 마치 내 교훈인 것처럼 가르치고 있으니 나를 헛되이 예배하고 있다는 것이다.

예수님은 사람의 전통, 곧 사람의 계명, 사람의 유전이 하나님의 말씀과 같은 권위를 가질 수 없다고 하셨다. 당시 바리새인들이 힘써 지키려 했고, 또 그것으로 다른 사람들의 신앙심과 도덕성을 판단하려고 했던 표준, 곧 장로들의 전통들은 하나님의 참된 계명을 따르는 것과는 먼 한갓 인간의 가르침에 불과하기 때문이다. 당시 서기관들도 사람의 전통, 곧 의례적인 법을 더 존중하고 있었다. 따라서 주님은 바리새인들뿐 아니라 서기관 모두 인간의 전통으로 하나님의 계명을 대신하였기 때문에 위선자들로 보셨다.

"너희가 하나님의 계명은 버리고 사람의 전통을 지키느니라." (8절)

너희는 하나님의 계명(*entolen*, commandment)은 버리고(*aphentes*, having

neglected) 사람의 전통만 내세우고 있다. 너희는 하나님의 계명을 버리고, 잔과 주발을 씻는 등 사람의 전통을 지키고 있다(*krateite*, hold).

그들은 사람의 전통, 곧 인습을 지키기 위해 하나님의 계명을 버렸다(골 2:22). 그러면서도 그들은 하나님을 공경한다고 생각했다. 크게 잘못된 생각이 아닐 수 없다. 주님은 이 말씀을 통해 식사하기 전에 손을 씻는 것이 인습을 따르는 일은 되겠지만 하나님을 섬기는 일은 되지 못한다는 사실을 적시하셨다.

예수님은 9-13절을 통해 실생활에서 일어나는 사례, 곧 부모공경에 대한 바리새인들의 위선을 보기로 다시 설명하신다.

예수님은 다시 말씀하셨다. "너희는 전통을 지키려고 하나님의 계명을 저버렸다(*atheteite*, set aside)." (9절)

이 구절의 말씀은 앞의 사례에서도 이미 드러났지만 이어서 자신이 들 또 다른 사례, 곧 10절 이하의 사례에서도 잘 드러난다는 것이다.

"모세는 네 부모를 공경하라 하고 또 아버지나 어머니를 모욕하는 자는 죽임을 당하리라 하였거늘." (10절)

모세는 "네 아버지와 네 어머니를 공경하라(*tima*, honor)." 하고, 또 "아버지나 어머니를 욕하는(*kakologon*, speaking evil of) 자는 반드시 죽을 것이다." 하였다. 모세는 부모를 공경할 것은 물론 부모를 저주하는 사람은 반드시 죽여야 한다고 하였다.

부모 공경은 십계명 중 제5계명에 속한다. 유대 랍비들은 부모에게 음식과 물을 주고 옷을 입히고 이불을 덮어주고 길을 인도하고 맞아들이는 것 모두 부모 공경에 해당한다고 가르쳤다.

부모를 모욕하는 자는 부모를 저주하는 자를 가리킨다. 부모에게 악한 말을 하고 저주하여 업신여기는 것을 말한다. 이런 자는 반드시 죽이라(출 21:17, 레 20:9, 신 21:18-21, 잠 30:17) 했다.

"너희는 이르되 사람이 아버지에게나 어머니에게나 말하기를 내가 드려 유익하게 할 것이 고르반 곧 하나님께 드림이 되었다고 하기만 하면 그만이라 하고."(11절)

그러나 너희는 부모에게 드려야 할 때도 "부모님에게 드려야 할 그것이 고르반(*Korban*, Corban), 곧 하나님께 드리는 예물이 되었습니다."라고 말하기만 하면 그만이라고 말한다. 하나님께 드리기로 서약되어 있어서 부모님께 드릴 수 없다는 뜻이다. 부모에 대한 책임회피용으로 이 말을 사용한 것이다.

고르반은 히브리어로 "코르반"(*qorban*)이다. 이것은 '하나님께 바쳐진 거룩한 예물'을 뜻한다. 하나님께 바쳐져 거룩하게 성별된 예물은 다른 용도로 사용할 수 없게 된다. 고르반은 바로 유대인이 어떤 물건을 하나님께 예물로 바쳐 다른 사람이 사용하지 못하게 하는 서약문을 가리킨다. 일단 어떤 물건이나 식물을 가리켜 고르반이라 하면 그 누구도 그것들을 함부로 사용하거나 손을 대지 못하도록 하는 것이 종교적인 규례였다.

그런데 시간이 가면서 고르반은 왜곡 사용되었다. 유대인 중에는 부모에게 경제적 도움을 주지 않기 위해 자기 재산을 고르반이라고 선언한 사람도 있었다. 하나님께 무엇인가를 바치기로 서약된 것이라면 자기 부모에게마저도 아무것도 안 드려도 된다는 의미로 악용한 것이다. 당시 유대인들은 이 규례를 자신들의 탐심을 채우는 데 사용했다.

특히 부모와 사이가 나쁘면 고르반 서약문을 이용하여 부모공경의 의무를 저버리는 악습이 있었다. 자기 재산을 하나님께 바치겠다고 맹세하면 부모를 봉양하지 않아도 무방했기 때문이다. 고르반이라 선언함으로써 부모에 대한 봉양에서 해방되고, 부모에게 아무것도 해 줄 필요가 없게 되는 것이다. 이것은 부모를 물질적으로 보살피지 않음은 물론 부모를 업신여기는 것이 아니고 무엇인가.

하지만 고르반으로 서약한 물건을 바치는 시기는 정하지 않았기 때문에 평생 쓰다가 죽고 나서 바쳐도 되었다. 나아가 서약한 물건은 단지 거룩하게 구별한다는 것의 의미일 뿐 꼭 성전에 갖다 바칠 필요도 없었고, 서기관의 중재로 서약을 무효화시킬 수도 있었다. 그러므로 이 제도는 부모공양을 피하는 수단으로 악용되었을 뿐 아니라 그들은 유전으로써 하나님의 율법, 곧 제5계명을 피한 셈이다. 예수님은 이러한 구체적인 실례를 들어 바리새인들의 위선을 폭로하셨다.

"자기 아버지나 어머니에게 다시 아무 것도 하여 드리기를 허락하지 아니하여." (12절)

고르반이면 그만이라고 하여 부모에게 아무것도 해 줄 필요가 없다고 가르친다. 그러면서 아버지나 어머니에게 그 이상 아무것도 해 드리지 못하게 한다. 이것은 "하나님께 드릴 것 다 드렸다. 그러므로 이제 부모에게 드릴 것이 없다"는 것과 같다. 이 같은 생각은 심지어 부모를 하나님께 맡겼으니 하나님께서 알아서 하실 것이라는 불효로 발전하기도 했다. 너무나 비인간적이다.

"너희가 전한 전통으로 하나님의 말씀을 폐하며 또 이 같은 일을 많이 행하느니라 하시고." (13절)

너희는 너희가 물려받은 그런 전통을 가지고 하나님의 말씀을 헛되게 하였다. 이 밖에도 그와 같은 짓을 많이 하고 있다. 하나님의 말씀을 "폐하다" (*akyrountes*, making void)는 "권위를 박탈하다", "헛되게 하다", "폐기하다" 등 여러 뜻을 가지고 있다.

고르반 맹세는 원래 하나님을 섬기기 위한 것이었다. 하나님 섬기는 일은 인간(부모)에 대한 봉사보다 우선한다. 그러나 주님은 하나님을 섬기는 일과 인간에 대한 봉사를 분리하지 않으셨다. 예수님은 고르반이라 말하며 부모를 업신여기지 말고 하나님과 부모에 대한 책임을 다하라고 명령하신다. 고르반

운운하면서 부모를 업신여기는 것은 하나님의 말씀을 폐기하는 행위이다.

예수님은 비인간적인 행위를 종교적으로 정당화한 것을 비난하셨다. 주님은 강하고 분명한 어조로 유대교의 전통이 하나님의 계명에 어긋난다고 하셨다.

지금까지 바리새인들의 위선을 지적하신 예수님은 14-23절을 통해 사람의 진정한 태도는 내적인 동기에 의해서만 올바로 평가될 수 있으며, 인간을 참으로 더럽히는 것들이 인간의 부패한 마음에서 나온다고 하셨다.

예수님은 다시 군중들을 가까이 부르시고서, 말씀하셨다. "너희는 모두 내 말을 잘 듣고(*akousate*, listen to) 깨달아라(*synete*, understand)." (14절)

예수님은 15, 16절을 통해 유대인들이 결례 법을 잘못 받아들이는 것에 대해 비판하셨다. 이 구절들은 바리새인의 질문(5절)에 대한 답으로서 제자들의 씻지 않은 손이 문제가 되는 것이 아니라 마음이 문제가 된다는 것을 가르쳐 주고 있다.

"무엇이든지 밖에서 사람에게로 들어가는 것은 능히 사람을 더럽게 하지 못하되." (15절)

밖에서(*exothen*, from outside) 사람에게 들어가는(*eisporeuomenon*, entering) 것, 곧 음식물이 사람을 더럽히는(오염시키는, *koinosai*, defile) 것이 아니다.

이 말씀은 레위기 11장과 신명기 14:3-21의 정결한 짐승과 부정한 짐승에 관한 구별에 염두에 둔 것이다. 당시 유대교에서는 이를 한층 더 강화시켜 돼지, 쥐, 뱀, 토끼, 낙타, 개, 목을 졸라 죽인 짐승, 낙지, 오징어, 문어, 그리고 짐승의 피 등을 불결한 것으로 규정하고 먹지 않도록 했다. 그런데 예수님은 이와 같은 유대교의 정결예법을 폐지하시고, 밖에서 안으로 들어가는 음식물이 사람을 더럽히는 것이 아니라 하셨다. 그것을 먹었다고 죄가 되지 않는다는 것이다.

"사람 안에서 나오는 것이 사람을 더럽게 하는 것이니라 하시고."(16절) 사람에게서 나오는 것이 사람을 더럽힌다.

사람 안에서 나오는 것, 곧 악한 생각과 말과 행동이 사람을 더럽힌다. 사람의 마음속에서 의지적으로 결정되어 입으로 나오는 모든 것들이 사람을 더럽게 한다. 예수님이 제시하신 악한 것들은 모든 형태의 악을 내포한다. 이런 악들이 사람의 내면에서부터 행동으로 나타나 그를 더럽힌다. 그런 행동들은 오직 사람의 의지에 의해서만 저질러진다. 예수님은 사람의 마음이 불결함의 원인이라고 말씀하심으로써 바리새인의 형식주의적인 태도를 반박하셨다.

15절과 16절을 합쳐 15절로 소개하고, 16절을 "없음"(NIV, 현대인의성경) 또는 "들을 귀 있는 자는 들으라."(KJV, NASB)로 소개하는 번역본도 있다.

예수께서 무리를 떠나 집(*oikon*, house)으로 들어가셨을 때 제자들이 그 비유(*parabolen*, parable)의 뜻이 무엇인지 물었다(17절).

18, 19절에서 예수님은 외부로부터 들어온 것의, 또한 의식적인 더러움이 아니라 마음의 정결함을 다시금 확인시켜주셨다. 예수께서 그들에게 말씀하셨다. "너희도 아직 깨닫지 못하느냐(*asynetoi*, without understanding)? 밖에서 사람의 몸속으로 들어가는 음식물은, 그 무엇이든 사람을 더럽힐 수 없다는 것을 알지 못하느냐?"(18절)

"이는 마음으로 들어가지 아니하고 배로 들어가 뒤로 나감이라 이러므로 모든 음식물을 깨끗하다 하시니라."(19절)

그 음식물은 사람의 마음에 들어가지 않고 뱃속을 거쳐 몸 밖으로 빠져나가기 때문이다. 이것은 음식물은 사람됨을 좌우하는 마음으로 들어가지 않고 다만 위 속으로 들어갔다가 배설되고 만다는 뜻이다. 그러므로 손을 씻지 않고 먹어도 결국 배설되며 마음에는 영향을 주지 못한다.

예수님은 이 말씀을 하시며 모든 음식은 깨끗하다고 선언하셨다. 예수님의 이 선언은 모세의 율법을 절대시하고 랍비들의 유전을 맹목적으로 추종하던 유대인들에게 충격을 주는 말씀이었다.

유대인의 식물에 관한 규례(레 11-15장)는 초대교회 시대에 이르러서는 완전히 바뀌었다(행 10:15, 롬 14:14, 20).

또 그들에게 말씀하셨다. "사람에게서 나오는 것, 곧 사람의 마음에서 나오는 그것이 사람을 더럽힌다."(20절)

예수님의 이 말씀은 율법, 곧 레위기 11장과 신명기 14장에 부정한 것으로 명시된 짐승에 관한 것을 파기하기 위한 것이 아니다. 악한 것이 마음에서부터 나오는 것임을 지적하신 것이다. 부정한 음식을 먹은 유대인에게 내려지는 부정의 죄는 음식 자체에 있는 것이 아니라 하나님께 불순종한 악한 마음에서 왔음을 말씀하신 것이다.

"속에서 곧 사람의 마음에서 나오는 것은 악한 생각 곧 음란과 도둑질과 살인과."(21절)

"악한 생각"(*kakoi dialogismoi*, evil thoughts)은 속, 곧 사람의 마음에서 나온다. 사람이 먹는 것은 물질적인 것이지만 사람에게서 나오는 것은 영적인 것이다. 여기에서 마음은 사람의 인격을 구성하는 감정, 의지, 지성의 자리이다. 그러나 타락한 인간의 마음속에는 항상 하나님을 배반하려는 생각이 자리하고 있다. 마가는 그러한 악이 생각의 영역에서부터 시작된다고 보았다.

이 구절에서 그런 생각으로 음행(*porneiai*, sexual immorality)과 도둑질(*klopai*, thefts)과 살인(*phonoi*, murders)이 있다 하였다. 예수님은 21, 22절을 통해 악한 생각의 보기로 12가지를 들었다. 21절에서는 그 가운데 세 가지를 들었다.

"간음과 탐욕과 악독과 속임과 음탕과 질투와 비방과 교만과 우매함이니."

(22절)

나아가 간음(*moicheiai*, adulteries), 탐욕(*pleonexiai*, covet desires), 악독(*poneriai*, wickedness), 속임(*dolos*, deceit), 음탕(*aselgeia*, sensuality), 질투(*poneros ophthalmos*, evil eye), 중상모략(*blasphemia*, slander), 교만(*hyperephania*, pride), 우매함(*aphrosyne*, foolishness)이 있다.

탐욕은 세상의 부와 육신의 만족으로 더 얻고자 하는 무절제한 욕망, 지나친 욕심을 말한다. 악독은 악, 증오, 악의, 악을 행하려는 욕망, 악을 기뻐하는 것 등을 말한다. 속임은 악이 더 확실하고 효과적으로 수행되도록 그 악을 감추고 숨기는 것을 말한다. 질투는 문자적으로 "악한 눈", 곧 시기심과 탐욕의 눈으로 보는 것이다. 우매함은 어리석음, 뻔뻔스러움, 경솔함을 뜻한다.

이 악한 것들은 십계명 중 제6-10계명에 속하는 것들이다. 바울은 갈라디아 5:19-21을 통해 성령의 열매와 반대되는 "육체의 일"을 열거했는데, 이것 또한 예수님이 드신 12가지 악한 생각과 맥을 같이하고 있다. 이런 악한 것들이 모두 속, 곧 사람의 마음에서 나와서 사람을 더럽힌다(23절).

2. 수로보니게 여인의 딸을 고쳐주시다(24-30절)

예수님은 갈릴리를 떠나 두로 지방으로 가셨다. 그리고 어느 한 집에 들어가 아무도 모르게 계시려 하였다. 그러나 곧 알려지고 말았다(24절).

두로(*Tyrou*, Tyre)는 히람 왕이 건설한 항구도시로 팔레스타인 서북 해안에 연접한 무역의 중심지였다. 지금은 레바논에 속해있다. 마태복음 15:15에서는 예수님이 두로와 시돈 지방으로 가셨다고 했다.

24-30절의 기적은 이방인 지역인 두로에서 행해졌다. 이 사건은 복음이 전세계로 전파될 것을 예견하게 한다.

악한 귀신 들린 어린 딸을 둔 한 여인이 예수님의 소문을 듣고, 즉시 와서 예수님의 발 앞에 엎드렸다(25절). "더러운 귀신(*akatharton pneuma*, unclean spirit) 들린" 자는 흉악한 귀신 들린 자를 뜻한다. 예수님이 메시야이심을 믿고, 주님만이 고쳐주실 수 있다고 믿고 나온 것이다.

"그 여자는 헬라인(*Hellenis*, Gentile)이요 수로보니게 족속(*Syrophoinikissa*, Syrophoenician)이라 자기 딸에게서 귀신 쫓아내 주시기를 간구하거늘."(26절)

그녀는 수로베니게 태생의 그리스 사람인데 자기 딸에게 들린 귀신을 내쫓아 달라고 예수님께 간청하였다.

수로베니게는 시로페니키아, 곧 "수리아 지방의 보니게(페니키아)"라는 뜻이다. 북아프리카 리비아에 있는 베니게(리보보니게)와 구별하기 위해 "수로"라는 명칭을 붙였다. 마태복음 15:22에서는 가나안 여인으로 소개되고 있다. 이 여인은 이방인으로 가나안 사람이지만, 유대인들이 헬라인이라 한 것은 이방인을 통틀어서 "헬라인"이라 부르는 습관 때문인 것으로 보인다(행 16:1, 18:4, 19:10, 롬 3:9, 10:12).

예수님이 그 여인에게 말씀하셨다. "먼저 자녀들을 배불리 먹도록 허락되어 있다. 자녀들이 먹을 빵을 집어서 개들에게 던져주는 것은 옳지 않다."(27절) 여기서 자녀(*tekna*, children)는 유대인들을, 개는 이방인을 일컫는 말이다.

사람들은 예수님이 여인과 함께 귀신들린 아이에게 갈 것으로 기대했을 것이다. 하지만 주님은 먼저 여인의 믿음을 보기 원하셨다.

"자녀로 먼저 배불리 먹게 할지니."의 원문은 "먼저 자녀들을 배불리 먹도록 허락되어 있다"이다. 그리스도 안에 놓여있는 축복이 먼저 유대인들에게 제공되도록 되어있다는 것이다. 이 복된 음식을 배불리 먹을 기회가 먼저 그 자녀인 유대인들에게 주어지고, 그 이후에야 이방인들에게 주어지도록 되어 있다. "배불리 먹는다."는 것은 구원의 부요함과 풍성함을 나타내는 말이다.

이것은 구원의 순서가 하나님의 계획 속에 있었음을 보여준다.

"자녀의 떡을 취하여 개들에게 던짐이 마땅치 아니하니라." 그러므로 하나님의 계획 가운데 있는 구원의 순서를 바꾸는 것은 좋지 않다(*kalon*, good)는 뜻이다.

유대인들은 자신들만이 하나님의 자녀이고 다른 민족, 곧 이방인들을 가리켜서는 개라고 불렀다. 그런데 주님마저 "개들"이라 하셨을 때 수치심, 모멸감, 인격 모욕감을 느꼈을 것이다. 일부 학자들은 여기서 "개들"(*kynariois*, little dogs)로 번역된 헬라어는 귀엽다는 의미를 가진 "작은 개"임을 주지시키고, 따라서 예수님이 이 여인을 경멸하기 위해 이 단어를 사용한 것이 아니라 단지 이방인에 대한 풍자를 인정하면서 이 여인의 열심을 자극하려고 하신 것이라 주장하고 있다.

여러 성경학자들도 예수님께서 이 같이 말씀하신 것은 그녀를 모욕하기 위한 것도 아니고, 이방인의 간곡한 청원을 냉담하게 묵살하기 위한 것이 아니라고 보았다. 오히려 구약시대부터 증거 되어 온 이스라엘의 구원적인 역할을 강조하고, 유대인과 이방인이 구원을 받음에 있어서 그 순서, 곧 먼저 받을 자와 나중에 받을 자가 있음을 인정함과(롬 1:16, 2:9 이하; 행 3:26, 13;46) 동시에 여인이 그 사실을 겸손히 받아들이고 참으로 하나님의 은혜를 원하는지 시험코자 하신 것이라 하였다. 따라서 그 시험은 여인을 더 강해지도록 훈련하신 것이자 그녀의 믿음을 견고히 하기 위함이었음을 알 수 있다. 구원의 순서는 당시 유대인들의 일반적인 생각이기도 하고, 신약에서도 나타난다(행 3:26, 롬 1:16, 2:9-10).

그러나 그 여인은 예수님께 말했다. "주님, 맞습니다. 그러나 상아래 있는 개(*kynaria*, little dogs)도 아이들이 떨어뜨린 부스러기(*psichion*, crumbs)를 얻어먹습니다."(28절)

예수님이 하신 말씀은 맞지만 사실 그의 마음과 믿음을 갈래갈래 찢어놓는 천둥소리와 같았을 것이다. 예수님의 냉정하신 대답에도 불구하고 여인은 냉정함을 결코 잊지 않았다. 오히려 주님을 향한 절대적인 믿음과 함께 최선을 다했다.

여기서 우리는 여인의 답을 통해 놀라울 정도로 겸허한 신앙을 읽을 수 있다. 여인은, 자녀들을 먼저 먹어야 한다는 주의 말씀의 중요성을 먼저 인정했다. 그리고 "개"라는 명칭을 치욕으로 받아들이지 않고 이를 순순히 긍정하는 겸손한 태도를 취하면서 자기가 주님의 상의 부스러기를 얻을 수만 있다면, 그렇게 해서라도 딸이 낳을 수만 있다면 어미인 자신이 기꺼이 바로 그 "개"가 되어서라도 주님으로부터 은혜 받기를 원했다. 여기서 부스러기는 사람들이 먹다가 그냥 떨어진 것이 아니다. 오히려 더러워진 손을 닦은 빵 조각, 곧 쓰레기 같은 빵 덩이를 말한다. 그마저도 달게 받겠다는 것이다. 주님의 능력을 전적으로 신뢰하고 겸손하게 나아간 그의 신앙, 그리고 자식을 위한 어미의 뜨겁고 깊은 사랑은 결국 모든 상황을 반전시킬 만큼 격렬한 것이었다.

"예수께서 이르시되 이 말을 하였으니 돌아가라 귀신이 네 딸에게서 나갔느니라 하시매."(29절)

그래서 예수님이 그 여인에게 말씀하셨다. "네가 그렇게 말하니, 네 집으로 돌아가라, 귀신이 네 딸에게서 나갔느니라."(29절)

"이 말을 하였으니."(*dia touton ton logon*, because of this word)는 여인이 한 말을 가리킨다. 이것은 예수님께서 여인의 말을 받으셨음을 나타낸다. 네 말이 옳다, 네 믿음을 보았다는 말씀이다.

주님은 여인이 거룩한 섭리의 질서에 순복하고 또한 하나님의 사랑을 믿고 있는 것을 보시고 은혜를 베푸셨다. 그리고 그 여인을 참된 축복의 영역으로 끌어올리셨다. 따라서 이 여인은 영적인 의미에서 볼 때 진정 언약의 딸이 아닐 수 없다.

그 여인이 집에 돌아가 보니 귀신은 이미 나가고 어린 딸은 침대에 누워 있었다(30절).

여인은 예수님의 말씀과 그의 전능하심을 믿었다. 딸이 낳았다는 주님의 말씀을 믿고 집으로 돌아갔다. 주님을 믿고, 그분의 말씀을 믿었다. 자기의 상식이 아니라 주님의 전능하신 힘을 믿었다. 여인은 결국 믿을 수 없을 정도로 온전해진 딸을 볼 수 있었다. 귀신들린 어린 딸을 둔 여인에 관한 이 기사는 아름답기 그지없다.

3. 귀먹고 어눌한 자를 고쳐주시다(31-37절)

"예수께서 다시 두로 지방에서 나와 시돈을 지나고 데가볼리 지방을 통과하여 갈릴리 호수에 이르시매." (31절)

예수님께서 다시 두로 지역을 떠나 시돈(Sidon)과 데가볼리(Decapolis) 지역을 지나 갈릴리 바닷가로 돌아오셨다. 주님은 두로의 북쪽에 있는 시돈을 거쳐 데가볼리까지 내려가셨다가 갈릴리 호수 지방으로 다시 오신 것이다. 데가볼리는 갈릴리 호수 남동쪽에 있는 지역이다.

그런데 사람들이 귀 먹고(*kophon*, a deaf man) 말을 더듬는(*mogilalon*, spoke with difficulty) 사람을 예수께 데리고 와서, 손을 얹어 고쳐주시기를 간청했다(32절). 안수해주기를 바란 것이다. 35절의 "말이 분명하여졌더라."는 구절을 볼 때 말을 더듬어 뜻을 잘 전할 수 없는 반벙어리 상태임을 보여준다.

"예수께서 그 사람을 따로 데리고 무리를 떠나사 손가락을 그의 양 귀에 넣고 침을 뱉어 그의 혀에 손을 대시며." (33절)

예수님은 그 사람을 따로 데리고 가셨다. 그 사람을 따로 데리고 가신 것은 메시야의 비밀과 연관이 있을 것으로 본다. 예수님은 평소 기적행위가 사람들에게 알려지는 것을 꺼려하셨다.

그리고 손가락(*daktylous*, fingers)을 그의 두 귀에 넣고, 또 손가락에 침을 뱉어(*ptysas*, having spit) 그의 혀를 만지셨다. 손가락으로 귀와 혀를 만지신 것은 두 곳에 문제가 있기 때문이다. 유대교와 헬라 세계에서 침을 뱉는 행위는 특별한 치유의 능력을 발휘하는 것으로 여겨졌다. 그러나 여기에서 예수님께서 하신 일련의 행동은 그 같은 마술적인 믿음을 반영하고자 하신 것이 아니다. 신체적인 접촉을 통하여 귀 먹고 반벙어리 상태인 그에게 깊은 인상을 심어주고, 신뢰감을 심어주어 예수님 자신과의 인격적인 관계를 확신하게 하여 믿음을 불러일으키기 위한 것이다.

이에 대해 학자들은 여러 가지로 의미를 부여하여 해석하기도 했다. 어떤 이는, 손가락은 성령님이 주어짐을, 침은 예수님의 지혜로 해석하기도 했다. 또한 어떤 이는 하나님의 말씀을 듣지 못하는 사람을 귀머거리로, 복음을 전하지 않는 사람을 벙어리로 해석하기도 했다.

매우 특이한 방법으로 귀먹고 어눌한 자를 고치신 이 사건은 주님의 치료방법이 사람들의 상식과 틀로부터 자유롭다는 것을 보여준다. 주님은 그 사람의 상태가 어떠했음을 정확히 아셨고, 어떤 방법이 그에게 좋은 치료방법이었는지도 아셨다. 주님은 오늘도 우리 각자에게 가장 적절한 방법을 사용하신다.

"하늘을 우러러 탄식하시며 그에게 이르시되 에바다 하시니 이는 열리라는 뜻이라." (34절)

그리고서 예수님은 하늘을 우러러보고 한숨을 쉬시며 "에바다!" (Ephphatha) 하고 외치셨다. 이것은 "열려라." (Be opened)는 뜻의 아람어이다.

"탄식하시며" (*estenaxen*, sighed deeply)는 하나님께서 아름답게 창조하신 인간이 사단의 세력과 질병에 의해 전인적으로 철저하게 파괴된 장애인의 아픔을 깊이 인식하고 불쌍히 여기심은 물론 괴로워하신 것이다. 주님은 "열려라" 외치시며 그의 귀가 열리고 혀가 풀리도록 하셨다.

그러자 곧 그의 귀가 열리고 혀가 풀려서 말을 똑바로 하게 되었다(35절). 예수님은 이 일을 아무에게도 알리지 못하도록 명령하셨다. 하지만 말리면 말릴수록 사람들은 소문을 더 널리 퍼뜨렸다(36절). 소문을 내지 않고서는 견디지 못하겠는 것을 어찌 하겠는가.

"사람들이 심히 놀라 이르되 그가 모든 것을 잘하였도다 못 듣는 사람도 듣게 하고 말 못하는 사람도 말하게 한다 하니라."(37절)

사람들은 다 몹시 놀라며 말했다. "참 광장한 일이다. 귀머거리를 듣게 하고 벙어리를 말하게 하다니!"

놀라서 절로 감탄사가 나온 것이다. "그가 모든 것을 잘하였도다."는 "그가 하시는 일은 모두 훌륭하다(kalos, well)."는 것으로, 이 말은 하나님이 세상을 창조하시고 나서 하신 말씀, "하나님 보시기에 심히 좋았더라."(창 1:31)는 말씀을 연상케 한다. 주님께서 피조물을 새롭게 하셨기 때문이다.

듣지 못하는 사람이 듣고, 말 못하는 사람이 말하게 하신 것은 이사야가 "그 때에 소경의 눈이 밝을 것이며 귀머거리의 귀가 열릴 것이며 벙어리의 혀는 노래하리니"(사 35:5, 6) 예언한 바와 같이 메시야 시대가 임했음을 보여준다.

갈릴리 사람들은 예수님을 환영하고 찬양했다. 그들의 모습은 예수를 거부하고 반대하는 유대주의자들의 태도와는 아주 대조적이었다. 예수를 의심한 고향 사람들과도 달랐다. 어떤 선입견 없이 주님을 순전히 받아들일 때 진리는 서로의 관계에서 놀라운 공감을 불러일으킨다.

마가복음 8장

칠병이어의 기적, 바리새인들의 누룩, 소경을 고치심, 베드로의 신앙고백, 제자 된 자의 자세

1. 칠병이어의 기적(1-10절)

그 무렵 또 다른 군중이 많이 모여 들었다. 하지만 먹을 것이 없었다. 그래서 예수님은 제자들을 가까이 부르셨다(1절).

주님은 이 무리들이 어디에서 왔는지 아셨기 때문에 그들이 먹지 않고 떠난다면 집으로 돌아가는 길이 힘들 것을 생각하고 염려하셨다. 이 기적은 예수님이 이렇게 걱정하신 결과로 나타난 것이다.

칠병이어(七餠二魚) 기적은 예수님이 두 번째로 무리를 먹이신 기적이다. 오병이어 사건과 비슷해 보이지만 다른 사건이다. 다음 몇 가지는 그 차이를 보여준다.

첫째, 오병이어는 갈릴리 지방의 벳새다인데 비해 칠병이어는 이방인의 땅 데가볼리에서 이뤄졌다. 오병이어 사건은 유대인을 대상으로 한 사건임에 비해 칠병이어는 이방인을 대상으로 한 사건이다. 그러므로 이 기사는 예수님께서 유대인처럼 이방인에게도 생명의 양식을 주셨음을 보여준다.

둘째, 오병이어는 무리가 모인 그 날 저녁에 행해진 것에 비해 칠병이어는 3일 간 같이 있은 후에 일어났다는 점이 다르다.

셋째, 오병이어에서는 열두 바구니가 남았는데, 칠병이어에서는 일곱 광주리가 남았다는 점도 다르다. 바구니는 유대인이 사용한 휴대 주머니임에 비해,

광주리는 이방인이 쓰던 것으로 사람이 들어갈 만큼 크다(행 9:25).

예수님은 제자들에게 말씀하셨다. "이 사람들이 나와 함께 있은 지가 벌써 3일이 되었다. 그런데 먹을 것이 없으니 가엾기 그지없구나" (2절). 오병이어 기적에서와 마찬가지로 예수님은 양들을 불쌍히 여기는(*splanchnizomai*, be moved with compassion) 마음, 곧 가슴이 찢어질 만큼 아픈 마음을 가지고 계셨다. 그들은 예수님께 도움을 요청하지 않았다. 하지만 예수님은 그들을 불쌍히 여기셨다. 더욱이 예수님과 함께 한지 이미 3일이 되었으니 그들이 가진 음식이 다 떨어졌음은 말할 것도 없다. 예수님은 우리의 사정을 다 아신다.

"내가 그들을 굶은 채로 집으로 돌려보낸다면 길에서 쓰러질(*eklythesontai*, will faint) 것이 뻔하다. 더구나 그들 가운데는 먼 데서 온 사람들도 있지 않은가." (3절) 주님은 그들을 위한 영적인 필요 뿐 아니라 육체적인 필요를 풍성히 채워주시는 분이심을 보여준다.

제자들이 예수께 말하였다. "이 광야, 곧 황량한 들(*eremias*, this desolate place)에서 이 사람들을 배불리 먹일 만한 빵을 어디서 구할 수 있겠습니까?" (4절)

제자들은 이 빈들에서 무리를 먹인다는 것은 불가능하다고 말함으로써 오병이어 때와 마찬가지로 믿음 없음을 보여주었다. 더욱이 오병이어 기적을 이미 경험한 제자들이 그렇게 말한 것은 그들의 신앙이 얼마나 심각한가를 말해준다.

예수님은 제자들에게 물으셨다. "너희에게 빵(*artous*, loaves)이 몇 개나 있느냐?" 그들은 일곱 개가 있다고 했다(5절). 칠병이다.

"예수께서 무리를 명하여 땅에 앉게 하시고 떡 일곱 개를 가지사 축사하시고 떼어 제자들에게 주어 나누어 주게 하시니 제자들이 무리에게 나누어 주더라." (6절)

"예수님은 군중들을 땅에 앉히셨다. 그리고 빵 일곱 개를 가지고 감사 기도를 드리신(*eucharistesas*, having given thanks) 다음 떼어서(*eklasen*, broke them) 제자들에게 주시며 사람들 앞에 갖다 놓게 하셨다." "갖다 놓게 하였다"는 것은 먹을 수 있도록 했다는 말이다.

"또 작은 생선 두어 마리가 있는지라 이에 축복하시고 명하사 이것도 나누어 주게 하시니."(7절)

"또 그들에게는 작은 물고기(*ichthydia*, small fish)가 몇 마리(a few) 있었는데, 예수께서 그것을 축복하신 뒤에, 그것도 사람들에게 나누어 주게 하셨다."

원문에는 "몇 마리"(*oliga*, a few)로 되어 있다. 개역개정은 두어 마리로 번역했다. 칠병이어가 된 셈이다.

"배불리 먹고 남은 조각 일곱 광주리를 거두었으며."(8절)

"그들은 모두 실컷 먹고 남은 조각, 곧 부스러기를 일곱 광주리(*spyridas*, baskets)나 거뒀다."

오병이어에서는 열두 바구니(*kophinon*, hand baskets)를 거뒀고, 칠병이어에서는 일곱 광주리를 거뒀다. 광주리는 바구니보다 크다.

먹은 사람은 약 사천 명이었다. 예수님은 그들을 돌려보내셨다(9절). 그리고 곧 제자들과 함께 배에 올라, 달마누다(Dalmanoutha) 지방으로 가셨다(10절). 마태복음 15:39에서는 "마가단"(Magadan)이라 하였다. 어느 곳인지는 분명하지 않다. 갈릴리 호수 서쪽 포구 "막달라"라는 주장도 있고, 게넷사렛 평원의 남부에서 "달마누다"라는 이름을 가진 동굴이 발견되어, 이곳이 예수님이 방문한 곳으로 추정되고 있다.

2. 바리새인들의 누룩(11-21절)

바리새파 사람들이 나와서 예수에게 시비를 걸기 시작했다. 그들은 예수를 시험하느라고 그에게 하늘로부터 내리는 표징을 요구하였다(11절).

바리새인들은 칠병이어로 4천 명을 먹이신 사건을 보고서도 성이 차지 않았다. 오히려 예수를 힐난했다. 트집을 잡고 시비를 건(*syzetein*, dispute with) 것이다. 그리고 하늘로부터 오는 표적(*semeion*, a sign), 곧 예수님이 하나님께서 보내신 메시야라는 사실을 입증할 수 있는 새롭고 놀라운 더 큰 기적을 요구하였다. 표적은 말이나 행동의 신실함을 뒷받침할 수 있는 기적으로, 그 누구나 하나님의 능력으로 인정할만한 공개적이고 우주적인 표적을 구한 것이다. 모세 때 하늘에서 내린 만나 같은 표적, 하늘로부터의 음성이나 해와 달의 변화 같은 종말론적 표적을 바란 것이다.

그러나 이것은 사사시대에 기드온처럼 신앙적인 확신에 이르기 위한 것이 아니라 단순히 예수님을 시험하기(*peirazontes*, testing) 위한 것으로 악한 목적을 가지고 있었다. 이러한 요구는 마태복음 4:1-7의 사단의 시험과 다를 바 없다. 바리새인들은 예수님이 그 일에 실패하여 군중 앞에서 망신당하기를 바란 것이다.

왜 바리새인들은 조급해 했을까? 사실 예수님이 보이신 여러 이적으로 인해 그들의 입지가 크게 흔들렸기 때문이다. 그들은 예수가 사단의 힘을 이용했다는 증거를 잡아 예수를 매장시키려 했다.

"예수께서 마음속으로 깊이 탄식하시며 이르시되 어찌하여 이 세대가 표적을 구하느냐 내가 진실로 너희에게 이르노니 이 세대에 표적을 주지 아니하리라 하시고."(12절)

그래서 예수님은 마음 속 깊이 탄식하시며 말씀하셨다. "왜 이 세대가 기적을 요구하는가? 내가 분명히 말하지만 이 세대에 그런 기적은 보여 주지 않겠다."

"깊이 탄식하시며"(*anastenaxas*, sighed deeply)는 예수님께서 지금까지

많은 이적을 베풀어 증거가 많음에도 불구하고 고집스럽게 믿지 않으려는 바리새인의 완악함이 주님의 마음을 고통스럽게 했다.

"이 세대에 표적을 주지 아니하리라." 원문은 "이 세대에게 표적이 주어진다면"으로 가정법(*ei*, if)을 사용했다. 이것은 히브리 표현 방식으로, 그 의미는 "만일 이 세대에게 표적이 주어진다면 내가 저주를 받을 것이다"라는 뜻을 가지고 있다. 예수님은 믿음의 자세가 전혀 갖추어지지 않는 그들에게 기적을 베푼다는 것은 헛된 일이므로, 결코 그런 일은 없을 것임을 단호하게 말씀하신 것이다.

그리고서 예수님은 그들을 떠나 다시 배를 타고 건너편으로 가셨다(13절). 제자들이 깜빡 잊고 빵을 가져오지 않아 배 안에는 빵이 한 개(*hena arton*, on loaf)밖에 없었다(14절).

예수님은 제자들에게 경고하여 말씀하셨다. "너희는 주의하라. 바리새파 사람의 누룩과 헤롯의 누룩을 조심하라."(15절)

성경에서 누룩(*zymes*, leaven)은 좋은 뜻(마 13:33)과 나쁜 뜻(출 12:15, 고전 5:6)이 있다. 대부분 나쁜 뜻으로 쓰인다. 랍비들은 누룩을 악한 충동, 인간의 나쁜 성질로 보았다.

예수님이 누룩의 비유를 든 것은 부패의 영향력, 곧 악영향을 제자들에게 경고하기 위해서였다. 바리새인의 누룩은 예수를 대적하는 자들의 형식주의와 거기서 발생하는 위선과 독선을 말하고, 헤롯의 누룩은 세속주의, 곧 세속성과 육신의 욕심을 말한다. 마태복음 16:6에서는 "헤롯" 대신에 "사두개인"으로 표기되어 있다. 당시 헤롯당에는 사두개인들이 많았기 때문으로 보인다.

예수님이 이 두 누룩을 주의하라 하신 것은 바리새인들이 하늘로부터 오는 표적을 구했기 때문이다. 이미 보여주신 것과 현재 보여주시고 있는 것 이상의 표적을 구하는 이 같은 행위는 위험하다. 하나님과의 교제가 끊어지지 않는 사람들은 굳이 표적을 구하지 않아도 일상적인 시간의 흐름 자체가 기적임을 깨닫는다.

"제자들이 서로 수군거리기를 이는 우리에게 떡이 없음이로다 하거늘."(16절)

"제자들은 '우리에게 빵이 없어 그러시는구나.' 하며 서로 수군거렸다." "수군거리다"(*dielogizonto*, they were reasoning)의 원문은 그렇게 생각하고 있었다는 말이다.

예수님이 누룩을 언급하시자 제자들은 떡을 가져오지 않은 것에 대해 말씀하시는 것으로 착각했다. 제자들은 주님의 가르치신 것의 영적 의미를 깨닫지 못하고 있었다. 이것은 당시 제자들마저 믿음이 온전치 못했음을 보여준다.

"예수께서 아시고 이르시되 너희가 어찌 떡이 없음으로 수군거리느냐 아직도 알지 못하며 깨닫지 못하느냐 너희 마음이 둔하냐."(17절)

"예수님이 이것을 아시고 말씀하셨다. '어찌하여 너희는 빵이 없는 것을 두고 수군거리는가? 아직도 알지(*noeite*, perceive) 못하고 깨닫지(*syniete*, understand) 못하는가? 너희의 마음이 그렇게도 무디어(*peporomenen*, hardeded) 있는가?"

제자들은 예수님이 왜 누룩의 비유를 말씀하시는지 알지 못하고, 깨닫지 못하고, 마음조차 무디어져 있다. 답답하기 그지없자 예수님은 제자들의 영적 무지를 일깨워주시고자 하셨다.

"너희가 눈이 있어도 보지 못하며 귀가 있어도 듣지 못하느냐 또 기억하지 못하느냐."(18절)

"너희는 눈을 가지고도 보지(*blepete*, see) 못하고, 귀를 가지고도 듣지(*akouete*, hear) 못하느냐? 너희는 그렇게도 기억하지(*mnemoneuete*, remember) 못하느냐?"

이 말씀은 예레미야 5:21과 에스겔 12:2에도 나온다. 예수님은 씨 뿌리는 비유를 설명하는 과정에서 적대자들과 군중들에게 하셨던 말씀(막 4:21)을 지금 제자들에게 하신다. 기적을 눈으로 직접 보았음에도 불구하고 불신자와 다름없이 깨닫지 못하는 제자들을 보며 안타깝게 여기신 것이다.

"내가 떡 다섯 개를 오천 명에게 떼어 줄 때에 조각 몇 바구니를 거두었더냐 이르되 열둘이니이다."(19절)

"내가 빵 다섯 개로 오천 명을 먹였을 때 남은 조각을 몇 바구니나 거뒀느냐?" 그때 제자들이 대답했다. "열 두 바구니입니다." 이것은 오병이어 기적을 말한다.

"또 일곱 개를 사천 명에게 떼어 줄 때에 조각 몇 광주리를 거두었더냐 이르되 일곱이니이다."(20절)

"또 빵 일곱 개로 사천 명을 먹였을 때 남은 조각을 몇 광주리나 거뒀느냐?" "일곱 광주리입니다." 이것은 칠병이어 기적을 말한 것이다.

예수님은 제자들에게 말씀하셨다. "너희는 아직도 깨닫지 못하느냐?"(21절)

오천 명 그리고 또 사천 명을 먹이고도 남은 것이 많았다. 그런데도 그 이적을 행하신 예수님이 그들과 함께 계시는 데도 제자들은 빵이 한 개밖에 없다고 걱정한다. 이 모습을 보신 주님께서 그들의 불신앙을 탄식하면서 이 말씀을 하신 것이다. "아직도 깨닫지 못하느냐?"

3. 소경을 고치시다(22-26절)

예수님의 일행이 벳새다에 이르자 사람들이 소경 한 사람을 예수님께 데리고 와서 손 대주시기를 간청했다(22절). 손대시기(*hapsetai*, touch)는 안수하는 것으로, 안수를 통해 병을 고쳐 줄 것을 간절히 바란 것이다.

벳새다는 갈릴리 호수 북쪽, 요단강 동편에 위치한 곳으로, "어부들의 집"

이라는 뜻을 가지고 있다. 예수님이 소경을 고치신 이 기적은 지금까지 베푸신 기적들 가운데 가장 주목할 만한 사건이다.

예수님은 그 눈먼 사람의 손을 붙드시고, 마을 바깥으로 데리고 나가셨다. 그리고 그 두 눈에 침을 뱉고, 그에게 손을 얹으시고서 물으셨다. "무엇이 보이느냐?" (23절)

예수님은 마가복음 7:31-37의 귀가 먹고 말이 어눌한 병자를 고치실 때와 마찬가지로 군중의 눈을 피하여 다른 곳으로 데려가서 치료하셨다. 그의 손을 잡고 마을 밖으로 데리고 가신 것은 이 기적이 다른 사람들에게 알려지지 않기를 바라는 점도 있다. 하지만 맹인과 단 둘만의 인격적인 접촉을 하기 위한 목적도 있다.

예수님이 그의 눈에 침을 뱉고 안수하셨다. 이 점은 다른 기적에서도 나타난다. 그러나 이 기적은 예수님의 다른 기적과 비교해볼 때 두 가지 점에서 뚜렷한 차이를 가지고 있다. 첫 번 째 차이는, 치유를 행하신 다음 맹인에게 그 효과와 결과를 물으셨다는 점이다. 두 번째 차이는 25절에서 나타난다.

그러자 그 소경이 쳐다보며 말했다. "예, 사람이 보이긴 합니다만 나무가 걸어 다니는 것 같습니다." (24절) 첫 번째 안수에서는 사람들이 나무처럼 보이고, 그것이 걸어가는 듯 했다. 희미하게 보였다는 증거다.

"이에 그 눈에 다시 안수하시매 그가 주목하여 보더니 나아서 모든 것을 밝히 보는지라." (25절)

"그 때에 예수님이 다시 그 사람의 두 눈에 손을 얹으셨다. 그의 눈이 열리고, 시력을 회복하더니 모든 것을 똑똑히 보게 되었다." 두 번째 안수를 하자 모든 사물을 완전하게 볼 수 있게 되었다.

25절은 예수님의 기적이 다른 기적과 차이가 나는 두 번째 보기이다. 이 구절이 보여주듯 예수님은 그 눈에 다시 안수하셨다. 두 번에 걸친 안수에 의해 맹인이 점차적으로 완전하게 되었다는 점이 다른 기적과 다르다. 단번에 치료된 것이 아니고, 치료가 점진적이었다는 것이다.

이 치유의 과정에서 두드러지는 것은 무엇보다 환자를 다루시는 예수님의 모습이다. 마치 의사가 환자를 관심 있게 다루는 모습과 같다. 이것은 예수님이야말로 인간을 모든 질병에서 해방하는 위대한 의사이심을 보여준다.

예수님이 소경의 눈을 밝히시는 사건은 예수님이야말로 하나님이 약속하신 메시야이시며 모든 피조물을 새롭게 하시는 분이심을 보여준다.

예수님은 그를 집으로 돌려보내시며 말씀하셨다. “마을로 들어가지 말라.”(26절)

마을에 들어가지 말라며 주의를 주신 것은 기적의 소문이 퍼짐으로써 예수님이 자신의 사역을 완수하기 전에 어떤 위기가 발생하는 것, 곧 사람들이 이 기적을 오해하여 예수님을 정치적 메시야로 생각하지 않게 하려는 것이다. 주님이 이 땅에 오신 것은 고난 받기 위해 오신 것이지 정치를 하기 위해 오신 것이 아니다. 십자가에 돌아가시기 전까지는 기적에 대한 소문이 나지 않기를 바라신 것이다.

4. 베드로의 신앙고백(27-33절)

예수님이 제자들과 함께 빌립보 가이사랴 지방의 여러 마을로 가시게 되었다. 가는 도중에 예수님이 제자들에게 물으셨다. “사람들이 나를 누구라고 하느냐?”(27절)

빌립보 가이사랴(Caesarea Philippi)는 갈릴리 지방의 북쪽, 곧 요단강의 주요 발원지인 헤르몬 산 기슭에 위치한 아름다운 도시다. 서쪽 해안에 가이사랴와 구분하기 위해 빌립보 가이사랴라 했다. 빌립보(Philippi)라는 명칭은

분봉 왕 헤롯 빌립(Herod Philip)의 이름에서 따온 것이다. 그는 로마 황제 가이사 아우구스투스(Augustus)를 기념하기 위해 이곳에 성을 건립했다.

예수님은 자신의 공생애 사역이 거의 끝나가고 있어 제자들에게 자신에 대한 사람들의 견해를 물어보셨다. 3년간의 공생애를 마무리 지으며 묻는 질문이다. 예수님이 물으신 것은 제자들과 유대인들에게 자신의 행적보다는 자신의 본질, 곧 하나님의 아들 그리스도이심을 알리는 것이 더 중요하다고 생각했기 때문이었다.

제자들이 예수께 말했다. "세례 요한(John the Baptist)이라고 합니다. 엘리야(Elijah)라고 하는 사람들도 있고, 또 선지자 가운데 한 분(one of the prophets)이라고 하는 사람들도 있습니다."(28절) 유대인들은 신명기 18:15에 예언된 모세와 같은 선지자, 말라기 4:5에 예언된 엘리야처럼 장차 올 큰 선지자를 기대하고 있었다.

"또 물으시되 너희는 나를 누구라 하느냐 베드로가 대답하여 이르되 주는 그리스도시니이다 하매."(29절)

예수께서 그들에게 물으셨다. "그러면, 너희는 나를 누구라고 생각하는가?" 베드로가 예수께 대답하였다. "주님은 그리스도이십니다."

이제 예수님은 제자들이 자신에 대해 어떻게 인식하고 있는지 물으셨다. 주님은 사람들의 평가보다는 제자들의 고백을 직접 듣고 싶으신 것이다. 원문에서 "그러나"(*de*, however)와 "너희"(*hymeis*, you)가 강조된 것은 바로 다른 사람들의 말보다 제자들의 생각에 더 관심이 있으셨음을 보여준다. 제자들의 응답을 통해 "주는 그리스도시니이다."는 베드로의 고백을 들으셨다. 이 고백은 그 어떤 선지자보다 탁월하신 분이 바로 예수님이심을 증거하고 있다.

"주"는 구약성경에서 "아도나이"(Adonai)로, 신약성경에서는 "퀴리오스"(Kyrios)이다. 이 말은 왕이나 방백, 존경하는 대상, 전능하신 하나님께 사용되었다. 그러나 원문은 "주"라는 단어를 사용하지 않고 "당신은"(*sy*, you)이라 했다. "당신은 그리스도이십니다."라는 것이다.

"그리스도"(*Christos*, Christ)는 히브리어 "메시야"를 헬라어로 표시한 것으로, "기름 부음 받은 자"라는 뜻을 가지고 있다. 그러므로 베드로의 이 고백은 예수님이 이스라엘이 대망하던 메시야, 곧 구주이심을 잘 보여주고 있다.

그러자 예수님은 제자들에게 경고하시며, 누구든지 자기에 관하여(*peri autou*, concerning Him) 아무에게도 말하지 말라 하셨다.(30절)

예수님이 자기에 관해 아무에게도 말하지 말라고 단단히 주의시키신 것은 아직은 하나님의 때가 아니기 때문이다. 예수님은 그리스도이시지만 영광을 누리기 위해 이 땅에 오신 것이 아니라 고난을 받으실 그리스도이기 때문에 하나님의 때, 곧 십자가에 죽으실 때까지는 자신의 정체를 알리지 말라는 것이다. 나아가 이러한 사실을 제자들에게 충분히 교육시킬 필요가 있었다.

"인자가 많은 고난을 받고 장로들과 대제사장들과 서기관들에게 버린바 되어 죽임을 당하고 사흘 만에 살아나야 할 것을 비로소 그들에게 가르치시되." (31절)

"그리고 예수님은, 인자가 반드시 많은 고난을 받고, 장로들과 대제사장들과 율법학자들에게 배척을 받아, 죽임을 당하고 나서, 사흘 후에 살아나야 한다는 것을 그들에게 가르치기 시작하셨다."

원문은 "그리고 예수님이 제자들을 가르치기 시작했다"고 했다. 그 다음 가르치신 내용이 소개되고 있다. 이것은 자신의 사역이 무엇인가를 제자들에게 교육하시는 내용이다.

베드로의 신앙고백 후 예수님은 자신이 고난을 받고(*pathein*, suffer), 버림을 받으시며(*apodokimasthenai*, be rejected), 죽임 당하고(*apoktanthenai*, be killed), 사흘 후에 부활하실(*anastenai*, rise) 것을 예언하셨다. 베드로의 신앙

고백을 계기로 예수님은 드디어 그의 수난을 예고하신 것이다.

예수님은 세 번에 걸쳐 수난과 부활을 예고하셨다(막 8:31-33, 9:30-32, 10:32-34). 이 구절은 그 첫 번째 예고이다. 이것은 그리스도의 사역의 중심이 고난과 부활에 있음을 보여준다. 이것은 자신이 백성들의 환호 속에 군림하는 세속적인 메시야가 아니라 이 세상과 사람에게 하나님의 사랑이 어떠한 것인가를 보여주기 위해 기꺼이 수난을 당하고 십자가에 달리심으로 참된 구원의 메시야이심을 말씀하고 있다.

인자(Son of Man)는 예수님이 자신을 가리킬 때 가장 많이 사용했던 단어로, 복음서에 자주 등장한다. 다니엘서 7:13, 14을 배경으로 한 메시야의 칭호이다.

장로들, 대제사장들, 서기관들은 70인으로 구성된 유대 최대회의기관인 산헤드린 공회의 대표자들이다. 그들의 결정에 따라 예수님이 수난을 받게 될 것을 보여준다.

"드러내 놓고 이 말씀을 하시니 베드로가 예수를 붙들고 항변하매."(32절)

"예수님이 드러내 놓고(*parresia*, openly) 이 말씀을 하시자 베드로가 예수를 붙들고, 그에게 항의하기(*epitiman*, rebuke) 시작했다."

예수를 붙들고 항변했다는 것은 예수님을 거친 태도로 항의(비난, 책망)했음을 보여준다. 베드로가 자신의 놀라운 신앙고백에 이어 취한 그의 거친 행동은 그의 입장을 드러내는 것이다. 예수님이 자신이 당할 수난과 죽음에 대해 공개적으로 예고하시자 제자들은 그 말씀을 듣고 놀라고 당황했다. 성격이 급한 베드로는 즉각 거친 반응을 보였다. 그는 이 땅에서 천국을 회복하실 메시야가 어찌 그런 일을 당할 수 있겠는가 생각했다. 고난당하실 메시야를 간과한 것이다.

구약에서는 두 가지 메시야 상을 보여주고 있다. 하나는, 승리의 메시야 상이고(사 11장), 다른 하나는 고난을 받는 메시야 상이다(사 53장).

유대인들은 일반적으로 승리의 메시야, 왕으로 오실 메시야를 기대했다. 예수님 당시 유대인들은 자신들을 로마의 압제에서 해방시키고 유대 민족의 옛 영광을 이 땅에서 다시 회복시킬 승리의 메시야, 곧 정치적인 메시야를 바랐다. 유대인은 "그리스도", 곧 메시야라는 단어를 주로 민족적이고 정치적인 의미로 사용했다. 따라서 예수님은 이 정치적 개념을 받아들이지 않으셨다.

예수님이 그리스도시라는 베드로의 신앙고백이 크고 귀중하다. 하지만 그의 고백은 당시의 보편적인 메시야 관을 넘어선 것이냐에 대해 의문을 다는 학자도 있다. 왜냐하면 예수님이 수난을 예고하실 때 예수님을 적극 만류했기 때문이다. 제자들도 왕으로 오실 메시야를 기대했기 때문에 수난 받는 메시야는 받아들일 수 없었다.

하지만 베드로가 여기서 결정적으로 이러한 실수를 범한 것은 주님의 말씀 가운데 일부분, 곧 고난을 받고 죽임을 당하는 것에만 주의를 기울였기 때문이다. 만일 베드로가 죽임 당하신 예수님이 사흘 만에 다시 살아날 것이라는 약속의 말씀을 제대로 파악했다면 그렇게까지 나오지 않았을 것이다.

"예수께서 돌이키사 제자들을 보시며 베드로를 꾸짖어 이르시되 사탄아 내 뒤로 물러가라 네가 하나님의 일을 생각하지 아니하고 도리어 사람의 일을 생각하는도다 하시고."(33절)

그러나 예수님은 제자들을 돌아보시며 베드로를 되레 꾸짖으셨다(*epetimesen*, rebuke). "사탄아, 내 뒤로 물러가라! 네가 하나님의 일을 생각지 않고 사람의 일을 생각하고 있다."

베드로는 예수는 이 땅에서 고난이 아니라 영광과 명예를 받아야 한다고 생각하며 자기주장을 굽히지 않았다. 그러나 예수님은 베드로를 사단으로 규정하시고, "썩 물러가라" 하셨다. 하나님의 일(things of God)을 생각지 않고 사람의 일(things of men)을 생각한다며 베드로를 책망하셨다. 하나님의 일은 인류를 구원하기 위해 고난의 길을 가시는 것을 말한다. 이에 반해 사람의 일은 예수님으로 하여금 고난을 피하고 영광스러운 왕이 되어 제자들도 그 영광을 누리게 되는 것을 말한다. 예수님은 베드로의 자기중심적 이해에 대해 질타하셨다. 자기중심적으로 주님을 이해해서는 안 된다. 중심축을 나에서 주님으로 옮기라. 어느 누구도 하나님이 하시는 일을 가로막을 수 없다. 생각을 바꾸라. 하나님의 일을 먼저 생각하라.

5. 제자 된 자의 자세(34-38절)

그리고서 예수님은 제자들과 군중들을 불러 모으시고 이렇게 말씀하셨다. "누구든지 나를 따라오려거든 자기를 부인하고(*aparnesastho heauton*, let him deny himself) 자기 십자가를 지고(*arato*, let him take up) 나를 따르라."(34절)

예수님은 제자가 될 수 있는 세 가지 조건을 언급하시며, 제자가 되는 것이 얼마나 엄중한 것인가에 대해 말씀하셨다.

첫 번째 조건은 자기를 부인하는 것이다. 이것은 자기가 죽고 자신의 삶이 그리스도 중심이 되는 것을 말한다(고후 5:17, 갈 2:20). 인간의 타락한 자아는 언제나 예수님의 뜻을 거스린다. 그러므로 예수님을 따르는 데 방해가 되는 옛 사람을 버려야 한다.

자기부인은 고행이나 억압의 삶이 아니다. 진정한 생명에 도달하는 길이다. 이것은 하나님이 우리를 지으실 때 만드신 본래의 모습, 창조 때의 선한 모습으로 회귀하는 것이다. 더 이상 자기 삶의 방법(자기원칙, 자기법칙)을 절대화하지 않고, 하나님이 기뻐하시는 방법을 따르는 것이다. 자기주장을 하지 않고 하나님의 뜻을 따라 가는 것이다. 또한 자기부인은 자기 사랑과 대립되는 것도 아니다. 자기부인은 자기 비하나 자기학대가 아니다. 오히려 자기 자신과 화해할 수 있어야 한다. 그래야 다른 사람을 사랑하며 살 수 있다. 이것을 가능하게 하시는 분은 성령이시다. 따라서 우리는 늘 성령님이 인도하시는 삶의 방식에 순종하는 삶을 살 수 있도록 기도해야 한다.

두 번째 조건은 자기 십자가를 지는 것이다. 이 말은 문자 그대로 십자가를 지고 형장으로 가는 모습이다. 예수님을 따르려는 사람은 죽음까지도 각오해야 한다는 말이다.

예수의 제자는 세상에 대해 십자가를 지는 태도를 지녀야 한다. 제자는 주님을 따른 결과로 오는 박해를 받아들이며, 이에 저항하지 않는다. 그리스도의 고난은 구원을 위한 고난이다. 성도의 고난은 구원이 아니라 그리스도를 드러내고 하나님께 영광을 돌리는 데 있다. 제자 됨은 주를 위해 이 땅에서 기꺼이 고난을 받고 버림받아도 기뻐할 수 있어야 한다. 이것은 쉽게 될 수 있는 것이 아니다. 십자가의 삶이 우리 안에서 인격화되어 나가야 가능하고 생명력이 있다. 그리스도의 십자가를 통해 우리도 그의 남은 고난의 십자가를 지는 것은 오히려 영광이다.

마지막 조건은 예수님을 따르는 것이다. 예수님이 가셨던 그 고난의 길을 뚜벅뚜벅 걷는 것이다. 그 길은 고난만 있는 것이 아니다. 궁극적으로는 영광의 길이다. 그리고 그 길은 혼자서 걷는 것이 아니다. 주님과 함께 하며 고난의 길을 가는 성도와 함께 가는 거룩한 길이다.

이 세 조건은 모두 우리로 하여금 중심축을 나에서 그리스도로 이동하는 것이다. 그것은 단지 윤리적으로 나아지는 것이 아니다. 부르심의 사건이요 그리스도의 사랑을 나타내는 것이다. 예수님이 정치적인 메시야가 아니라 하나님의 사랑을 보여줌으로써 참된 구원을 실현하실 분이심을 말씀하신 것과 같이 예수님을 따르고자 하는 사람들은 자기를 높이려는 생각을 버리고 다른 이들의 삶을 위해 사랑으로 자신을 내어주며 그리스도와 더불어 고난의 쓴 잔을 남김없이 마시고, 죽음의 자리까지 갈 수 있어야 한다. 제자는 그 길을 가는 사람들이다.

"누구든지 자기 목숨을 구원하고자 하면 잃을 것이요 누구든지 나와 복음을 위하여 자기 목숨을 잃으면 구원하리라." (35절)

"누구든지 자기 생명(*psychen*, life)을 구하고자(*sosai*, save) 하는 사람은 잃을(lose) 것이다. 그러나 누구든지 나와 복음을 위하여 자기 생명을 버리는(*apolesei*, lose) 자는 얻을(save) 것이다."

자기 부인이나 죽음을 피하여 자신의 목숨을 보존하려는 사람들은 최후 심판 때 영원한 생명을 잃게 된다는 말씀이다. 자기 목숨은 육체의 생명을 말한다. 이 구절은 육신적이고 현세적인 삶에 집착하다 보면 결국 영원한 생명을 잃어버리게 된다는 것을 말해주고 있다. 제자가 되는 것은 자기 목숨을 구하지 않고 주님을 위해 목숨을 버리는 것이다. 다시 말해 고난을 달게 받으라는 것이다. 그러면 심판 날에 영원한 생명을 얻게 된다. 그러므로 주님을 위해 나를 포기하라. 그러면 구원(생명)을 얻는다.

"사람이 만일 온 천하를 얻고도 자기 목숨을 잃으면 무엇이 유익하리요." (36절)

"사람이 온 세상을 얻고도 자기 생명을 잃으면 무슨 유익이(*ophelei*, profit) 있겠는가."

사람이 이 땅에서 온 천하를 얻을 만큼 부와 명예를 쌓고도 심판 때 자기 목숨을 잃으면 무엇이 유익할까. 영원한 생명을 얻지 못하고 처절한 심판을 받게 된다면 결국 허사다. 그러므로 예수의 생명으로 구원을 받아야 한다.

"사람이 무엇을 주고 자기 목숨과 바꾸겠느냐." (37절)

“사람이 자기 생명을 무엇과 바꿀 수 있겠는가.” 사람이 제 목숨을 되찾는 대가로 무엇을 내놓겠는가. 그 때 가서 자기 목숨과 바꿀 수 있는 것(*antallagma,* exchange)이 무엇이겠는가. 아무 것도 없다. 세상에 누렸던 부와 명예로도 바꿀 수 없다. 그러므로 고난당할 각오 없이는 주님의 제자가 될 수 없고, 마침내는 자신의 생명마저 잃게 된다.

“누구든지 이 음란하고 죄 많은 세대에서 나와 내 말을 부끄러워하면 인자도 아버지의 영광으로 거룩한 천사들과 함께 올 때에 그 사람을 부끄러워하리라.”(38절)

“누구든지 음란하고(*moichalidi*, adulterous) 죄 많은(*hamartolo*, sinful) 이 세대에서 나와 내 말을 부끄럽게 여기면(*epaischynthe*, be ashamed of) 나도 아버지의 영광으로 거룩한 천사들과 함께 올 때 그를 부끄럽게 여길 것이다(*epaischynthesetai*, will be ashamed of).”

죄 많은 이 땅에서 예수님과 그의 복음을 부끄럽게 여기면 예수님이 영광스럽게 재림하실 때 그를 부끄럽게 여길 것이다. 주님은 이 땅에 계실 때 스스로 낮아지셨고, 많은 사람들로부터 멸시와 배척을 당하셨다. 그러나 재림하실 때는 모든 사람의 심판자로 오신다. 그러므로 예수의 제자는 예수님과 복음을 부끄럽게 여기지 않아야 한다. 복음에 대한 확신을 가지고 담대하게 전하며 복음 때문에 고난을 받으면 재림하시는 날 상을 주실 것이다. 제자는 거룩한 종말을 맞아야한다.

마가복음 9장

예수님의 변모, 귀신들린 아이를 고쳐주심, 죽음과 부활에 관한 두 번째 예고, 섬기는 자가 큰 자

1. 예수님의 변모(1-13절)

1-8절의 변화산 사건은 예수님의 부활과 재림의 영광을 동시에 보여주는 사건이다.

예수님은 말씀하셨다. "내가 진정으로(*amen*, truly) 말해 둔다. 여기 서 있는 사람들 가운데는 죽기 전에 하나님의 나라(*basileian tou Theou*, the Kingdom of God)가 권능으로(*en dynamei*, with power) 오는 것을 볼 사람들도 있을 것이다." (1절)

예수님의 이 말씀에 대해 여러 해석이 있다. 일주일 후에 세 제자가 변화산의 영광을 보게 될 것임을 예고한다는 주장, 오순절 성령강림에 대해 말씀하신 것이라는 주장, 그밖에 그리스도의 부활, 예루살렘의 멸망, 그리스도의 재림 등이다. 이 가운데 변화산에 대한 주장이 가장 타당한 것으로 인정되고 있다.

"엿새 후에 예수께서 베드로와 야고보와 요한을 데리시고 따로 높은 산에 올라가셨더니 그들 앞에서 변형되사." (2절)

높은 산(*hypselon oros*, high mountain)은 갈릴리 호수 남서쪽에 있는 다볼 산이거나 빌립보 가이사랴 동북쪽에 위치한 헤르몬 산일 것으로 추정되고 있다.

"변형되사." (*metemorphothe*, was transfigured) 제자들이 보는 앞에서 예

수님의 용모가 변화되었고, 얼굴이 해와 같이 빛났다(마 17:2). 베드로후서 1:16-18에서는 그것이 재림 때의 예수님의 모습이라 하였다.

예수님의 변모하심은 지금 이 세상에서는 감추어져 있지만 주님이 재림하실 때 밝혀질 하나님 아들의 영광을 계시하시는 것이다. 또한 변화산에서의 영광은 장차 주님을 위해 고난을 받게 될 제자들을 위로하고 격려하는 역할을 했다(벧후 1:14-18).

"그 옷이 광채가 나며 세상에서 빨래하는 자가 그렇게 희게 할 수 없을 만큼 매우 희어졌더라."(3절) 그 옷이 세상의 어느 빨래군도 더 이상 희게 할 수 없을 만큼 희고 광채가 났다.

"빨래하는 자"(*gnapheus*, launderer, fuller)는 마전장이, 곧 표백하는 사람을 뜻한다.

"그 옷이 희어졌더라." 성경은 하나님(단 7:9)과 천사들(막 16:5, 행 1:10)이 흰옷을 입고 있으며 재림 때 부활할 의인들도 빛나는 옷을 입을 것이라 말한다. 그리고 엘리야가 모세와 함께 그들에게 나타나더니 예수님과 말을 주고받았다(*syllalountes*, talking with)(4절). 두 사람은 구약을 대표한다. 모세는 율법을 대표하고, 엘리야는 선지자를 대표한다. 모세는 장차 오실 그리스도를 예언했고(신 18:15), 엘리야는 그리스도의 선구자로 예언되었다(말 4:5-6).

엘리야와 모세가 그곳에서 예수님과 함께 나눈 대화가 무엇이었을까? 누가복음 9:31에 따르면 대화의 주제는 예수님의 죽으심이었다. 이것은 율법과 선지자, 곧 구약 예언의 중심이 예수님의 십자가에서의 죽으심과 그를 통한 인류의 구원에 있음을 말해준다.

"베드로가 예수께 고하되 랍비여 우리가 여기 있는 것이 좋사오니 우리가 초막 셋을 짓되 하나는 주를 위하여, 하나는 모세를 위하여, 하나는 엘리야를 위하여 하사이다 하니."(5절)

"랍비"(*Rhabbi*, Rabbi)는 흔히 선생으로 해석되는 데 히브리어로는 "나의 큰 자"라는 뜻을 가지고 있다. 율법을 가르치는 스승을 그렇게 불렀다.

"초막(*skenas*, tabernacles) 셋을 짓되." 귀한 손님이 올 때 그를 대접하기 위해 초막을 지어주는 것이 유대인의 풍습이었다(왕하 4:9-10). 베드로는 초막을 지어 예수님을 모시고 황홀한 경험을 더 지속하고 싶었을 것이다.

"이는 그들이 몹시 무서워하므로 그가 무슨 말을 할지 알지 못함이더라." (6절)

베드로는 무슨 말을 해야 좋을지 몰라서 이런 말을 했다. 제자들이 겁에 질렸기(*ekphoboi*, terryfied) 때문이다. 제자들은 이 모습을 보고 몹시 무서워했고, 베드로는 무슨 말을 해야 할지 몰랐다. 베드로는 영광스럽게 변모하신 예수님과 함께 가능한 한 오래 머물고 싶었을 뿐 그 분이 고난당해야 한다는 것을 알지 못했다. 주님이 고난당하시는 일은 생각조차 하기 싫었을 것이다.

그런데 구름이 일어나서, 그들을 뒤덮었다. 성경에서 구름은 종종 보호하시고 인도하시는 하나님의 임재의 상징으로 표현된다(출 16:10, 19:9, 24:15-18, 33:9, 10). 그리고 구름 속에서 소리가 났다. "이는 내 사랑하는 아들(*ho Huios mou ho agapetos*, My beloved Son)이니 너희는 그의 말을 들으라(*akouete autou*, listen to Him)." (7절) 하나님의 음성은 예수님이 세례를 받으실 때와 예루살렘에 입성하신 후에도(요 12:28) 하늘에서 들렸다. 메시야에 대한 하나님의 공적 증언이다.

제자들이 즉시(*exapina*, suddenly) 주위를 둘러보니 예수님과 자기들 외에는 아무도 없었다(8절). 현실로 돌아온 것이다.

예수님은 제자들과 함께 산에서 내려오시는 길에 명령하셨다. "내가 죽었다가 다시 살아날(*anaste*, had risen) 때 까지는 지금 본 것을 아무에게도 말하지 말라." (9절)

예수님은 부활 때까지 침묵을 지킬 것을 명령하셨다. 주님은 자신의 신분이나 이적 행사에 대해 잠시 비밀을 당부하셨는데, 이번에도 그리하셨다. 그 이유는 주님의 구원 사역이 방해를 받지 않기 위해서이다. 예수님은 자신을 정치적인 메시야나 단순히 신적 능력을 과시하는 기적가로 오해하는 것을 피하고 사람에 대한 하나님의 사랑과 구원의 계획을 충실하게 수행해 나가고자 하셨다.

그들은 이 말씀을 명심하며, "도대체 죽은 사람들 가운데서 살아난다는 것이 무슨 뜻인가"를 서로 물었다(10절). 예수님께서 하신 말씀을 고이 간직하면서도(*ekratesan*, kept) 그것이 무슨 뜻인지에 대해 서로 물었다(*syzetountes*, questioning). 서로 토론(논쟁)을 한 것이다. 이것은 제자들이 주님의 죽으심과 부활에 대해 아직도 완전히 이해하지 못했음을 보여준다.

11-13절에 세례 요한이 말라기 4:5-6에 예언된 엘리야임을 밝히고 있다. 세례 요한은 엘리야와 같은 능력으로 주의 길을 예비하였다.

제자들은 예수님께 물었다. "왜 서기관들은 엘리야가 먼저 와야 한다고 합니까?" (11절)

이것은 그들이 토론 끝에 묻는 물음이었다. 서기관은 율법학자로 율법을 해석하고 가르치며, 후대에게 전승시키는 사람들이다. 서기관들은 말라기 4:5, 6에 근거하여 메시야 출현에 앞서 엘리야가 재림하여 이스라엘 백성을 하나님과 화해시키며 이스라엘의 열두 지파를 재건시킬 것이라 가르쳤다. 제자들의 물음은 이러한 화해와 재건이 실현되지 않았기 때문에 메시야보다 먼저 온다고 한 엘리야가 오지 않은 것이 분명한데, 왜 예수님은 메시야가 이미 왔으며, 죽으신다고 말씀하시는가 하는 것이었다.

예수님은 이렇게 대답하셨다. "엘리야가 먼저 와서 모든 것을 회복한다는 말은 사실이다. 그런데 왜 성경에는 그리스도가 많은 고난과 멸시를 당할 것

이라고 쓰여 있느냐?" (12절)

예수님의 답변은 두 부분으로 나누어진다.

첫 부분은, 엘리야가 메시야보다 먼저 와서, 모든 것을 회복한다(*apokathistanei*, restore)는 것은 사실이다. 실제로 그가 이미 와서 회개운동을 통해 모든 것을 회복함으로써 메시야를 맞을 준비를 갖추었다는 것이다. 세례 요한이 엘리야의 역할을 했기 때문에 말라기에 언급된 예언이 성취되었음을 암시한다.

둘째 부분은, 메시야가 오면 고난을 받고(*pathe*, suffer) 멸시를 당할(*exoudenethe*, be set at naught) 것이라고 기록된 것은, 어찌 된 일이냐는 것이다. 예수님이 제자들에게 오히려 반문하신 것이다. 주님의 이 말씀도 역시 예언된 것이다(시 22:1-18, 69:8, 9, 사 53장). 그럼에도 주님이 반문하신 이유가 있다. 엘리야가 먼저 와서 이스라엘을 회복할 것이라는 예언과 메시야가 나중에 와서 고난과 멸시를 당하게 될 것이라는 예언은 서로 어긋나기 때문에 엘리야에 대한 예언을 똑바로 이해할 필요가 있다는 뜻이다. 예수님은 이 말씀 속에서 10절에서 제자들이 질문했던 것에 대해 자신의 고난과 멸시가 성경에 기록된 것임을 말씀하고 있다.

"그러나 내가 너희에게 이르노니 엘리야가 왔으되 기록된 바와 같이 사람들이 함부로 대우하였느니라 하시니라." (13절)

"엘리야가 왔으되." 엘리야는 세례 요한을 가리킨다(마 17:13). 엘리야는 이미 왔다. 그러나 사람들이 그를 알지 못했고, 사람들이 오히려 그를 죽임으로써 그에 대해 기록된 성경의 말씀이 그대로 이루어졌다는 것이다(마 11:14). 원문에 따르면 "함부로 대우했다"는 것은 무엇이든 그들이 원하는 바대로(*hosa ethelon*, whatever they desired) 했다는 것이다. 엘리야가 아합과 이세벨에게 고난을 받은 것처럼 세례 요한은 헤롯과 헤로디아에게 박해를 받았다. 하지만 사람들은 그것을 깨닫지 못했다. 예수님은 요한에 대한 사람들의 처사를 통해 자신의 일을 예언하셨다. 사람들이 세례 요한을 함부로 대했듯이 메시야이신 예수님에 대해서도 마찬가지일 것임을 말해준다.

2. 귀신들린 아이를 고쳐주시다(14-29절)

예수님 일행이 변화산에서 돌아와 보니 남은 제자들은 많은 사람들에게 둘러싸여 있는 가운데 서기관들은 그들과 논쟁을 하고 있었다(*syzetountas*, arguing)(14절). 서기관들은 예루살렘의 산헤드린 공회에서 예수님을 공격할 빌미를 잡기 위해 파견된 사람들이었다.

사람들은 예수님을 보자 크게 놀랐다. 그리고 모두 달려와서 인사했다(15절). 예수님이 그들에게 "너희가 그들과 무슨 논쟁을 하고(*syzeteite*, disputing) 있느냐?" 물으셨다(16절).

군중 가운데 한 사람이 이렇게 대답하였다. "선생님, 벙어리 귀신 들린 제 아들을 데려왔습니다."(17절) 그 사람은 예수님을 향해 "선생님"(*didaskale*, teacher)이라 했다. 그리고 말을 하지 못하게 하는 귀신(*alalon pneuma*, mute spirit) 들린 아들을 주님께 데려왔다고 했다.

"귀신이 그를 사로잡을(*katalabe*, seize) 때마다 아이를 거꾸러뜨립니다. 아이는 거품을 내고 이를 갈면서 온 몸이 뻣뻣해져 버립니다. 그래서 선생님의 제자들에게 데려왔는데 그들이 귀신을 쫓아내지 못했습니다."(18절)

귀신이 그에게 발작을 일으키면 아이는 아무데서나 넘어지고 입에서 거품을 내고 이를 간다. 그리고 온몸이 굳어져버린다. 아이의 증상은 간질병 증세와 비슷하다. 하지만 이 아이는 귀신에 의해 말을 하지 못하는 상태에 이를 정도로 증세가 심했다.

아이의 아버지는 예수님이 고쳐주실 것을 기대하고 이곳을 찾아왔지만 예수님은 계시지 않았고 제자들만 있었다. 그는 예수님이 가진 능력을 그의 제자들도 가지리라 믿고 고쳐주기를 바랐다. 하지만 제자들은 그를 고쳐줄 능력이 없었다.

예수님이 그들을 전도대로 파송했을 때 말씀도 선포하고 귀신을 쫓아낼 수 있는 능력을 주셨다. 그래서 그들은 귀신들린 자를 고치는 경험도 가지고 있었다. 그런데 이번 경우에는 그 능력을 발휘할 수 없었다. 제자들은 과거의 성공만 믿고 자만에 빠졌을 수도 있고, 주님이 계시지 않아 그들의 믿음이 약해있을 수도 있다. 성경은 그들의 실패 원인이 믿음과 기도가 부족했기 때문이라 했다(마 17:20). 그 같은 능력은 하나님을 온전히 신뢰하고 기도하며 그 분을 의지할 때 가능하다.

그러자 예수님은 그에게 대답하시며 말씀하셨다. "믿음이 없는 세대야, 내가 언제까지 너희와 함께 있어야 하겠느냐? 너희를 보고 내가 언제까지 참아야 하겠느냐? 아이를 나에게 데려오너라."(19절) "믿음이 없는 세대"(*genea apistos*, unbelieving generation)란 그 자리에 있던 제자들, 아이의 아버지, 서기관들과 일반 군중들을 포함해 믿음을 찾아볼 수 없는 세상을 가리킨다. 예수님을 그들의 믿음 없음에 대해 책망하는 말씀을 하셨다.

아이를 예수님께 데려가자 귀신은 예수님을 보고 아이에게 발작을 일으켰다. 그러자 아이는 땅에 엎어져 뒹굴며 거품을 내기 시작했다(20절). 아이는 심한 경련을 일으키며 땅에 넘어져 거품을 내며 뒹굴기 시작했다. 더러운 귀신은 아이를 심하게 발작하게 만듦으로써 예수님에 대한 적대감을 드러낸 것이다. 더러운 귀신은 하나님의 형상대로 지음 받은 자의 고귀한 인격을 파괴시키는 데 있다.

예수님이 그의 아버지에게 물으셨다. "아이가 이렇게 된 지 얼마나 되었느냐?" 그가 대답하였다. "어릴 때부터입니다."(21절) 예수님이 그의 아버지에게 물으신 것은 아이를 불쌍히 여기는 마음이 컸기 때문이다. 주님은 더러운 귀신으로 인해 심하게 파괴되어버린 아이의 인격을 찾아주고, 하나님의 형상을 회복시킬 수 있는 전능자이시다.

"귀신이 그를 죽이려고 불과 물에 자주 던졌나이다 그러나 무엇을 하실 수 있거든 우리를 불쌍히 여기사 도와주옵소서."(22절)

귀신은 여러 번이나 아이를 죽이려고 했다(*apolese*, might destroy). 불 속에도 던지고 물속에도 던졌다.

"그러나 무엇을 하실 수 있거든"(*ei ti dyne*, if you arc able to do anything). 아이의 아버지는 아들을 예수님께 맡기기는 했지만 하도 여러 해 동안 이 병을 앓아와 예수님이 과연 꼭 낫게 하실는지 반신반의했다. 또한 그의 제자들이 아무 힘을 쓰지 못한 것을 보았기 때문에 그런 생각이 더 들었을 것이다. 그래서 예수님이 하실 수 있는 어떤 것이 있다면 그것을 기대하겠다는 것이다. 자신의 믿음을 솔직히 드러내는 말이지만 완벽한 기대가 아니라 아주 작은 기대다.

"우리를 불쌍히 여기사." 아들이라 하지 않고 "우리"(*hemas*, us)라 했다. 아버지는 자신과 아들을 동일시하고 있다. 여기서 아들에 대한 아버지의 깊은 사랑이 엿보인다. 예수님이 불쌍히 여기지 않으면 고침을 받을 수 없다는 것을 아버지는 알았다.

"불쌍히 여기사"(*splanchnistheis*, having compassion)는 예수님이 자신들의 안타까운 처지를 깊이 이해해 주기 바라는 심정을 담고 있다. 불쌍히 여김(*splagchnon*, take pity)의 원어는 몸속의 내장(inward parts)이 떨릴 정도의 깊은 동정을 가리킨다.

"도와주옵소서."(*boetheson*, help)는 문자적으로 "부르짖다"(*boe*)와 "달려가다"(*theo*)의 합성어이다. 부르짖음에 응답하여 급히 달려와 구해 달라는 것이다.

"예수께서 이르시되 할 수 있거든이 무슨 말이냐 믿는 자에게는 능히 하지 못할 일이 없느니라 하시니."(23절)

예수님은 아이를 고쳐주시기 전에 먼저 그 아버지의 불신앙이 문제임을 지적하셨다. 그의 믿음을 치료하는 것이 무엇보다 중요하다 생각하신 것이다. "'할 수 있다면' 이 무슨 말이냐." 믿음은 전능하신 하나님께 자신을 내어맡기는 것이고, 하나님께 자신을 내어맡김으로 그의 전능하심에 참여하는 것이다. 그렇게 함으로써 믿음은 불가능을 가능하게 한다. 믿는 자에게는 모든 것이 가능하다(*panta dynata*, all things are possible). 능치 못함이 없다. 다 하실 수 있다. 그러니 강한 믿음, 적극적인 신앙을 가지라는 말씀이다. 치료의 성패는 치료 받을 사람의 마음가짐이 중요하다. 주님은 믿는 자에게 능력을 베푸신다. 하지만 믿음이 없는 자에게는 이적 행하기를 거절하신다.

"곧 그 아이의 아버지가 소리를 질러 이르되 내가 믿나이다 나의 믿음 없는 것을 도와주소서 하더라."(24절)

"제가 믿습니다(*pisteuo*, I believe)." 아이의 아버지는 즉시 예수님의 능력을 믿는다고 고백했다. 예수님은 아이의 병보다 먼저 아버지의 영적인 병, 곧 불신앙의 병을 치료하셨다.

나아가 아이의 아버지는 자신의 믿음이 연약한 것을 깨닫고 예수님께 도움을 청했다. "믿음 없는 저를 도와주십시오." 믿음 없는 자신을 도와 믿음을 갖도록 해 달라는 것이다. 주님은 그의 진실 된 고백에 복을 내리셨다.

예수님은 무리가 함께 달려와(*episyntrechei*, running together) 모이는 것을 보시고, 악한 귀신을 꾸짖어 말씀하셨다. "벙어리와 귀머거리가 되게 하는 귀신아, 내가 너에게 명한다. 그 아이에게서 나가라. 그리고 다시는 그에게 들

어가지 말라."(25절)

"무리가 달려와 모이는 것을 보시고"는 사람들이 점점 모여드는 것을 보시고 행동을 취하셨음을 가리킨다. 더 이상 많은 사람들이 모여드는 것을 경계하신 것이다. 예수님은 자신의 이적 행위가 사람들에게 알려지는 것을 꺼려하셨다.

그러자 귀신은 소리를 지르며 아이에게 심한 발작을 일으켜 놓고 나갔다. 아이는 죽은 사람같이 되었다. 그래서 많은 사람들은 "아이가 죽었다."고 말했다(26절).

그러나 예수님이 아이의 손을 잡아 일으키시자(*egeiren*, raise up) 그가 벌떡 일어났다(27절). 예수님은 먼저 그의 손을 잡으셨다. 그리고 일으키셨다. 그러자 아이가 일어났다(*aneste*, arose). 주님이 우리의 연약한 손을 잡으시면 치유가 일어난다.

예수님이 집에 들어가 계실 때 제자들이 조용히 따로(*kat idian*, in private) 와서 물었다. "우리는 왜 귀신을 쫓아낼 수 없었습니까?"(28절)

제자들은 과거에 자신들도 귀신을 쫓아냈음에도 불구하고 지금은 왜 자신들이 귀신을 쫓아낼 수 없었는지 궁금했다. 그래서 사적으로 와서 물은 것이다.

"이르시되 기도 외에 다른 것으로는 이런 종류가 나갈 수 없느니라 하시니라."(29절)

예수님은 그들에게 대답하셨다. "이런 부류는 기도로(*en proseuche*, by prayer) 쫓아내지 않고는, 어떤 수로도 쫓아낼 수 없다."

"기도 외에 다른 것으로는." 이런 귀신은 기도가 아니면 나가지 않는다는 말씀이다. 그런데 마태복음 17:20에서는 믿음이 적은 때문이라 했다. 제자들은 과거에 귀신을 제어하는 권세를 받았던 사실만을 믿고 기도하기를 게을리 했다. 따라서 그들의 믿음이 약화된 것이다. 하나님의 능력은 매 순간마다 기도를 통해 전적으로 하나님만을 신뢰하는 믿음을 통해서만 나타난다. 의심하면 시험하다 쓰러진다. 그러나 믿고 기도하면 역사하는 힘이 많다.

"이런 종류가."(*touto to genus*, this kind) 이런 부류의 귀신들이 있음을 암시하는 말씀이다. 이 구절을 미루어보아 어떤 귀신은 다른 귀신보다 더 능력이 있고 사악하다는 것을 알 수 있다.

3. 두 번째로 자신의 죽음과 부활을 예고하시다(30-32절)

30-32절은 예수님이 두 번째로 자신의 수난과 부활에 대해 예고하신 내용을 담고 있다.

"그 곳을 떠나 갈릴리 가운데로 지날 새 예수께서 아무에게도 알리고자 아니하시니."(30절)

예수님의 일행은 변화산을 떠나 갈릴리를 지나게 되었다. 예루살렘을 향한 여정이 시작된 것이다. 그런데 예수님은 이 사실을 아무에게도 알리고 싶어하지 않으셨다.

"갈릴리 가운데로 지날 새."(passing through Galilee) 갈릴리 지역을 가로 질러 가신 것을 말한다. 예수님은 공생애를 거의 다 마치시고 십자가에 죽으시기 위해 예루살렘으로 여행하시는 중이셨다. 주님은 그의 일행이 이곳을 지나간다는 사실을 남들이 알기를 바라지 않으셨다.

사람들이 자신을 정치적 메시야로 간주하고, 왕으로 모시려 든다면 자신의 구원 사역에 방해가 되기 때문이기도 하지만 이번에는 제자들을 특별히 생각해서다. 31절의 말씀과 같이 얼마 남지 않은 기간을 제자들과 함께 지내시며 그들에게 자신이 받을 수난과 부활에 대해 더 충실히 가르치시기 위해서였다. 따라서 이 여행이 일반 사람들에게 알려지지 않기를 바란 것이다.

“이는 제자들을 가르치시며 또 인자가 사람들의 손에 넘겨져 죽임을 당하고 죽은 지 삼 일만에 살아나리라는 것을 말씀하셨기 때문이더라.”(31절)

인자, 곧 예수님이 사람들의 손에 넘겨진다. 여기서 “사람들”은 산헤드린 공회의 지도자들, 곧 장로, 대제사장, 서기관들을 가리킨다. 예수님은 그들에 의해 죽임을 당한다. 그러나 삼일 후에 부활한다. 앞으로 전개될 이 사실을 말씀하신 것이다. 이것은 예수님께서 제자들을 향해 자신의 수난과 부활에 대해 두 번째 공식적으로 하신 말씀이다.

그러나 제자들은 그 말씀을 깨닫기는커녕 예수님께 묻기조차 두려워하였다(30절). 예수님이 두 번씩이나 말씀하셨음에도 불구하고 제자들은 그 의미를 바로 깨닫지 못했다(*egnooun*, did not understand). 하나님의 경륜에 따른 대속의 죽음을 어찌 인간이 쉽게 이해할 수 있겠는가. 제자들은 묻는 것 자체도 두려웠다(*ephobounto*, were afraid).

제자들은 아직까지도 예수님이 승리의 메시야이기를 기대하고 있었다. 그러기 때문에 예수님이 죽는다는 것을 이해하지 못했다. 더욱이 수난을 당하고 죽임을 당하신다는 말씀을 하실 때마다 다소 불길한 예감이 들었을 것이다. 또한 8장에서 예수님이 자신의 죽음에 대해 말씀하실 때 베드로가 반박하다가 “사단”이라는 말을 들었기 때문에 묻는 것조차 두려워했을 수 있다.

4. 섬기는 자가 큰 자(33-50절)

예수님 일행은 가버나움으로 갔다. 예수님이 집에 들어가셔서 제자들에게 물으셨다. “너희가 오는 도중에 서로 토론(논쟁)한 것이 무엇이냐?”(33절)

“집에 계실 새.” 이 집은 베드로와 안드레의 집을 가리킨다. 주님은 이곳에 오는 도중에 제자들끼리 심각하게 다툰 것이 무엇인지 물으셨다. 그 내용을 모르기 때문이 아니라 그들의 논쟁 내용 자체가 문제가 있다고 보셨기 때문이다.

그들은 아무 대답도 못했다. 길에서 누가 가장 큰 사람(*meizon*, the greatest)이냐 하는 것으로 서로 다투었기(*dielechthesan*, had been discussing) 때문이다(34절).

제자들은 예수님의 두 번째 수난 예고에도 불구하고 예수님이 세우실 나라를 세속적인 정부와 같은 형태로 생각했다. 예수님이 메시야로서 예루살렘에 입성해 왕위에 오르실 것이라는 기대를 한 것이다. 그리하여 그 나라에서 자신들이 차지하게 될 서열을 놓고 다툰 것이다. 누가 가장 큰 사람이냐는 것은 누가 더 높은 지위를 차지할 것이냐는 말이다.

예수님은 앉으신 후 열 두 제자를 불러 놓고 말씀하셨다. "누구든지 으뜸이 되고 싶은 사람은 모든 사람의 끝이 되고 모든 사람의 종(*diakonos*, servant)이 되어야 한다."(35절)

누구든지 첫째(*protos*, first)가 되고자 하면 모든 사람의 꼴찌(*eschatos*, last)가 되어서 모든 사람을 섬겨야 한다는 것이다. 하나님 나라에서는 겸손한 자, 섬기는 자가 오히려 큰 자라는 말씀이다. 하나님 나라의 법은 세상의 법과 상반된다.

그리고 어린 아이 하나(*paidion*, a child)를 데려다가 그들 가운데 세우신 다음, 그 아이를 팔로 껴안아 주시며(*enankalisamenos*, taking him in his arms) 그들에게 말씀하셨다(36절).

예수님 당시 어린 아이는 하잘 것 없는 존재로 취급되었다. 하지만 예수님은 어린 아이 하나를 안아주시며 말씀하셨다.

"누구든지 내 이름으로 이런 어린이들 가운데 하나를 영접하면(받아들이면, *dexetai*, shall receive), 그는 나를 영접하는(받아들이는, *dechetai*, receive) 것이요, 누구든지 나를 영접하는 사람은, 나를 영접하는 것보다, 나를 보내신

분을 영접하는 것이다."(37절)

누구든지 주의 이름으로 이 작은 자를 받아들이면 예수를 받아들이는 것이고, 누구든지 예수를 받아들이면 그것은 자신을 이 땅에 보내신 하나님을 받아들이는 것이다. 하나님 나라에서 참으로 위대한 사람은 이 세상에서 가장 보잘 것 없이 취급되는 한 사람까지도 진정으로 섬기고 받들 줄 아는 사람임을 가르치셨다.

38-50절에서는 예수님이 제자들에게 가르치신 교훈을 담고 있다. 38-42절에서 서로 간에 자비와 관용을 베풀 것을 강조하셨다. 특히 제자들이 다른 사람들에 대해 어떤 태도를 취해야 하는가를 가르치셨다.

"요한이 예수께 여짜오되 선생님 우리를 따르지 않는 어떤 자가 주의 이름으로 귀신을 내쫓는 것을 우리가 보고 우리를 따르지 아니하므로 금하였나이다."(38절)

어떤 사람이 주의 이름으로 귀신들을 쫓아내는 것을 보았는데 그 사람은 우리를 따르는 사람이 아니므로 그가 그런 일을 하지 못하도록 막았다(*ekolyomen*, we're forbidding)는 것이다.

"우리를 따르지 않는 어떤 자"는 예수님을 믿고 권능을 받아 귀신을 쫓아내기는 했지만 제자 그룹에 속하지 않은 인물이다. 그래서 제자들로부터 배척을 받은 것이다. 이런 일은 모세와 여호수아 때도 있었다(민 11:27-29).

그가 귀신을 쫓아내는 것을 보자 제자들은 질투심이 났을 것이다. 지금 자기들은 귀신을 쫓아내지 못했는데, 이 무명의 사람이 그 능력을 행한다는 것에 자괴감이 들었을 것이다. 제자들이 그를 저지한 것은 자신들의 권위를 남용한 행위이자 배타적인 것이었다.

"예수께서 이르시되 금하지 말라 내 이름을 의탁하여 능한 일을 행하고 즉시로 나를 비방할 자가 없느니라."(39절)

예수님은 막지 말라 하셨다. 제자들의 배타적인 행위에 대해 예수님은 오히려 관용하는 마음을 보이셨다. 적어도 예수님의 이름으로 기적을 베푼 사람이라면 자기(예수)에 대해 쉽게 나쁜 말을 할(*kakologesai me*, speak evil of me) 사람이 아니라고 보셨기 때문이다.

"우리를 반대하지 않는 자는 우리를 위하는 자니라."(40절) 우리를 반대하지 않는 사람은 우리를 지지하는 사람이라는 말씀이다. 예수님 주변에는 "우리를 반대하는(*kath hemon*, against us) 자"와 "우리를 지지하는(*hyper hemon*, for us) 자"가 있다. 적어도 예수님을 신뢰하고 반대하지 않는다면 복음의 협력자로 간주하고 마음을 넓히라는 말씀이다.

제자들은 하나님 나라의 복음 운동이 지니는 보편적인 차원을 이해하지 못했다. 예수님이 증거 하는 하나님 나라의 복음운동은 한 그룹이나 한 민족에게 국한되는 것이 아니라 누구나 참여하여 온 우주와 세상에 하나님의 통치가 실현되고 있음을 명백히 알리는 것이다.

42-50절에서는 자기훈련의 필요성을 강조하셨다. 제자들 자신에 관한 교훈이다.

"내가 분명히(진정으로, *amen*, truly) 말하지만 누구든지 너희를 그리스도에게 속한 사람(*Christou*, Christ's)으로 알고 물 한 잔(*poterion*, cup)이라도 주는 사람은 절대로 자기가 받을 상(*misthon*, reward)을 잃지 않을 것이다."(41절)

예수님은 주님과 함께 하나님 나라를 전하는 복음 사역에 참여한 이들에게 심지어 물 한 그릇을 주는 일이라 할지라도 결코 잊지 않고 상을 얻으리라 하셨다. 제자들에게 눈에 띄지 않는 조그마한 친절을 베푼다면 그 사람은 주님을 받아들인 사람이므로 이에 대한 상급을 받게 된다.

예수를 믿는 이에게 베푼 친절은 곧 예수님께 베푼 것이다. 그 베푼 친절이 작던 크던 상관없다. 예수님을 섬기는 마음으로 베푼 그 믿음과 순종을 하나님은 귀하게 보신다.

이 말씀은 복음 사역에 참여하는 방법이 얼마나 폭 넓고 다양한 것인가를 보여준다. 배타적이고 편협한 종파주의나 우월주의는 하나님 나라 확산에 도움이 되지 못한다.

"또 누구든지 나를 믿는 이 작은 자들 중 하나라도 실족하게 하면 차라리 연자 맷돌이 그 목에 매여 바다에 던져지는 것이 나으리라."(42절)

"또 누구든지 나를 믿는 이 작은 사람들 가운데서 하나라도 죄를 짓게 하는 사람은 차라리 목에 큰 맷돌을 달아 바다에 던짐을 당하는 것이 더 낫다." 믿는 자라면 어느 누구도 죄를 짓게 하지 말라는 말씀이다.

"작은 자들"(*mikron*, little ones)은 어린아이들을 뜻하기보다 나이에 상관없이 예수를 믿는 모든 사람 중에서 보잘 것 없이 보이는 사람을 가리킨다. 현대인의성경은 "어린 아이들"로 번역했다.

"실족하게 하면."(*skandalise*, cause to stumble) 실족하게 하는 것은 함정이나 덫에 빠뜨리게 하는 구부러진 막대기(skandalon)에서 유래한 낱말이다. 덫에 걸리게 하다, 넘어뜨리다, 죄에 빠뜨리다, 죄를 짓게 하다는 뜻을 가지고 있다. 믿음을 떠나게 하고 멸망케 한다는 뜻이다.

연자 맷돌(*onikos mylos*, heavy millstone)은 곡식을 가는 두 개의 맷돌 가운데 위에 있는 것으로, 손으로 가는 맷돌이 아니라 나귀에게 매어 돌리는 큰 맷돌을 가리킨다. 시리아, 헬라, 로마 등지에서는 중죄인을 처형할 때 연자 맷돌을 목에 달고 물에 빠뜨리는 형벌을 가했다.

예수님은 이 작은 자 중 한 사람을 유혹하여 죄를 범하게 하는 사람은 자신의 행위에 대한 책임을 져야 한다고 말씀하신다. 그 행위로 인해 하나님의 심판을 받느니 차라리 그 이전에 목에 연자 맷돌을 달고 바다에 빠져 죽는 것이 더 낫다 하신다. 그만큼 죄에 대한 책임이 무겁다는 말씀이다.

43-47절에서는 제자라면 자기 자신에 대해 엄격하게 처신할 것을 강조하고 있다. 예수님은 손, 발, 눈 등 인간의 죄악 된 욕망이 구체적인 행동으로 표현되는 인체의 지체들을 생생하게 언급하시며 죄를 지으면 지옥으로 가고, 죄를 끊으면 영생, 곧 하나님 나라에 들어간다고 하신다. 그러므로 어떤 희생을 치르더라도 절대로 죄를 짓지 말고, 즉각 단호히 대처하라는 것이다. 예수님은 누구나 하나님의 종말적인 심판을 의식하며 하나님과 사람 앞에서 자기의 모든 행동에 대해 책임을 질 줄 아는 삶을 살아야 한다는 것을 강조하셨다.

"만일 네 손이 너를 범죄하게 하거든 찍어버리라 장애인으로 영생에 들어가는 것이 두 손을 가지고 지옥 곧 꺼지지 않는 불에 들어가는 것보다 나으니라." (43절)

"네 한 손(*cheir*, hand)이 너로 하여금 죄를 짓게 하거든 잘라 버려라. 두 손(*dyo cheiras*, two hands)을 가지고 지옥의 꺼지지 않는 불에 들어가는 것보다는 한 손을 잃은 장애자(*kyllon*, crippled)로 영원한 생명(*zoen*, life)을 누리는 곳에 들어가는 것이 더 낫다."

"범죄하게 하거든"(*skandalize*, cause to stumble)은 42절의 "실족하게 하거든"과 원문이 같다. "덫에 걸리게 하다", 곧 죄를 짓게 하다는 뜻을 가지고 있다.

"찍어버리라."(*apokopson*, cut off) 실제로 육체의 일부를 떼어내라는 것이 아니라 어떠한 희생을 치르더라도 죄를 끊어버리라는 뜻을 나타낸 표현이다. 죄에 대해 우물쭈물하다가는 치명적인 상처를 입게 되니 단호하게 죄를 끊어버리라는 명령이다.

지옥(*geennan*, hell)을 나타내는 헬라어 "게헨나"(*Gehenna*)는 원래 예루살렘 서남쪽에 있는 "힌놈의 아들 골짜기", 히브리어로 "게에 벤 힌놈"(*gay ben Hinnom*)(수 15:8, 18:16)에 대한 헬라어 음역이다. 아하스와 므낫세가 통치할 때 그곳에서 몰록 신에게 어린아이를 불살라 바쳤다. 이곳은 요시야 왕의 종교개혁 때 쓰레기를 태우는 곳이 되었고, 나중에는 장차 임할 심판의 장소, 곧 지옥을 뜻하게 되었다.

44절과 46절은 (없음)으로 표시되어 있다. 그러나 다른 역본에는 "그들의 구더기(worm)가 죽지 않고, 불도 꺼지지 않는 곳"이라 하였다. 이것은 지옥이 어떤 곳인가를 부연 설명하고 있다. 이것은 "구더기도 죽지 않고 불도 꺼지지 않는다."는 48절과 같다. "그들의 구더기"란 그들을 파먹는 구더기를 말한다.

"네 한 발(*pous*, foot)이 너를 죄짓게 하거든, 그것을 찍어 버려라. 네가 두 발(*dyo podas*, two feet)을 가지고 지옥에 던져지는 것보다, 차라리 한 발은 잃은 절뚝발이(*cholon*, lame)로 영원한 생명을 누리는 곳에 들어가는 것이 낫다."(45절)

"또 네 한 눈(*ophthalmos*, eye)이 너를 죄 짓게 하거든, 그것을 빼어 버려라. 네가 두 눈(*dyo ophthalmous*, two eyes)을 가지고 지옥에 던져지는 것보다 차라리 외눈으로(*monophthalmon*, with one eye) 하나님의 나라에 들어가는 것이 낫다."(47절)

43, 45절에서 "영생에 들어가는 것"을 47절에서는 "하나님의 나라에 들어가는 것"이라 하였다. 하나님의 나라는 영원한 생명의 나라임을 보여준다.

"거기에서는 구더기도 죽지 않고 불도 꺼지지 아니하느니라."(48절)

"지옥에서는 그들의 구더기(*skolex*, worm)도 죽지 않고 불(*pyr*, fire)도 꺼지지 않는다." 지옥에서는 그들을 파먹는 구더기들도 죽지 않고, 불도 꺼지지 않는다는 것이다. 이것은 이사야 66:24를 인용한 것이다. 이사야의 마지막 절로, 회개하지 않는 죄인들에게 임할 영원한 형벌을 가리키는 구절이다. 성경에서 말하는 지옥의 형벌은 그 존재가 없어지는 것이 아니라 죽지도 못하고 영원히 살아서 고통을 겪어야 하는 것으로 묘사되어 있다. 그로 인해 악인의 부끄러움은 영원하다(단 12:2). 그들은 불 가운데서 고난을 받으며 쉼도 얻지 못한다(계 14:9-11, 19:3, 20;10). 지옥의 형벌은 쉬지 않게 계속된다.

예수님은 영생과 영원한 형벌을 날카롭게 대조시킴으로써 이 세상에서 죄를 멀리하고 하나님의 뜻에 복종하고자 하는 단호한 결단의 생활만이 궁극적인 삶의 의미와 목적을 실현하는 길임을 보여주셨다.

"사람마다 불로써 소금 치듯 함을 받으리라."(49절) 원문은 "모든 제물(*pasa thysia*, every sacrifice)이 소금에 절여지듯 모든 사람이(*pas,* everyone) 불에 절여질 것이다."이다.

"소금 치듯"(*halisthesetai,* be salted)은 소금에 절여지는 것을 말한다. 49절의 말씀은 하나님 나라에 들어가기 전에 반드시 정화의 과정을 거쳐야 한다는 것을 가르쳐 주고 있다. 모든 제물이 소금으로 절여져 정결하게 되듯이 그리스도인도 불로 절여져 정결하게 되어야 한다. 우리는 누구나 이 세상에서 불과 같은 환난을 맞게 된다. 하지만 이 환난을 통해 믿는 자들은 믿지 않는 자와 구별된 삶을 살아야 한다. 환난을 통해 오히려 불로 정제되고 소금에 절여질 때 우리는 더욱 정결한 자로 거듭난다. 그리스도인은 지옥에 떨어질 자가 아니라 하나님 나라에 들어갈 자이다.

"소금은 좋은 것이로되 만일 소금이 그 맛을 잃으면 무엇으로 이를 짜게 하리요 너희 속에 소금을 두고 서로 화목하라 하시니라."(50절)

"소금은 좋은 것(*kalon,* good)이다. 그러나 소금이 짠 맛을 잃으면(*analon*, unsalty), 너희는 무엇으로 그것을 짜게(*artysete*, season) 하겠느냐? 너희는 너희 가운데 소금을 두어(*echete*, have, 쳐 두어서), 서로 화목하게 지내라(*eireneuete*, be at peace)."

좋은 소금은 짠 맛을 잃지 않은 소금이다. 만일 소금이 그 맛을 잃으면 무슨 소용이 있겠는가. 짠 소금을 쳐 절이듯 너희도 소금에 절여져라. 제자는 소금에 절인 자이다. 자신을 낮추고 섬기는 존재로 거듭나라. 서로 화목하게 지내라. 진리에 서고, 우애하라.

이것은 누가 큰 자인가 하며 다툰 제자들을 향한 주님의 말씀이다. 여기서 소금은 예수님의 제자로서 마땅히 가져야 할 성품을 가리킨다. 예수님은 이 가르침을 통해 제자들은 세상을 향해 하나님의 나라를 증거 해야 할 보다 큰 책임을 가지고 있으며, 복음의 말씀에 서로서로 순종하고 하나님의 종으로서 삶을 살아가야 한다는 것을 강조하셨다. 주님의 제자인 우리도 화목케 하는 자로서 분쟁을 종식시키고 평화를 실현하여 세상의 소망과 빛의 역할을 충실히 감당해야 한다.

마가복음 10장

이혼에 대한 가르침, 어린아이들을 축복하심, 부자 청년, 백배의 상, 세 번째 수난 예고, 섬기러 오신 예수님, 여리고의 소경 바디매오

1. 이혼에 대한 가르침(1-16절)

예수님께서 거기에서 떠나 유대 지방으로 가셨다가, 요단 강 건너편으로 가셨다. 그러자 무리가 다시 예수께로 모여들었다. 예수님은 전례대로(*hos eiothei*, according to His custom)곧 늘 하시는 대로 다시 그들을 가르치셨다(1절).

이때 몇몇 바리새인들이 와서 예수님을 시험하려고 물었다. "남편이 아내를 버리는 것이 옳습니까?" (2절)

당시 바리새인들은 일부다처제를 묵인했고, 신명기 24:1-4를 확대해석하여 아내에게 불만족스러운 일이 조금이라도 발견되면 곧바로 랍비의 허락을 받아 이혼증서를 줌으로써 쉽게 이혼할 수 있도록 했다. 간음과 같은 수치스러운 일이 있어야 함에도 불구하고 버릴 마음이 있으면 태운 음식을 줬다든가 남편의 눈에 거슬리는 행동을 들어 랍비를 찾았다. 이것은 여성을 상대로 한 남성들의 전횡적인 악습이었다. 예수님은 여성들의 희생을 강요하는 이 같은 악습을 비판하셨다.

바리새인들은 이것이 율법적으로 옳은지(*exestin*, lawful) 물었다. 이것은 예수님을 시험하기(*peirazontes*, testing) 위한 것이다. 그들의 질문은 예수님으로 하여금 이혼법, 곧 신명기의 말씀을 폐기하도록 유도하는 뜻이 담겨있다.

예수님은 그들에게 "모세는 너희에게 어떻게 하라고 명령하였느냐?" 고 물으셨다. 그러자 "이혼 증서를 써 주기만 하면 아내를 버려도 좋다고 했다." 고 대답했다(3, 4절). 이혼 증서(*biblion apostasiou*, a roll of divorce)는 이혼장을 말한다.

"예수께서 그들에게 이르시되 너희 마음이 완악함(*sklerokardian*, hardness of heart)으로 말미암아 이 명령을 기록하였거니와." (5절) 너희가 고집이 세고 악하기 때문에 모세가 그런 법을 정한 것이라는 말씀이다.

신명기 24:1을 주신 목적은 이혼을 찬성해서가 아니라 오히려 억제하기 위해서다. 왜냐하면 모세 당시 이스라엘 사람들은 도덕적으로 타락하여 아무런 증서 없이 아내를 버렸다. 모세는 이 같은 횡포로부터 아내를 보호하기 위해 이혼 법을 제정한 것이다. 예수님은 지금 왜 이 같은 법이 왜 나오게 되었는가를 말씀하신 것이다.

6-9절에서 예수님은 창조 때까지 거슬러 올라가 혼인의 근본을 따지셨다. "창조 때로부터 사람을 남자와 여자로 지으셨으니." (6절) 예수님은 창세기 1:27, 2:24을 인용하여 결혼은 창조 때부터 남자와 여자를 위한 하나님의 이상적인 계획이었고 그 결합을 인간이 나눌 수 없다고 하셨다. "이러므로 사람이 그 부모를 떠나서 그 둘이 한 몸이 될지니라 이러한즉 이제 둘이 아니요 한 몸이니 그러므로 하나님이 짝지어 주신 것을 사람이 나누지 못할지니라." (7-9절) 본질상 하나님께서 두 사람이 하나(*mia*, one) 되어 떨어질 수 없도록(*me chorizeto*, not let separate) 한 영구적인 결합이므로, 사람이 이 결합을 깨뜨릴 수 없다는 것이다.

예수님은 결혼이란 하나님이 정하신 신성한 결합임을 강조하시며 바리새인들을 반박하셨다. 신명기에 명시된 이혼 법은 당시 특정한 상황에서 만들어진 것이므로 영구적인 아니라는 말씀이다.

집에 들어갔을 때에, 제자들이 이 말씀에 대해 다시 물었다(10절). 예수님은 그들에게 말씀하셨다. "누구든지 아내를 버리고 다른 여자에게 장가드는 남자는, 아내에게 간음을 범하는 것이요,또 아내가 남편을 버리고 다른 남자와 결혼하면, 그 여자는 간음하는 것이다."(11, 12절) 예수님은 이 말씀을 통해 부부의 결합을 사람이 나눌 수 없음을 다시 한 번 강조하셨다. 비록 이혼증서를 써 주고 이혼한다 하더라도 그것은 무효라는 것이다.

2. 어린아이들을 축복하시다(13-16절)

그때 사람들이 만져주심을 바라고 어린 아이들(*paidia*, little children)을 예수님께 데려왔다. 그러나 제자들은 그 사람들을 꾸짖었다(13절). 만져주심을 바란다(*hapsetai*, He might touch)는 것은 예수님이 아이들에게 손을 얹어 축복해 주기를 바라는 것을 말한다. 당시 유대인들은 아이들을 회당에 데려와 랍비로부터 축복을 받는 풍습이 있었다. 하지만 제자들은 사람들을 꾸짖었다. 아이들을 경시하고 귀찮게 여긴 것이다.

그러나 예수님은 이것을 보시고 노하시며 제자들에게 말씀하셨다. "어린이들이 내게 오는 것을 허락하고, 막지 말라. 하나님 나라는 이런 사람들의 것이다."(14절)

당시 아이들은 존중받지 못했다. 그러나 예수님은 여성들의 권리를 옹호하셨던 것처럼 아이들의 권리도 인정하셨다. 그래서 예수님은 제자들이 어린 아이들을 정당하게 대하지 않는 것을 보시고 노하셨다.

"하나님의 나라가 이런 자의 것이니라." 하나님의 나라는 천국을 가리키는 말이지만 그 본질은 하나님의 통치다. 하나님의 나라는 어린아이와 같이 단순하게 하나님의 통치에 복종하는 자들의 것이라는 말씀이다.

“내가 진실로 너희에게 이르노니 누구든지 하나님의 나라를 어린 아이와 같이 받들지 않는 자는 결단코 그 곳에 들어가지 못하리라 하시고.”(15절)

“받들지 않는”(*me dexetai*, not receive)은 문자적으로 “받아들이지 않는”이라는 뜻이다.

일반적으로 어린 아이는 단순하고 순결하며 겸손하고 신뢰를 잘한다. 하나님 나라는 전적으로 하나님이 주시는 선물이므로 그 나라에 들어가기 위해서는 어린아이와 같은 순수함과 겸손한 마음을 가지고 하나님과 그 나라를 인정하고 받아들여야 한다.

바리새인처럼 자신의 야심이나 교만함을 감춘 채 외관상의 경건을 내세우는 사람이 아니라 오히려 자신의 무력함을 느끼고 겸손하게 하나님을 의지하고 하나님 나라를 위하여 기꺼이 자신을 내어주는 사람이 하나님 나라의 참다운 백성이 된다는 말씀이다.

그리고서 예수님은 어린 아이들을 안고 머리 위에 손을 얹어 축복해 주셨다(16절). 주님께 안겨 축복 기도를 받는 아이를 상상해보라. 안고, 안수하고, 축복하는 것은 우리가 자녀를 교육할 때도 필요하다.

3. 부자 청년(17-27절): 낙타와 바늘귀

예수님이 길을 가시는데 한 사람이 달려와서 무릎을 꿇고 물었다. “선한 선생님이여, 제가 무엇을 해야 영생을 얻겠습니까?”(17절)

“한 사람”(*heis*, one)에 대해 마가는 그의 신분을 밝히고 있지 않다. 22절에 그가 재물이 많다고 하였다. 부자라는 것이다. 그러나 누가는 “관원”이라 소개했고(눅 18:18), 마태는 “청년”이라 소개했다(마 19:20). 부자 청년이다. 직업은 관원이었다.

그는 달려와 주님 앞에 무릎을 꿇었다. 이것은 예수님에 대한 존경심이 강했음을 보여준다. 그리고 "제가 무엇을 해야 영생(*aioion zoen*, eternal life)을 얻겠습니까?" 물었다. "얻는다"(*kleronomeso*, inherit)는 문자적으로 "상속을 받다", "물려받다"는 뜻이다. 우리는 여기서 청년의 성실한 태도와 영생을 갈망하는 그의 진지함을 본다.

청년은 차원이 낮은 세상의 질문을 하지 않고 차원이 높은 영적 질문을 했다. 질문하는 태도로 보아 영생을 얻으려는 그의 갈망이 컸음을 보여준다. 앞서 누가 크냐며 논쟁을 했던 제자들을 무색케 하는 장면이기도 하다.

그러나 그는 영생을 얻는 방법만 물었다. 영생 법을 알려달라는 것이다. 영생은 하나님이 주시는 선물(엡2:5,8)이요 믿음으로 받는 것(요3:36) 아니던가. 하지만 그는 그리스도 안에 거함으로써 얻는 영생보다는 바리새인들의 가르침에 근거한 개념, 곧 하나님의 신실한 백성이 소유하는 부활을 말했을 가능성이 높다(단 12:2).

예수님은 그에게 말씀하셨다. "네가 어찌하여 나를 선하다 일컫느냐 하나님 한 분 외에는 선한 이가 없느니라."(18절)

선한 분은 오직 하나님 한 분뿐이신데 "왜 나를 선하다고(*agathon*, good) 하느냐?"는 것이다. 이것은 예수님 자신의 선하심과 신성을 부인하는 말이 아니다. 청년이 예수님을 사람으로 알고 선생님이라 했으므로 사람으로서는 선한 자가 없음을 가르치는 말씀이다.

절대적인 의미에서 "선하다"는 말은 하나님께만 해당되는 표현이다. 따라서 예수님은 자신의 신성을 알지 못하는 자들에게 그렇게 불리는 것을 거절하셨다. 예수님은 청년으로 하여금 율법을 잘 지켜서 사람들로부터 칭찬받는 선이 아니라 하나님의 절대적인 선을 받아들이도록 하신 것이다. 나아가 예수님은 그로 하여금 하나님만이 영생을 주실 수 있는 분이므로 그분만을 의지하도록 깨우쳐 주시고자 한 것이다.

"네가 계명을 아나니 살인하지 말라, 간음하지 말라, 도둑질하지 말라, 거짓 증언 하지 말라, 속여 빼앗지 말라, 네 부모를 공경하라 하였느니라."(19절)

예수님은 영생의 길을 묻는 부자 청년에게 먼저 십계명 가운데 후반부, 곧 인간관계(이웃 사랑)에 해당하는 계명들을 인용하시며 그것들을 지키라 하셨다. 그 이유는 이웃을 어떤 태도로 대하느냐에 따라해 하나님을 향한 그의 신앙의 정도를 알 수 있기 때문이다. 이웃 사랑은 하나님에 대한 사랑과 직결되어 있다.

그런데 "속여 빼앗지 말라"(*me apostereses*, you shall not defraud)는 말씀은 십계명에는 없는 계명으로, 신명기 24;14, 레위기 19:13에서 따온 것이다. 이것은 가난한 사람에게 마땅히 지불해야 할 임금을 제때에 지불하지 않아 그를 곤경에 빠뜨리지 말라는 뜻이다.

부자는 그러한 계명은 이미 어려서(*neotetos*, youth)부터 다 지켰다고 말한다(20절). 유대의 남자아이는 6세부터 율법 교육을 받는다. 그리고 13세부터는 각자 성인으로써 율법 준수의 책임을 가진다. 자기 행위에 대한 자부심이 있었던 그는 이 말을 통해 이웃에 대한 자신의 태도가 완전했음을 자랑하고자 했다. 외형적으로는 율법을 어기지 않았기 때문이다.

"예수께서 그를 보시고 사랑하사(*egapesen*, loved) 이르시되"(21a) 이것은 예수님이 청년의 진실성을 인정하는 말씀이다. 그러나 그에게 "한 가지 부족한 것이 있다"(*hen hysterei*, one thing is lacking) 하셨다. 그리고 "가서 네게 있는 것을 다 팔아 가난한 자들에게 주라 그리하면 하늘에서 보화가 네게 있으리라 그리고 와서 나를 따르라" 하셨다(21b). 예수님의 갑작스런 요청에 그는 당황했을 것이다.

마태복음 19:21에는 "한 가지 부족한 것이 있으니" 대신에 "네가 온전하고

자 할진대"로 소개되고 있다.

예수님은 왜 이 말씀을 하셨을까? 그것은 부자 청년을 사랑하셔서 하신 말씀으로, 세상은 재물을 하나라도 더 모으는데 관심을 갖지만 예수님은 그것을 사용하는데 관심을 갖기 때문이다. 재물을 움켜쥐고 있으면 그 위력을 발휘할 수 없지만 사용함으로써 그 위력이 나타나고, 선한 일에 사용할수록 그 위력은 크게 나타나기 때문이다. 주님은 그 청년에게 재물을 움켜쥐고 있지만 말고 그것을 더 잘 사용하도록 깨우쳐 주고자 하신 것이다. 움켜쥐면 그것은 자신의 것이 아니다. 그러나 그것이 선히 사용될 때 그것은 자신에게 더 의미있는 것이 될 수 있다. 주는 것이 받는 것보다 더 복이 있다. 주는 것에서 재물의 진정한 가치가 있다. 지금 우리가 돈을 통제하고 있는가 아니면 돈이 우리를 통제하고 있는가. 돈이 나의 주인이 되지 않았는지 살펴보자.

예수님의 이 말씀은 누가복음 12:19-20의 말씀을 생각나게 한다. 하나님은 이 세상에 재물을 쌓아두고 그것으로 평안을 누리고자 하는 사람들을 비웃으신다.

"다 팔아 가난한 자들을 주라. 그리고 와서 나를 좇으라." 주고 난 다음 나를 따르라신다. 물질에서 해방된 다음 주님을 따르라는 것이다.

"다 팔아", 이 말씀은 지나치신 말씀이 아닐까 생각할 수 있다. 그럼 나는 무엇을 먹고 살라는 말인가. 그 이유는 여러 가지로 생각해볼 수 있다.

첫째, 우리는 그런 말을 할 자격이 없지만 주님만큼은 그렇게 말할 자격이 충분하다. 하늘 영광 다 버리고 이 땅에 오셨고, 앞으로 우리를 위해 그 몸마저 주시기 때문이다. 예수님은 이 땅에 오신 부자 청년이다. 가난하고 죄 많은 우리를 위해 오셨다.

둘째, 하나님이 갚아 주신다. 예수님은 과부가 두 렙돈을 헌금한 것을 보며 자기의 모든 것을 드렸다고 하셨다. 다 팔아 드린 것과 같다. 왜 이렇게 할 수 있었을까. 하나님이 주실 것으로 믿었기 때문이다. 그 여인은 믿음의 눈을 가졌다. 마찬가지로 부자 청년으로 하여금 이 눈을 가지도록 한 것이리라.

셋째, 부자 청년이 다른 것은 다 좋지만 재물에 너무 매여 있었기 때문이었을 것이다. 재물로 인해 신앙생활이 손상되어서는 안 된다. 그러니 우선 인륜의 사랑부터 실천하라는 말씀이다.

이 청년은 외적으로 보기에 결점이 없었다. 율법도 잘 지켰다. 하지만 그에게는 하나님에 대한 절대적인 신뢰가 없었다. 오히려 그는 자신의 재물을 더 의지하고 있었다. 예수님의 이 청년의 근본적인 문제를 지적하셨다.

예수님의 이 말씀은 이웃에 대한 그 사람의 관계가 형식적이었음을 단적으로 드러내고 있다. 자기희생과 헌신과 구체적인 섬김과 봉사가 뒤따르지 않는 이웃관계는 겉만 번지르르한 신앙인이라는 말씀이다.

예수님은 그 청년에게 있어서 한 가지 부족한 것은 재물에 관한 것임을 아셨다. 이것은 어찌 그 청년에게만 해당될까. 우리 모두에게 해당되는 말씀이다.

"그 사람은 재물이 많은 고로 이 말씀으로 인하여 슬픈 기색을 띠고 근심하며 가니라."(22절)

부자 청년은 충격을 받고 돌아갔다. "하나님이냐, 재물이냐"라는 선택에서 그는 결국 재물을 택한 것이다. 그 결과로 그가 얻은 것은 마음의 근심뿐이었다.

우리는 근심하며 돌아가는 부자 청년이 되어서는 안 된다. 하나님의 나라와 이웃을 위해 우리 재물을 쓸 수 있는 사람으로 거듭나야 한다. 지금부터 조금씩 실천하라. 그러면 주님의 말씀이 내 안에 역사하실 것이다.

예수님은 제자들을 둘러보시며 말씀하셨다. "재산이 많은 사람은 하나님의 나라에 들어가기가 정말 어렵다."(23절) 예수님은 많은 재산에 집착하는 삶이 얼마나 엄청난 불행을 초래하는가를 비유적으로 말씀하셨다.

제자들이 이 말씀을 듣고 놀라자 예수님은 다시 말씀하셨다. "얘들아, 하나님의 나라에 들어가기는 정말 어렵다." (24절) 하나님보다 "재물(*chremasin*, riches)을 의뢰하는(*pepoithotas*, trust) 자"라는 구절이 빠져있다. 이런 사람은 하나님 나라에 들어가기 어렵다는 말씀이다.

당시 사람들은, 부와 재산은 하나님의 축복에 의해서만 주어진다고 생각했다. 따라서 부자가 하나님 나라에 들어가는 것이 어렵다는 예수님의 말씀을 들은 제자들은 놀라지 않을 수 없었다. 유대인들의 사고방식과는 전혀 달랐기 때문이다.

"낙타가 바늘귀로 나가는 것이 부자가 하나님의 나라에 들어가는 것보다 쉬우니라 하시니." (25절) 가장 큰 짐승과 가장 작은 구멍인 바늘귀(*trymalias tes rhaphidos*, eye of the needle)를 대조시킨 것은 불가능하다는 사실을 가르치기 위함이다. 팔레스타인에서 낙타는 가장 큰 짐승이었다. 그런 낙타가 가장 작은 구멍이 바늘귀로 빠져 나가는 것은 불가능하다. 그런데 부자가 하나님 나라에 들어가는 것은 그보다 더 어렵다는 것이다.

예수님의 말씀을 들은 제자들은 너무 놀라 말했다. "하나님의 축복을 받은 부자도 구원을 받지 못한다면 과연 누가 구원을 얻을 수 있겠는가." (26절)

이에 대해 예수님은 27-31절의 말씀을 통해 하나님의 나라를 위해 자신을 포기하고 세상의 일이나 소유에 집착하지 않으며, 복음과 의를 위해 기꺼이 자기생명을 내어주고자 한다면 하나님의 위대하신 능력으로 영원한 부활의 생명을 얻어 영생하리라 하셨다.

예수님의 말씀은 구원이란 무엇을 쌓고 이루는 것이 아니라 복음 앞에서 자신을 포기하고 내어주는 것에서 나타나는 하나님의 위대하신 은혜며 능력이라는 것을 가르치고자 하셨다.

"예수께서 그들을 보시며 이르시되 사람으로는 할 수 없으되(*adynaton*, impossible) 하나님으로는 그렇지 아니하니 하나님으로서는 다 하실 수 있느

니라(*dynata*, possible)." (27절)

구원은 사람의 힘으로 되는 일이 아니다. 오직 하나님의 능력으로는 가능하다. 구원은 돈으로 살 수 있는 것도 아니다. 전적으로 하나님의 은혜이며 선물이다(롬 5:10, 엡 2:8, 9). 이 구절은 복음의 기본 전제를 밝혀주는 구절이다.

4. 백배의 상(28-31절)

그때 베드로가 예수님께 말씀드렸다. "우리는 모든 것을 버리고 주님을 따랐습니다." (28절) 그러자 예수님은 이렇게 말씀하셨다. "내가 진실로 너희에게 말한다. 나와 복음을 위해 집이나 형제나 자매나 부모나 자녀나 논밭을 버린 사람은 이 세상에서 그 모든 것을 백배나 받고 아울러 핍박도 받을 것이며 오는 세상에서는 영원한 생명을 얻을 것이다." (29, 30절)

이 말씀은 예수님을 따르는 자 모두에게 해당되는 약속의 말씀이다. 예수님과 복음을 위해 희생하고 하나님께 더 많은 것으로 보상받지 못한 사람은 없다.

"내가 진실로 너희에게 이르노니." 예수님은 중요한 교훈의 말씀을 하실 때 이렇게 말씀하셨다. 인간이 불행해지는 원인은 자기의 소유물로 자기를 행복하게 하려는 이기심에 있다. 그럼에도 불구하고 "나와 복음을 위하여" 소유물을 버린다. 이것은 물질보다 하나님을 더 사랑하고 하나님이 원하시면 그것을 포기할 자세를 갖추어야 한다는 것을 보여준다.

현세에서 "백배(*hekatontaplasiona*, hundredfold)나 받는다."는 것은 무슨 뜻일까? 바울은 복음을 전하다 식구들로부터 멀어지고, 사회적 명성도 잃고, 순교하게 되었다. 그러면 그가 받은 백배는 무엇인가? 겉보기에 그는 아무것도 받지 않았다. 정말 그럴까. 그러면 그가 받은 백배는 무엇인가? 여기서 백배는 상징적인 것이다. 꼭 수자적인 백배를 의미하지 않는다. 예수와 복음을 위해 치룰 수 있는 희생을 포괄적으로 표현한 것이자, 희생하면 크던 작던 복을 주신다는 것을 포괄적으로 나타낸 말이다. 복음이 전파되는 곳마다 달라진다. 자유, 평등, 인간다운 삶이 펼쳐진다. 바울로 인해 얼마나 많은 사람들이, 얼마나 많은 민족이 복을 받았는가.

언더우드의 전도로 한국은 백배 이상의 축복을 받았다. 언더우드 가문은 4대에 걸쳐 한국을 위해 헌신했다. 그들이 한국을 떠나면서 말했다. "다 주고 떠납니다."

전도로 인해 나 자신뿐 아니라 내 이웃, 내 나라, 이 세계가 받을 엄청난 축복을 생각하라. 아울러 "박해를 겸하여 받고 내세에 영생을 받지 못할 자가 없느니라." 핍박은 또 다른 축복이자 그리스도인이 이 땅에서 받는 표지이다. 그리고 궁극적으로 영생을 받는다. 최후 승리다.

"그러나 먼저 된 자(*protoi*, first)로서 나중(*eschatoi*, last) 되고 나중 된 자로서 먼저 될 자가 많으니라."(31절) 첫째가 꼴찌가 되고 꼴찌가 첫째가 되는 사람이 많을 것이라는 말씀이다.

이것은 한 마디로 제자들이 교만해지지 않도록 경고하는 구절이다. 베드로를 포함한 제자들은 비록 먼저 주를 따르고 섬겼다. 하지만 나중에 그리스도를 받아들인 성도들에게 장차 큰 계시가 주어지고 더 큰 은사와 사명이 주어질 수 있다. 이것이 바로 하나님의 주권이다.

5. 세 번째 수난 예고(32-34절)

32-34절은 세 번째 수난 예고이다. 두 번 째 수난 예고보다 상세하다. 예수님의 이 예고는 수난 주간에 일어난 사건과 일치된다.

예수님의 일행이 예루살렘으로 올라가는 길에 예수님이 앞장서서 가시자 제자들이 놀라고 뒤따라가는 사람들도 두려워하였다(32a). 이 때 예수님은 평상시와는 달리 앞장서 가셨다. 예수님은 하나님의 뜻을 따라 조금도 주저하지 않고 예루살렘, 곧 죽음의 장소로 가신다. 제자들뿐 아니라 뒤따라가는 사람들이 이것을 두려워한 것은 유대 지도자들이 예수님을 죽이려 한다는 것을 그들이 알고 있었음을 보여준다(요 9:22, 11:8, 57).

예수님은 다시 열 두 제자를 가까이 불러 자기가 앞으로 당할 일을 이렇게 일러 주셨다(32b).

"보라 우리가 예루살렘에 올라가노니 인자가 대제사장들과 서기관들에게 넘겨지매 그들이 죽이기로 결의하고 이방인들에게 넘겨주겠고"(33절) 예수님은 이 여행의 목적지가 예루살렘을 말씀하셨다. 이것은 수난의 십자가를 향한 것이다. "이방인들(*ethnesin*, Gentiles)에게 넘겨주겠고" 이스라엘은 로마의 속국이었기 때문에 사람을 사형시키는 권한은 로마 정부에 있었다. 그래서 유대의 대제사장과 공회 의원들은 예수를 로마 총독 빌라도에게 넘겨주리라는 것이다.

"그들은 능욕하며 침 뱉으며 채찍질하고 죽일 것이나 그는 삼 일 만에 살아나리라 하시니라."(34절) 이방인들이 예수님을 조롱하고 침 뱉고 채찍질하고 죽인다. 그러나 주님은 3일 만에 다시 살아난다는 말씀이다. 수난과 십자가의 죽음, 그리고 부활을 말씀하신 것이다.

6. 섬기러 오신 예수님(35-45절): 섬기는 자가 다스린다

35-44절에서 예수님은 하나님의 나라는 세상 나라와는 달리 섬김과 봉사를 그 삶의 원리로 삼는다는 것을 가르치셨다. 구원과 진정한 위대함은 자기를

내어주고 포기하는 것에서부터 시작된다는 위대한 역설적인 진리를 가르치고 있다.

세베대의 아들들인 야고보와 요한이 예수께 다가와서 말했다. "선생님, 우리가 요구하는 것은 무엇이든 해주시기 바랍니다."(35절) 소원을 들어달라는 것이다. 무엇이든(*ho*, whatever) 들어달라는 것은 백지수표를 달라는 것과 다름이 없다. 예수님은 그 소원이 무엇이냐 물으셨다(36절).

그러자 그들은 "주의 영광 중에서 우리를 하나는 주의 우편에, 하나는 좌편에 앉게 하여 주옵소서."라 했다(37절) 깜짝 놀랄만한 요구였다.

"주의 영광(*doxe*, glory) 중에서"는 예수님이 이 땅에 메시야 왕국을 건설할 것을 기대하며 말한 것이다. 그리고 "하나는 주의 우편(*dexion*, right hand)에, 하나는 좌편(*aristeron*, left hand)에 앉게 해 달라"는 것은 왕 다음 가는 자리, 곧 그리스도 다음 자리를 요구한 것이다.

예수님은 자신의 수난을 준비하고 계셨다. 그런데 야고보와 요한은 자신들의 야심을 노골적으로 드러냈다. 마태복음에는 그들의 어머니 살로메가 그렇게 요구한 것으로 소개되고 있다(마 20:21, 22). 살로메는 예수의 어머니 마리아의 자매였기(요 19:25에서 이모로 소개되는 부분으로 볼 때 그렇게 말할 수 있다) 때문에 특별 요청을 한 것으로 보인다. 친척이라는 관계를 이용해 세속적 요구를 한 것이다. 베드로에게 선수를 빼앗길 수 없다는 경쟁심 또는 우월감이 작용한 때문일 수 있다. 하지만 제자는 자기의 자리를 요구하는 자가 아니라 주어진 사명에 충실해야 할 자이다. 그들은 현실에 눈이 어두워 제자로서의 사명을 잊었다.

"예수께서 이르시되 너희는 너희가 구하는 것을 알지 못하는도다 내가 마시는 잔을 너희가 마실 수 있으며 내가 받는 세례를 너희가 받을 수 있느냐." (38절)

예수님은 그들이 구하는 것이 무엇인지를 모르고 있다고 하셨다. 그들의 생각과 전혀 달리 수난을 받는다는 것이다. 그러면서 "내가 마시는 잔(poterion, cup)을 너희가 마실 수 있고, 내가 받는 세례(*baptisma*, baptism)를 너희가 받을 수 있느냐" 하셨다.

"내가 마시는 잔"은 주님이 인간의 죄를 대신해서 당하시는 고난과 고통의 잔이다. 그것은 하나님이 예수님께 주신 사명이다. 그리고 "내가 받는 세례"는 예수님이 십자가 위에서 죽으심을 말한다(초대교부들은 세례를 예수님이 십자가 위에서 받으신 "피의 세례"라 했다). 예수님이 영광에 앞서 고난, 곧 죄에 대한 대속의 죽음이 있음을 그들에게 알려주셨다.

그들은 예수님께 "할 수 있습니다."(39a)라고 대답했다. 그들의 대답은 그들이 요구한 것만큼이나 무모한 것이었다. 예수님은 그들에게 말씀하셨다. "내가 마시는 잔을 너희가 마시고, 내가 받는 세례를 너희가 받을 것이다." (39b) 그들의 말대로 야고보는 헤롯 대왕의 손자 아그립바 1세에 의해 참수형을 당해 순교했다(행 12:2). 요한은 오래 살았으나 수 없이 고난을 받았다(계 1:9). 하지만 유대 사가 유세비우스는 요한이 순교했다고 기록했다.

"내 좌우편에 앉는 것은 내가 줄 것이 아니라 누구를 위하여 준비되었든지 그들이 얻을 것이니라."(40절) 내 오른쪽과 내 왼쪽에 앉는 그 일은 내가 허락할 수 있는 일이 아니다. 준비된(*hetoimastai*, been prepared) 사람들에게 돌아갈 것이다. 현대인의 성경은 "미리 정해진 사람들의 것"이라 했고, 새번역은 "정해 놓으신 사람들에게" 돌아갈 것이라 했다.

열 제자가 이 말을 듣고 야고보와 요한에게 화를 냈다(41절). 그래서 예수님이 그들을 가까이 불러 이렇게 말씀하셨다. "너희가 아는 대로 세상의 통치자들은 백성을 권력으로 지배하고 고관들은 세도를 부린다(42절)." 세상에서는 통치자들이 압제와 폭정을 일삼는다. "그러나 너희는 그럴 수 없다."(43a)

너희 끼리 그래서는 안 된다는 말씀이다. 세상과는 다르기 때문이다.

"너희 중에 누구든지 크게(*megas*, great) 되고 싶은 사람은 남을 섬기는 사람(*diakonos*, servant)이 되어야 하고 너희 가운데서 누구든지 으뜸(*protos*, first)이 되고자 하는 사람은 모든 사람의 종(*doulos*, slave)이 되어야 한다." (43b, 44절)

세상과는 정반대다. 하나님 나라에서는 지위가 높다고 해서 위대한 것이 아니라 다른 사람을 얼마나 섬겼는가에 따라 달라진다. 종의 모습은 종으로서 섬기는 것이다. 모든 일에 있어서 종이 주인을 섬기듯 성도도 다른 사람을 위해 봉사해야 한다. 자기유익을 구하는 것은 종으로서의 태도가 아니다. 제자는 세상 방식(으뜸, 지배)이 아니라 주님의 방식(종, 섬김)으로 사는 자이다.

"인자가 온 것은 섬김을 받으려 함이 아니라 도리어 섬기려 하고 자기 목숨을 많은 사람의 대속물로 주려 함이니라."(45절)

인자는 섬김을 받으러 온 것이 아니라 섬기러 왔으며, 많은 사람의 죄 값을 치르기 위해 내 생명마저 주려고 왔다. 이 말씀은 복음의 핵심을 나타내는 구절이다. 이사야는 약 800년 전에 예수님이 우리의 지은 죄를 대신하여 죽임을 당하실 것을 예언했다(사 52:13-53:12).

대속물(*lytron*, ransom)은 원래 포로나 노예를 해방시키거나 재산을 속량하기 위해서 지불하는 대가, 곧 속전을 말한다. 그러나 여기서 대속물은 죄와 죽음의 노예 상태에 있는 인류를 구원하기 위해 바친 예수의 생명을 말한다. 그리스도가 죄의 노예가 된 인간을 해방시키기 위해 자신의 생명을 주셨다는 대속의 진리를 담고 있다.

7. 여리고의 소경 바디매오(46-52절)

예수님의 일행이 여리고에 들어갔다. 여리고는 요단강 서쪽, 사해 근처에 자리 잡은 오아시스 도시로, 세관이 있었다. 예수님이 제자들은 물론 큰 무리와 함께 여리고를 나오는 데, 디매오(Timaeus)의 아들 바디매오(Bartimaeus)라는 눈먼 거지가 길 가에 앉아 있었다(46절). 바디매오는 문자적으로 "디매오의 아들"이라는 뜻이다. 지금은 비록 거지지만 그의 아버지는 그 지역에서 알만한 인물이었던 것으로 보인다.

바디매오가 나사렛 사람 예수가 지나가신다는 말을 듣고 외치기 시작했다. "다윗의 자손 예수님, 나를 불쌍히 여겨 주십시오."(47절) "다윗의 자손"은 메시야를 일컫는 명칭이다. 유대인들은 메시야를 다윗 왕이 다시 나타나는 것으로 생각했고, 그가 오면 사방의 적들을 정복하고 다윗 왕국을 다시 재건하리라 믿었다. 정치적 메시야를 꿈꾼 것이다. "나를 불쌍히 여기소서."(*eleeson me*, have a mercy on me)는 유대인들이 하나님께 호소할 때 자주 사용하는 말이었다. 많은 사람들이 그를 꾸짖으며 조용히 하라 했다. 그러나 그는 더욱 큰 소리로 외쳤다. "다윗의 자손이여, 나를 불쌍히 여기소서."(48절)

예수님이 걸음을 멈추시고 "그를 불러오라."(*phonesate auton*, to be called him)하시자 사람들이 소경을 부르며 말했다. "안심하고 일어나라 그가 너를 부르신다."(49절) 원문은 "용기를 가져라(*tharsei*, take courage). 일어나라(*egeire*, rise up). 그가 너를 부르신다(*phonei se*, He calls you)."이다. 주님이 부르시면 기적이 일어난다.

그러자 소경은 그가 걸쳐 입었던 겉옷(*himation*, cloak)을 벗어 던지고 벌떡 일어나 예수님께 나아왔다(50절). 소경은 기쁨을 이기지 못해 겉옷을 던져 버리고 예수님에게 나아간 것이다. 마가는 이렇듯 신속한 움직임을 생생하게 묘사하고 있다.

예수님이 그에게 "원하는(*theleis*, desire) 것이 무엇이냐?" 묻자 그는 "선생님이여 보기를 원하나이다(*anablepso*, I may receive sight)."(51절). 눈을

뜨게 해 달라는 것이었다.

그러자 예수님이 말씀하셨다. “가거라. 네 믿음이 너를 구원하였느니라(*sesoken*, has healed).” 그의 믿음이 너를 낫게 했다는 말씀이다. 그 말씀에 그가 곧 눈을 뜨고 예수님을 따라 갔다(52절). 소경 바디매오가 고침을 받은 것은 순전히 그의 믿음 때문이었다. 바디매오의 믿음은 예수를 대하는 태도와 호칭에서 그대로 나타난다.

소경을 보게 하시는 것은 메시야의 사역 중 하나이다(사 35:5). 예수님이 예루살렘에 입성하시기 전에 소경을 치료하신 것은 자신이 메시야이심을 공표하는 것이기도 하다.

마가복음 11장

승리의 입성, 무화과나무를 저주하심, 성전을 정결케 하심, 무화과나무가 마름, 예수의 권위문제

1. 승리의 입성(1-11절)

1-11절은 예루살렘 입성을 다루고 있다. 이 입성을 "승리의 입성"이라 부른다. 이제부터 예수님의 지상 생애에서 마지막 한 주간, 곧 수난이 주간이 시작된다. 수난 주간이 시작되는 첫날인 주일에 예루살렘 입성을 하셨다.

예수님 일행이 예루살렘에 가까운 감람산 기슭, 벳바게(Bethphage)와 베다니(Bethany)에 이르렀다(1a절). 감람산(Mount of Olives)은 예루살렘 동편, 기드론 시내 건너편에 있는 동산이다. 감람나무가 많아 감람산이라 불렀다. 이곳은 해발 약 800미터로 예루살렘보다 80미터 높아 그곳에서 예루살렘을 내려다 볼 수 있다. 벳바게와 베다니 모두 감람산 동쪽에 위치해 있다. 베다니는 나사로 남매가 살고 있는 곳이다.

그 때 예수님은 두 제자를 보내며(1b절) 말씀하셨다. "'너희는 맞은편 마을로 가거라. 거기에 들어가면 아무도 타 본 적이 없는 나귀 새끼 한 마리가 매여 있을 것이다. 그것을 풀어서 끌고 오너라." (2절)

아직 아무도 타 보지 않은 나귀 새끼(*polon*, colt)는 흠이 없고 길들여지지 않은 것으로, 하나님께서 쓰시기 위해 예비하신 것이다. 하나님께 바쳐지는 것은 순결한 것이어야 했다.

새끼 나귀가 매어있다는 표현은 메시야의 출현을 예언한 창세기 49:11에서 유래된 것이다. 유다의 후손인 메시야가 오면 새끼 암나귀를 아름다운 포도나무에 매어 둘 것이라 했다.

"만일 누가 너희에게 왜 이렇게 하느냐 묻거든 주가 쓰시겠다 하라 그리하면 즉시 이리로 보내리라."(3절) "주가 쓰시겠다"(*echei chreian autou*, has need of it)의 원문은 "주가 그것이 필요하다."이다. 쓰시고 나면 지체 없이 이리로 돌려보내실 것이라(will send back here) 하셨다.

그래서 그들이 가서 문 앞 거리에 나귀 새끼가 매여 있는 것을 보았다. "문 앞 거리"는 문자적으로 "바깥 길 쪽으로 나 있는 문"(door outside by the street)을 말한다. 나귀를 풀자(4절) 거기 서있던 사람들 가운데 몇 사람이 물었다. "새끼 나귀를 풀다니 무슨 일이요?"(5절) 새끼 나귀를 푸는 것도 이상하고, 그것을 무엇에 쓰려는지도 궁금했다.

제자들은 예수님께서 일러주신 대로 그들에게 말했다. 그러자 그들은 허락했다(*aphekan*, allowed)(6절). 임금이 왕권을 발동하듯 만물의 주인이신 예수님께서도 나귀를 징발하신 것이다.

제자들이 나귀 새끼를 예수께로 끌고 와서 자기들의 겉옷을 그 등에 걸쳐 놓았다. 그러자 예수님은 그 위에 올라 타셨다(7절). 스가랴서 9:9에는 이렇게 예언되어 있다. "시온의 딸아 크게 기뻐할지어다 예루살렘의 딸아 즐거이 부를지어다 보라 네 왕이 네게 임하시나니 그는 공의로우시며 구원을 베푸시며 겸손하여서 나귀를 타시나니 나귀의 작은 것 곧 나귀 새끼니라." 이 예언이 이루어진 것이다. 말은 전쟁 때 타는 동물인데 비해 나귀는 평화 시에 타는 동물이었다. 따라서 예수님이 나귀를 타신 것은 그가 평화의 왕이심을 보여준다.

많은 사람이 자기들의 겉옷(*himatia*, cloaks)을 길에다 폈다. 그리고 다른 사람들은 들에서 잎 많은 생나무 가지들(*stibadas*, branches)을 꺾어다가 길에다 깔았다(8절). 옷을 펴는 것은 예수님에 대한 존경의 표시이다. 요한복음에 따르면 그들이 가져온 나무 가지는 종려나무였다. 종려나무는 승리의 상징이다. 예수님에 대한 존경과 환영을 표시한 것이다.

그리고 앞에 서서 가는 사람들과 뒤따르는 사람들이 외쳤다. "호산나 찬송하리로다 주의 이름으로 오시는 이여"(9절) 유대인들은 명절 때 "할렐 시편"(시 113-118편)을 외는 데, "호산나"(Hosanna)는 시편 118:25에 나온다. 히브리어로 "호우시야 나"(*howosiah na*)이다. "호산나"는 헬라식 음역이다. "이제(*na*, 지금) 구원하소서(*hosa*, save)"라는 뜻을 가지고 있다. 여기서는 "만세"와 같은 환호의 의미로 쓰여졌다. "찬송하리로다"의 원문은 "복 되도다"(*eulogemene,* blessed)이다. "주의 이름으로 오시는 이"(*ho erchomenos*, the One coming)는 여호와의 이름으로 오시는 이(시 118:26), 곧 메시야를 가리킨다.

"찬송하리로다 오는 우리 조상 다윗의 나라여 가장 높은 곳에서 호산나."(10절) 군중들의 계속된 외침이다. "오는 우리 조상 다윗의 나라(*he erchomene basileia*, the coming kingdom)여." 유대인들은 메시야를 제2의 다윗으로 생각했다. 메시야가 오면 다윗 시대의 이스라엘처럼 강성한 국가를 재건할 것으로 기대했다. 예루살렘 사람들은 다윗 후손에게 약속된 메시야 왕국(삼하 7:11-14)의 꿈이 실현될 것으로 생각하며 열광한 것이다. 그러나 예수님이 세우시려는 나라는 이 땅에서의 왕국이 아니었다.

그 길로 예루살렘에 도착하신 예수님은 성전(*hieron*, temple)에 들어가 모든 것을 둘러보셨다. 이미 날이 저물었으므로 열 두 제자와 함께 베다니로 나가셨다(11절) 예수님이 둘러보신 성전은 헤롯 대왕이 유대인의 환심을 사기 위해 그가 즉위하던 B. C. 18년에 착공하여 9년 뒤 일단 봉헌식을 한 뒤 A. D. 63년에 완공했다. 하지만 A. D. 70년 로마의 침략으로 철저히 파괴되었다. 베다니는 예수님이 예루살렘에 오실 때 자주 숙소로 정하신 곳이다.

2. 무화과나무를 저주하시다(12-14절)

수난 주간 중 둘째 날인 월요일이 되었다. 예수님은 이 날 무화과나무를 저주하시고, 성전에서 상인들을 쫓아내셨다. 성전을 정결케 하신 것이다.

12-14절은 무화과나무를 저주하신 사건을 소개하고 있다.

이튿날 예수님 일행이 베다니를 떠나 나왔을 때에 예수께서 시장하셨다(12절). 멀리서 잎이 무성한 무화과나무(*syken*, fig tree)를 보시고, 혹시 그 나무에 열매가 있을까 하여 가까이 가서 보셨다(13a절).

예수님은 그 나무에 무엇이 있을까 하여 가셨다. 무화과는 잎이 나오기 전에 먼저 열매를 맺는다. 꽃이 암수로 되어 있지만 흔히 열매로 불리는 꽃 턱이 변화한 것 속에 작은 꽃이 있어 보이지 않는다. 무화과라는 한자는 꽃이 눈에 띄지 않고 열매를 맺는 것에서 유래한다. 열매를 먼저 맺은 다음 잎이 나온다. 그러므로 예수님이 그 나무에 무엇이 있을까 하여 가신 것은 잎이 있는 것을 보시고 당연히 열매가 있을 것을 기대하신 것을 알 수 있다. 하나님은 우리의 삶에 열매를 기대하신다는 것을 가르쳐 준다.

그런데 잎사귀 밖에는 보이지 않았다. 무화과(*sykon*, figs)의 철이 아니었기 때문이다(13b절). 이스라엘 지방의 무화과나무는 보통 3, 4월에 잎이 나기 시작하여 6월쯤에 첫 열매를 맺는다. 예수님이 무화과나무에 열매가 있는지 본 때는 유월절로 4월이었다. 무화과 철이 아닌 것이다.

엔게디와 같은 아열대 기후에서는 사계절 내내 무화과를 얻을 수 있다. 하지만 일반적으로 이스라엘의 무화과는 매년 두 차례 열매를 맺는다. 봄, 곧 4월에 작은 열매(어린 무화과)를 맺고 그것이 커서 여름과 가을에 큰 열매가 된다. 봄에 작은 열매를 맺지 못하면 가을에 큰 열매를 맺을 수 없다. 4월에 처음 열리는 무화과를 '파게'(phage)라 한다. 영어 "fig"도 히브리어 파게에서 나온 것이다. 아람어로는 '타크시' 라 한다.

파게는 열매가 작고 단맛이 없다. 아직 즙을 갖지 않아 푸석하다. 상품 가치가 없어 버리기도 한다. 파게는 지나가는 사람들에게 주기도 하고, 가난한 사람들이 따서 먹도록 허락하기도 한다. 먹기에 부적당하지만 그 시기에는 다른 과일들이 부족하기 때문에 사람들은 그것을 모아 먹기도 한다. 벳바게(Bethphage)는 '파게(phage)의 집(beth),' 곧 '어린 무화과의 집(house of unripe figs)' 이라는 뜻을 가지고 있다. 예수님이 무화과 열매를 찾으신 때는 가을이 아니라 봄 열매를 맺는 시기였다. 예수님이 유월절에 드시려 했던 것은 바로 파게라는 것이다. "무화과의 때가 아니었다."는 것은 가을 열매 맺을 시기가 아니었다는 뜻이다.

무화과나무가 열매를 제대로 맺는 철은 보통 6월부터 9월 사이이다. 4-5월경 파게가 다 떨어지고, 6주 지나 새로운 열매, 곧 진짜 무화과가 열린다. 파게를 맺지 못하면 새 열매도 맺지 못하므로 파게 과정도 중요하다. 이 때 열리는 진짜 무화과는 '테엔나(*teenah*)' 로 맛이 좋다. '베다니(Bethany)' 는 집을 뜻하는 '벧' 과 '테엔나' 를 합한 말로, '테엔나 무화과의 집(house of figs)' 이라는 뜻이다. 테엔나는 맛과 모양이 모두 좋아 시장에 내다 판다. 베다니는 '가난한 자의 집(house of the poor)' 이라는 뜻을 가지고 있다는 주장도 있다.

예수께서 열매 없는 그 나무에게 말씀하셨다. "이제부터 영원토록 사람이 네게서 열매를 따 먹지 못하리라." 제자들이 예수께서 말씀하시는 것을 들었다(14절).

예수님이 열매 없는 무화과나무를 저주하시고 마르게 하신 사건은 예루살렘에서 행하신 단 하나의 기적이라는 특색이 있다. 열매가 없자 이 나무를 저주하신 것이다. 무화과 철도 아닌데 그 나무가 안됐다는 생각도 들 것이다. 하지만 예수님이 열매를 맺지 못한 무화과나무를 저주하신 이유가 있다. 그것은 그 나무를 이스라엘로 보고, 행위만 무성하고 열매를 맺지 못하는 이스라엘 백성을 향해 경고하시려는 뜻이 담겨 있다.

여기서 열매 맺지 못하는 무화과나무는 이스라엘의 신앙이 타락했음을 상징하고, 그 나무를 저주하신 것은 이스라엘의 멸망을 상징한다. 그것은 어찌 이스라엘 백성들뿐이겠는가. 제자들, 너희들도 변하지 않으면 열매 맺지 않으면 저주를 받는다는 말씀이다. 주님은 우리의 큰 열매만 원하시는 것이 아니라 삶의 과정에서 맺는 작은 열매도 원하신다.

3. 성전을 정결케 하시다(15-26절)

이 단원은 성전을 청결하게 하신 사건을 담고 있다. 수난 주간의 월요일에 일어난 일이다. 성경에는 두 번에 걸쳐 성전에서 상인들을 쫓아낸 사건을 기록하고 있다. 첫 번째는 공생애 초기에 있었다(요 2:13-17). 그리고 두 번째는 수난 주간에 있었다.

예수님 일행이 예루살렘에 들어갔다. 예수님은 성전에 들어가셔서 성전 안에서 매매하는 자들을 내쫓으시고 돈 바꾸는 자들의 상(*trapezas*, tables)과 비둘기를 파는 자들의 의자(*kathedras*, seats)를 둘러 엎으셨다(15절).

예수님이 들어가신 성전은 헤롯 대왕이 건축한 제3성전을 말한다. "성전 안에서"(in the temple)는 성전 뜰을 말한다. 이방인들도 들어갈 수 있는 "이방인의 뜰"(the Court of the Gentiles)에서 매매가 이루어졌다.

"매매하는 자들"은 그곳에서 유월절 희생제물인 소, 양, 염소, 비둘기 등을 거래하는 자들을 가리킨다. 원래 순례자들이 자기 제물을 가져와야 했지만 멀리 사는 사람들이 짐승을 이곳까지 데리고 오는 것도 쉽지 않고, 데려온다 해도 검열과정에서 상인들과 결탁한 제사장들이 승인을 해주지 않아 할 수 없이 짐승을 사야 했다. 그들은 돈으로 제물을 사서 제사장에게 주어 하나님께 바칠 수 있었다.

"돈 바꾸는 자들"(*kollybiston*, money changers)은 환전상을 가리킨다. 유월절에는 각국에 흩어졌던 사람들이 모이는데 이들이 성전에 반 세겔의 성전세를 내기 위해서는 유대 화폐로 바꾸어야 하므로 환전상이 필요했다. 또한 이스라엘 남자는 누구나 매년 한 번씩 성전 세를 내야 하는 데, 반드시 이스라엘 은화 반 세겔로 정해 있었다. 따라서 로마나 그리스 화폐를 이스라엘 화폐로 바꿔야 했다. 이 때 많은 이익금과 수수료를 착복했다.

비둘기(*peristeras*, doves)는 양이나 염소를 제물로 바칠 수 없는 아주 가난한 사람들이 바치는 제물이었다. 따라서 "가난한 자의 제물"이라 불리기도 했다.

"아무나 물건을 가지고 성전 안으로 지나다님을 허락하지 아니하시고" (16절)

그리고 예수님은 성전 뜰을 가로질러 물건(*skeuos*, vessel, 물건을 담은 통이나 기구)을 나르는 것을 금하셨다. 성전이 예루살렘 시와 감람산 사이에 놓여있어 지름길 역할을 했다. 사람들은 제사와는 상관없는 세속적인 물건들을 나르기 위해 성전 뜰을 밟고 다녔다. 이로 인해 성전 뜰은 시끄럽고 불결한 시장으로 변했다. 따라서 예수님은 아무도 세속적인 목적을 위해 사용되는 여러 물건을 가지고 성전 뜰을 가로질러 지나다니지 못하게 하신 것이다.

예수님은 그들에게 가르치면서 말씀하셨다. " '내 집은 만민이 기도하는 집이다.' 라고 성경에 쓰여 있는데 너희는 이 집을 강도의 소굴로 만들었다." (17절)

"내 집"은 성전을 가리킨다. "성전은 만민이 기도하는 집(*oikos proseuches*, house of prayer)이다." 이 말씀은 이사야 56:7을 인용한 것이다. 만민은 모든 민족(*pasin tois ethnesin*, all the nations)을 가리킨다. 하나님은 이방민족도 성전에서 예배하기를 원하셨다. 그런데 성전은 지금 "강도의 소굴" (*spelaion leston*, den of robbers)로 변했다. 강도의 소굴은 예레미야 7:11을 인용한 것으로, 유대 지도자들이 상인들과 결탁해 순례자들을 착취하고, 성전의 거룩함을 더럽혔음을 가리킨다.

대제사장들과 서기관들은 이 말을 듣고 예수님을 없앨(*apolesosin*, destroy) 방법을 의논하였다. 죽일 방법을 찾은 것이다. 이것은 모든 사람들이 예수님의 가르치심에 놀랍게 여기고 있는(*exeplesseto*, was astonished) 데다 그들, 곧 유대종교지도자들 자신이 예수님을 두려워했기(*ephobounto*, were afraid) 때문이었다(18절).

4. 무화과나무가 마르다(19-26절)

날이 저물자 예수님의 일행은 다시 성 밖으로 나갔다(19절). 예수님은 베다니에 숙소를 정하고 계셨다. 그렇게 해서 월요일이 지나갔다.

다음 날 아침 그들은 길을 가다가 예수님이 저주한 무화과나무가 뿌리(*rhizon*, roots)째 마른 것(*exerammenen*, having been dried up)을 보았다(20절). 수난주간의 셋째 날인 화요일 아침에 생긴 일이다. 제자들은 무화과나무가 그처럼 빨리 말라버린 것을 보고 놀랐다.

이때 베드로가 예수님의 어제 하신 말씀이 생각나서 "랍비님, 저것 좀 보십시오. 어제 선생님이 저주하신 무화과나무가 말라 버렸습니다." (21절)

그러자 예수님이 제자들에게 말씀하셨다. "하나님을 믿어라(*echete pistin*, have faith). 내가 분명히 말하지만 누구든지 이 산(*orei*, mountain)을 향해 땅에서 들려 바다에 빠져라 하며 마음속으로 의심하지 않고 자기가 말하는 것이 반드시 이루어질 것이라고 믿으면 그대로 될 것이다." (22, 23절)

예수님은 제자들에게 믿음 없는 것을 보시고 무화과나무가 말라버린 이 이적을 통해 믿음의 중요성과 함께 기도의 능력에 관한 교훈을 이끌어내셨다.

"이 산"은 감람산을 두고 하신 말씀이고, "바다"는 사해 바다를 두고 하신 말씀이다.

산을 옮긴다는 것은 큰 믿음의 표적이었다. 유대 랍비 사회에서는 난제를 해석한 사람을 가리켜 "산을 옮기는 사람"이라 했다. 고린도전서 13:2에서도 "큰 믿음"을 가리켜 "산을 옮기는 믿음"이라 했다. 그러므로 예수님의 이 말씀은, 믿음은 전능하신 하나님을 믿고 신뢰하는 것이고, 하나님을 향해 온전한 믿음을 가지면 엄청난 힘을 발휘할 수 있다는 말씀이다. 그러므로 태산과 같은 현실에도 하나님을 믿고 구하라. 그러면 언젠가 이뤄주실 것이다.

예수님은 24, 25절에서 기도할 때 필요한 두 가지 태도를 언급하셨다. 하나는, 하나님과의 관계에서 믿음을 가져야 한다. 다른 하나는, 사람과의 관계에서는 용서하는 마음을 가져야 한다는 것이다.

"그러므로 내가 너희에게 말한다. 너희가 기도하고 구하는 것은 무엇이든지 받은 줄로 믿어라. 그러면 그대로 될 것이다."(24절)

구하면 주신다고 했으니 아무것이나 구해도 좋다는 말씀은 아니다. "무엇이든"(*panta hosa*, all things whatever)은 무조건 모두라기보다 '하나님의 뜻에' 일치해야 한다. 나아가 하나님을 전적으로 신뢰하며, 진실한 마음과 생각을 가지고, 참고 기다리며, 말씀에 순종해야 한다.

"너희가 서서 기도할 때 어떤 사람과(*kata tinos*, against anyone) 서로 마음 상한 일(*ti echete*, anything you have)이 있거든 용서해 주어라(*aphiete*, forgive). 그러면 하늘에 계신 너희 아버지께서도 너희 잘못을 용서해 주실 것이다."(25절)

당시 유대인들은 예배 때 서서 기도를 많이 했다. 그런데 기도할 때 어떤 사람과 서로 등진 일이 생각나면 그 사람을 용서하라는 것이다. 그러면 하나님께서도 우리 잘못을 용서하신다는 말씀이다. 남을 용서해 주어야 용서를 받는다는 가르침이다. 먼저 화해하고 나서 제물을 바치라는 말씀(마 5:23-24)과 맥을 같이 한다.

26절은 한글 개역개정에 (없음)으로 되어 있다. 그러나 일부 사본에는 "너희가 용서해 주지 않으면 하늘에 계신 너희 아버지께서도 너희 잘못(*paraptomata*, trespasses)을 용서해 주시지 않을 것이다."라는 말씀이 있다.

5. 예수의 권위 문제(27-33절)

수난 주간의 화요일에 예수님이 하신 일로, 유대 종교 지도자들과 치열한 논쟁을 벌이신 것과 감람산 위에서 성전의 파괴와 이스라엘의 파멸을 예언하신 것을 들 수 있다(막 11:27-13:36). 여기서는 예수님의 권위 문제로 유대 종교지도자들과 논쟁을 벌인 사건이 소개되고 있다.

예수님 일행이 다시 예루살렘에 들어갔다. 예수님이 성전 뜰을 거니실 때 대제사장들과 서기관들과 장로들이 와서 따져 물었다. "당신은 무슨 권한(*exousia*, authority)으로 이런 일을 하고 있소? 누가 당신에게 이런 권한을 주었소?" (27, 28절)

"이런 일"(*tauta*, these things)은 좁게는 성전 정화사건을 가리키고, 넓게는 예수님의 말씀과 행적 전체를 가리킨다. 예수님은 하나님에게서 비롯된 권능을 가지고 말씀하시고 행동하셨다. 그러나 산헤드린의 대표자들이요 최고의 종교지도자들인 대제사장들과 서기관들, 그리고 백성의 장로들은 예수님이 성전에서 돈 바꾸는 자와 상인들을 꾸짖은 것에 대해 마음이 상했을 것이다. 그것은 자기들을 꾸짖은 것이나 다름이 없기 때문이다.

"당신은 무슨 권한으로 이런 일을 하고 있소?" 그들은 먼저 예수님이 무슨 권한(권위)으로 이런 일을 하는지 따졌다. 그의 권위가 어디에 근거한 것인가를 물음으로써 예수를 함정에 빠뜨리려 한 것이다. 당신이 하나님께서 보내신 분이라는 증거가 무엇이냐며 반론을 제기한 것이다. 그것은 예수를 무너뜨리기 위한 올무였다. 만일 예수님이 하나님의 권위를 주장하면 신성모독죄를 적용하고, 메시야의 권위를 주장하면 정치적 죄목으로 로마에 고발하며, 아무 대답을 하지 못하면 사기꾼으로 몰려는 심산이었다.

"누가 당신에게 이런 권한을 주었소?" 그들은 누가 그런 권한을 주었는지 물었다. 그들은 자신들이 속한 산헤드린 공회에서 종교적 권한을 부여하는 것이 유일한 길이라고 생각했고, 그들 중 어느 누구도 예수님께 그런 권한을 주지 않았다는 것을 알고 있었기 때문에 이런 질문을 한 것이다. 그러나 예수님은 절대주권자이시다. 산헤드린이나 어느 개인의 인정을 받고 일하시는 분이 결코 아니시다.

그때 예수님이 그들을 향해 거꾸로 질문을 하셨다. "나도 한 가지 묻겠는데 너희가 대답하면 내가 무슨 권한으로 이런 일을 하는지 말하겠다. 요한의 세례(*baptisma*, baptism)가 하늘에서(*ex ouranou*, from heaven) 왔느냐, 아니면 사람에게서(*ex anthropon*, from men) 왔느냐 말해 보아라." (29, 30절)

"하늘"은 하나님을 뜻한다. 하늘이라는 한 것은 하나님의 이름을 남용하지 않기 위해 유대인들이 대신 사용하던 일반적인 단어였다. '요한의 세례'는 요한의 전 사역을 가리키는 것으로, 하나님에게서 위임받은 것이다. 예수님의 질문은 자신의 권위가 세례 요한과 같이 하나님께로부터 나온 것임을 함축하고 있다.

그들은 자기들끼리 의논하며 말했다. "하늘에서 왔다고 하면 어찌하여 그를 믿지 않았느냐" 할 것이다(31절). 요한의 세례가 하나님으로부터 왔음을 인정한다면 예수님의 신적 권위도 인정하지 않을 수 없다. 세례 요한은 예수님이 자기보다 더 뛰어난 분이라(마 3:11, 12, 요 1:26-34) 선언했기 때문이다.

그렇다고 해서 "사람에게서 왔다고 대답할 수도 없지 않은가?" 그들은 무리를 무서워하고 있었다. 무리가 모두 요한을 참 예언자로 알고 있었기 때문이었다(32절). 요한의 신적 권위를 부인한다면 요한을 선지자로 아는 사람들에 지탄을 받을 것이 분명하다. 사람들은 요한을 하나님이 일으켜 세우신 참 선지자라 믿었기 때문이다. 그들은 어떤 답도 찾지 못했다. 이처럼 그들은 요한도, 예수님도 불신하는 사람들이었다. 그들은 또한 예수를 처형하는 데 앞장 선 사람들이다.

그래서 그들이 예수께 대답하였다. "모르겠습니다." 예수께서 그들에게 말씀하셨다. "나도 내가 무슨 권한으로 이런 일을 하는지를 너희에게 말하지 않겠다."(33절)

대답하기 애매한 질문을 통해 궁지에 몰아넣으려는 그들에게 예수님은 오히려 역질문으로 무의미한 논쟁을 종식시키셨다. 그러나 예수님은 그들이 있는 자리에서 악한 농부의 비유를 들어 말씀하셨다. 그들의 잘못됨을 지적하신 것이다. 그 비유는 다음 장에서 계속된다.

마가복음 12장

악한 농부의 비유, 납세 문제, 부활 논쟁, 첫째가는 계명, 다윗 자손에 대한 예수의 질문, 서기관에 대한 경계, 과부의 헌금

1. 악한 농부의 비유(1-12절)

마가는 12장과 13장을 통해 수난 주간 중 화요일에 일어난 사건을 자세히 기록하고 있다. 12:1-12에서 예수님은 대제사장들과 서기관들과 장로들의 질문에 대해 악한 농부의 비유를 들어 대답하셨다. 이것은 직접 반박하기보다 그들의 마음을 훨씬 더 깊이 찌르는 효과가 있다. 이 비유는 단순한 우화가 아니라 예수님 당시 사회, 경제적인 상황을 배경으로 하고 있다.

이 비유는 한 사람이 포도원(*ampelona*, vineyard)을 만들어 둘레에 울타리를 치고, 포도즙 짜는 틀을 놓을 구덩이(*hypolenion*, wine vat)를 파고, 망대를 세웠다. 그리고 그것을 농부들에게 세로 주고(*exedeto*, rented out) 타국에 가는 것으로 시작한다(1절). 소작을 준 것이다. 포도원에 대한 묘사는 이사야 5:1-7을 배경으로 한 것이다. 포도원은 이스라엘을 상징한다.

때(due time)가 이르자 농부들에게 포도원 소출, 곧 그 열매(*karpon*, fruit)로부터 자기 몫의 포도를 받으려고 한 종(*doulon*, a servant)을 보냈다(2절). 종은 구약시대부터 세례 요한에 이르기까지의 선지자들을 말한다. 성경에서 선지자들은 "하나님의 종"이라 불리었다. "포도원 소출 얼마를 받으려고" 종들은 이스라엘의 영적 열매, 곧 회개의 열매와 의의 열매를 하나님께 바치기 위해 보냄을 받았다.

하지만 농부들은 종을 잡아 심히 때리고 빈손으로(*kenon*, empty-handed) 돌려보냈다(3절). 이스라엘의 역사는 선지자들에 대한 지도자들의 박해로 이어졌다. 특히 유대 종교지도자들과 왕들은 선지자들의 소리를 듣고 견딜 수 없어 박해를 가했다. 이스라엘 백성은 하나님께 바칠 열매가 없었다. 그들은 자신들이 누리는 정치적, 종교적, 사회적 기득권을 유지하기 위해 진리를 거부했다.

주인은 다시 다른 종을 보냈다. 그러나 소작인들은 그의 머리를 때려 상처를 입히고 갖은 모욕을 하였다(*etimasan*, treated shamefully)(4절). 하나님은 이스라엘에게 회개할 기회를 주시려고 거듭해서 자신의 종을 보내셨다. 하지만 백성들은 더욱 심하게 박해했다. 하나님의 종을 모욕한 것은 하나님을 모욕한 것이나 다름없다.

주인이 또 다른 종을 보냈다. 그러나 그들은 그 종을 죽여 버렸다. 주인이 더 많은 종들을 보냈지만 마찬가지였다. 소작인들은 그들을 때리고 심지어 더러는 죽이기까지 하였다(5절). 박해는 더 심해져 죽이기까지 했다. 악한 농부들임에 틀림없다.

주인에게는 이제 보낼 사람이 하나밖에 없었다. 그는 바로 자기가 사랑하는 아들이었다. 마지막으로 주인은 자기 아들을 보내며 "그들이 내 아들은 존경하겠지." 하였다(6절). "사랑하는 아들"(*agapeton huion*, beloved son)은 예수 그리스도를 가리킨다.

그러나 소작인들은 서로 말했다. "이 사람은 상속자이다. 그를 죽여 버리자. 그러면 그의 유산이 우리 것이 될 것이다."(7절) 이것은 당시 팔레스타인의 법적 상황을 반영한 것으로, 일정 기간 지나 법적인 소유자가 나타나지 않으면 그것을 점유하고 있는 사람이 차지할 수 있었다. 농부들은 주인 아들이 오자 주인이 죽은 줄로 알고 그 상속자인 아들을 죽여 주인 없는 토지로 만들어 가로채고자 한 것이다. 여기서 상속자(*kleronomos*, heir)는 예수 그리스도를 가리킨다.

그러면서 그들은 그를 잡아서 죽이고 포도원 바깥에다가 내던졌다(8절). 이 비유는 예수님이 자기 백성들로부터 배척을 받고 십자가에 죽을 것을 예언하는 것이다. "포도원 밖에"(outside the vineyard)는 예수님이 예루살렘 밖 골고다에서 십자가에 못 박혀 죽으실 것을 비유로 예언하신 것이다.

"그러니 포도원 주인이 어떻게 하겠느냐? 그가 와서 농부들을 진멸하고 포도원을 다른 사람들에게 맡기지 않겠느냐?"(9절) 농부들을 "진멸하고"(*apolesei*, destroy)는 죽이는 것을 말한다. 이것은 하나님의 아들을 죽인 유대인에 대한 심판을 예언한 것이다. 이스라엘은 A. D. 70년에 로마에 의해 멸망당하고, 국가로서의 면모를 잃었다. "다른 사람들에게"(*allois*, to others)는 이방인들에게 하나님 나라의 기업이 넘겨지는 것을 의미한다.

"너희는 성경에서 이런 말씀도 읽어 보지 못했는가? '건축자들이 버린 돌이 모퉁이의 머릿돌이 되었나니.'"(10절) 이것은 시편 118:22을 인용하신 말씀이다. "모퉁이의 머릿돌(*lithon kephalen gonias*, the stone of the chief corner, the capstone)"은 "귀한 기초돌"로, 히브리인들은 이 기초 돌을 중심으로 건물을 세웠다. 이 돌이 건물의 중심을 잡아줘 안정되게 한다. 그래서 "정초석"이라 불린다. 유대백성들과 그 종교지도자들은 예수님을 아무 쓸모없는 돌로 여겨 죽였다. 마치 건축자들이 쓸모없다고 버린 것처럼 예수님을 버렸다. 예수님은 배척을 받고 죽임을 당하셨다. 하지만 그분은 하나님의 능력으로 부활하심으로 인해 구원과 교회의 반석이 되셨다. 머릿돌처럼 가장 중요한 존재가 된 것이다. 그러므로 이 머릿돌은 영광의 그리스도를 가리킨다.

"이것은 주님께서 하신 일이요, 우리 눈에는 놀랍게 보인다."(11절) 이것은 주께서 행하신 것으로(*para Kyriou*, from the Lord) 우리 눈에 신기한(*thaumaste*, marvelous) 일이다.

대제사장들과 서기관들과 장로들은 이 비유가 자기들을 가리켜 한 말인 줄 알고 예수님을 잡으려고 했다. 그러나 군중들이 두려워 예수님을 잡지 못하고 그냥 가 버렸다(12절). 아직까지 군중들은 예수님이 하신 말씀을 신뢰하고 따랐음을 보여준다. 그래서 그들은 차마 예수님에게 손 댈 수 없었다.

2. 납세 문제(13-17절)

그들은 어떻게 해서든지 예수님의 말씀에(*logo*, in discourse) 구실을 붙여 책잡고자 바리새파 사람들과 헤롯 당원 중 몇 사람을 예수님께 보냈다(13절). "그들은" 산헤드린 공회 지도자들을 가리킨다. 그들은 바리새파와 헤롯 당원 중에서 몇 사람을 뽑아 예수님께 보냈다. 이 일은 성전의 어느 한 장소에서 일어난 것으로 보인다.

바리새인은 율법에 충실하여 이방인의 지배를 부정하고 납세를 반대했다. 이에 반해 헤롯 당원(the Herodians)은 당시 갈릴리 지방을 다스린 헤롯 안티파스와 가까운 사람들로 친 로마 사람들이었다. 헤롯당은 납세를 찬성했다. 바리새인과 헤롯 당원은 정치적으로 대척점에 있는 사람들이었지만 예수를 모함하는 일에는 뜻을 같이 했다.

그들이 와서 예수께 물었다. "선생님, 우리가 알기에 선생님은 진실한(*alethes*, true) 분이시고 아무에게도 매이지 않는 분이심을 압니다. 선생님은 사람의 겉모습(*prosopon*, appearance)으로 판단하지 않으시고 하나님의 도(*ten hodon*, the way)를 참되게 가르치십니다. 그런데 로마황제(Caesar)에게 세금(*kenson*, tribute)을 바치는 것이 옳습니까(*exestin*, lawful), 옳지 않습니까? 우리가 바쳐야 합니까, 바치지 말아야 합니까?" (14, 15a절)

그들은 예수님을 진실한 분이시고, 하나님의 길을 참되게 가르치시며, 아무에게도 매이지 않는 분이시고 사람의 겉모습만 보고 평가하는 분이 아니라 하였다. 그들의 말은 예수님을 단순히 높이 평가하기 위한 것이 아니다. 그들의 말 속에는 로마에 세금을 내는 것이 옳지 않다고 대답하도록 유도하는 미끼이자 부추김이다.

그들은 질문을 던짐으로써 그들의 속내를 드러냈다. 선생님은 그런 분이시니 로마 황제에게 세금을 바치는 것이 옳은 지, 그렇지 않은 지 말씀해달라는 것이다. 예수님께서 그 어느 쪽을 택하든 걸려 넘어지게 하려는 속셈이 담겨 있다. 독이 가득한 질문이다.

로마의 황제 옥타비아누스 아우구스투스는 A.D. 6년 유대, 사마리아, 그리고 이두미아 지방을 통치한 분봉 왕 아켈라오(Archelaus, 헤롯 대제의 아들)를 폐위시키고 코포니우스(Coponius)를 유대 총독으로 임명하면서 주민세를 거두기 시작했다. 당시 남자 14세 이상, 여자 12 이상부터는 65세까지 주민세를 내야 했다. 이에 갈릴리 사람 유다(Judas the Galilean)가 하나님만이 유일한 통치자라는 구호아래 납세 거부 운동을 일으키고, 무력으로 민족 독립운동을 전개한 바 있다.

바리새인들은 만일 예수님이 로마 황제에게 세금을 바치지 말라 하실 경우 이를 정치적인 문제로 삼기 위해 헤롯 당원들을 데려왔다. 그러므로 바리새인들은 내심 로마 황제에게 세금을 바치지 말라는 말이 나오기를 기대했다. 그리하여 예수님을 향해 진실하신 분, 하나님의 도를 전하시는 분, 거리낌 없이 말씀하시는 분, 외모를 취하지 않으시는 분이라 아부한 것이다. 바리새인들은 헤롯당원들을 증인으로 내세워 예수를 잡고자 한 것이다.

그러나 예수님은 그들의 외식함(*hypokrisin*, hypocrisy), 곧 위선을 아시고 물으셨다. "왜 나를 시험하느냐?" 그리고 데나리온 하나를 가져와 내게 보이

라 하셨다(15b절)

예수님께서 "왜 나를 시험(*peirazete*, test)하느냐" 물으신 것은 그들의 의도를 아셨기 때문이다. 세금을 바치라 할 경우 헤롯당원은 당연히 그래야 한다고 하겠지만 바리새인들은 다르다. 하나님의 언약을 깨뜨리고 로마황제를 군주로 인정하는 민족 반역자로 몰 것이다. 바치지 말라 하면 납세를 거부하도록 하는 국사범으로 몰아 로마 당국에 고발할 것이다. 그 어떤 답도 예수님을 궁지로 몬다.

예수님께서 내게 보이라 하신 데나리온(*denarion*, denarius)은 당시 로마 통화였다. 헬라 통화로 드라크마가 있고, 유대 통화로 세겔이 있다. 주민세는 반드시 로마 은화인 데나리온으로 바쳐야 했다.

그들이 그것을 가져오자 예수님은 물으셨다. "이 초상(*eikon*, likeness)과 글(*epigraphe*, inscription)이 누구의 것이냐?" 그들은 황제의 것이라 대답했다(16절).

티베리우스 황제(A. D. 14-37)가 주조한 데나리온의 한쪽에는 황제의 흉상과 "시저 티베리우스는 거룩한 아우구스투스의 아들이다(Tiberius Caesar as son of the divine Augustus)."라는 말이 새겨져 있다. 이 말은 가이사는 황제이자 신이자 대제사장이라는 뜻이다. 이 때문에 바리새인들은 데나리온을 가지고 다니지 않으려 했다. 그것을 소유하는 것만으로도 가이사에 복종하는 것으로 간주했다. 데나리온의 다른 한쪽에는 황제의 어머니 리비아(Livia)의 초상이 새겨져 있다. 그들은 "가이사의 것이니이다."라 대답했다.

이에 예수님은 말씀하셨다. "황제의 것(*ta Kaisaros*, the things of Caesar)은 황제에게(*Kaisari*, to Caesar), 하나님의 것(*ta tou Theou*, the things of God)은 하나님께(*to Theo*, to God) 바치라." 그러자 그들은 예수님의 말씀을 듣고 매우 놀랍게 여겼다(*exethaumazon*, were amazed)(17절). 말문이 막

혀 버린 것이다.

가이사의 형상이 새겨진 것은 가이사의 것이다. 하지만 하나님의 형상을 가진 인간(창 1:27)은 하나님의 것이다. 이 세상 사람은 시민으로서의 할 일을 다 하기 위해 가이사가 만든 은화만 돌려주면 된다. 하지만 하나님께는 우리의 인격 전체, 곧 마음과 힘과 뜻을 다해 사랑을 드려야 한다. 천국시민으로서 하나님께 바쳐야 할 의무를 다해야 한다는 것이다. 예수님이 제3의 길을 제시한 것이다. 성도는 두 개의 시민권을 가진 자이다(빌 3:20, 벧전 2:13). 국가에 대한 납세 의무를 충실하게 다 해야 한다. 그리고 그 이상으로 하나님께 자신의 전부를 드리는 일에 심혈을 기울여야 하다.

주님이 제시한 길은 정치의 자율성을 인정하되 그것은 어디까지나 하나님께 예속된 상대적 자율성이다. 즉, 가이사의 것은 절대적인 것으로 보이지만 그렇지 않다. 상대화 대상이다. 일반시민 뿐 아니라 가이사도 하나님께 복종해야 한다. 하나님의 것은 절대적인 것이다. 상대화할 수 없다. 하나님 앞에서는 로마 황제도 하나님의 피조물로서 똑같은 의무가 있다. 세금을 바치던, 바치지 않던 모두 하나님께 헌신해야 한다. 예수님은 어느 파에도 동조하지 않고 마음과 뜻, 전 존재를 다해 하나님을 섬겨야 할 것을 강조하신 것이다.

그들은 예수님의 이 말씀을 듣고 놀랍게 여기며 예수를 떠나갔다. 그들은 예수님을 향해 '이것이냐 저것이냐' 자신들이 정한 두 가지 중 하나를 택하도록 강요했지만 예수님은 탁월하신 신적 지혜로 제3의 길을 제시했다. 예수님의 탁월한 지혜에 그들은 놀라지 않을 수 없었다.

3. 부활 논쟁(18-27절)

부활이 없다고 주장하는 사두개파 사람들이 예수님을 찾아와 물었다

(18절).

바리새인들의 공격이 끝나자 사두개인들(*Saddoukaioi*, Sadducees)이 교리적인 문제를 가지고 예수님에게 올무를 씌우려 나선 것이다.

사두개파는 바리새파, 에세네파와 함께 유대의 3대 종파이다. 다윗 시대의 대제사장 사독에게 그 기원을 두고 있지만 계속 이어져 내려왔는지에 대해서는 의문이다. B.C. 152년 유대 하스몬 왕가의 요나단이 왕직과 함께 대제사장직까지 겸하자 경건한 사람들, 곧 하시딤(Hasidim)이 반기를 들었다. 그 가운데 평신도들이 중심이 되어 바리새파를, 일부 제사장들은 에센 파를 조직했다. 그러나 대부분의 제사장들과 예루살렘 고위층과 부유층들은 하스몬 왕가에 동조하여 사두개파를 조직했다. 이들은 현세주의자들로 이스라엘 상류계급에 속했다. 그들은 모세오경만을 성경으로 인정했고, 내세와 부활, 천사의 존재를 부인했다(행 23:8). 사두개인들은 제사장 반열에 있으면서도 부와 권력을 함께 누리는 자들이다. 그들은 주로 예루살렘에 거주하면서 성전과 그 행정구역을 주된 수입원으로 삼고 있었다. 비록 숫자는 적었지만 예수님 당시 그들은 정치적으로나 종교적으로 막강한 영향력을 행사하고 있었다.

"선생님, 모세의 법에는 형이 자식 없이 아내를 두고 죽으면 동생이 형수와 결혼하여 상속자(*sperma*, offspring)를 세우라 했습니다."(19절)

사두개인들이 모세의 법을 들고 나온 것은 그들이 오경만을 인정했기 때문이다. 그들은 모세의 말을 인용하며 교리적인 문제를 들고 나왔다.

모세의 율법은 후사 없이 죽은 자의 대를 잇게 하기 위해 죽은 자의 동생이 형수를 취하도록 했다. 형의 대를 이어야 한다고 보았기 때문이다. 형의 혈통을 잇게 하는 수혼법(嫂婚法), 곧 형제상속결혼(levirate marriage)이 창세기 38:8, 신명기 25:5-10에 기록되어 있다. 이 제도는 이스라엘이 출애굽하여 가나안 땅에 들어왔을 때 철저히 이방인들과 구별된 생활을 하고자 한 데서 나온 것이다. 그들은 잡혼을 피하고 가문이 끊어지는 것을 막기 위해 이 제도를 따랐다. 우리는 이 제도를 매우 이상하게 생각한다. 그러나 이 제도는 당시 유대인들에게만 있었던 것은 아니다. 우리의 경우 신라시대 때도 형사취수(兄死取嫂)의 유풍이 있었다.

사두개인들은 구약의 수혼법에 관한 말씀을 인용하며 부활의 불합리성을 인정하도록 유도하고 있다. 그들의 적대세력인 바리새인들의 부활교리를 반박하고 나아가 예수님을 곤경에 빠뜨려 선생으로서의 권위를 실추시키려는 의도를 가지고 이 문제에 접근하고 있는 것이다.

"어느 곳에 일곱 형제가 있었는데 맏이 결혼해 살다가 자식 없이 죽었습니다. 그리하여 둘째가 그 형수를 맞아들였는데, 그도 또한 자식을 남기지 못하고 죽고, 셋째도 그러하였습니다. 일곱이 모두 그렇게 자식 없이 죽고 맨 나중에 그 여자도 죽었습니다. 이렇게 일곱 형제가 모두 한 여자와 살았으니 부활 때 그 여자는 누구의 아내가 되겠습니까." (20-23절)

사두개인들은 수혼 결혼관습에 따라 일곱 형제와 일곱 번 결혼한 이 여인이 부활 때 과연 누구의 아내가 될 것인가 물었다. 부활을 믿지 않는 그들이 수혼법을 들어 부활의 불합리성을 논리적으로 지적하고 있는 것이다.

예수님께서 그들에게 말씀하셨다. "너희가 성경도 모르고 하나님의 능력도 모르니까 잘못 생각하는 것이 아니냐?" (24절) 사두개인, 너희는 성경도 모르고, 하나님의 능력(*dynamin*, power)도 모르기 때문에 잘못 생각하고 있다는 말씀이다. 성경에 대한 설명은 26절에 나오고, 하나님의 능력에 대한 설명은 25절에 나온다.

사두개인들은 부활의 세계가 하나님의 능력으로 완전히 새롭게 되는 세계인 줄 모르고, 단순히 현세의 연장인 것으로 오해하고 있다는 것이다. 부활의 몸은 현세의 몸과 질적으로 다르다(고전 15:44, 빌 3:21). 예수님은 사두개인들이 성경의 문자적인 의미에만 집착하여 그 본래의 정신을 깨닫지 못하고 있음을 지적하며 부활을 믿지 않는 그들의 자만심을 깨뜨리셨다.

"사람이 죽은 사람들 가운데서 살아날(*anastosin*, they rise) 때에는 장가도 가지 않고 시집도 가지 않고 하늘에 있는 천사들과 같다(25절)." 부활 때에는 사람들은 장가도 가지 않고, 시집도 가지 않고, 하늘에 있는 천사들과 같다는 말씀이다. 부활한 사람들은 하나님의 능력으로 말미암아 직접적으로 달라져 천사처럼 된다. 부활 때는 하나님의 능력으로 인간의 존재가 변화되기 때문에 이 땅에서의 삶과 같은 생활이 계속되지 않는다. 부활의 삶은 현 세상의 질서나 가족관계와는 전혀 다른 새로운 차원의 삶이다.

부활(*anastasei*, resurrection)은 문자적으로 '일어남' 이라는 뜻으로, 이미 죽은 자가 다시 생명을 얻는 것을 의미한다(롬 6:9, 고전 15:42-54). 부활은 새로운 세계이다. 현실 연장이 아니다. 그러므로 부활을 인간적 관점에서 보아서는 안 된다. 부활은 현세와 달리 영원한 생명, 영원한 삶으로 들어가는 것이다. 죽었다가 살아나는 환생도 아니다. 죽을 것이 죽지 않을 것으로 입는 것이요 전체적으로 완전히 변화하며 새로운 삶으로 창조되는 것이다. 부활은 완성된 삶으로 발견된다. 천사같이 영광된 삶으로 변형된다. 완전성취로 영광과 기쁨이 가득하다. 부활한 모든 사람들은 천사들처럼 하나님의 참된 자녀요 백성으로서 영원한 생명을 누린다.

부활하면 모두가 새로운 존재로 변화된다. 부활한 사람들은 천사들과 같이 되어 이 세상에서처럼 부인이나 남편을 가지는 일이 없다. 부활 세계의 목적은 하나님과의 영원한 교제에 있기 때문이다. 이것은 지상적 관점이 아니다. 인간의 사고 틀을 벗어난 것이요 현실 차원과는 그 성격이 아주 다르다. 사후의 세계(영혼불멸, 내세, 다시 사는 것)가 아니라 하나님과 영원히 사는 것이다. 부활이 있기 때문에 우리는 좌절을 접고 희망으로 나갈 수 있다.

"죽은 사람들이 살아나는 일에 관해서는 모세의 책에 떨기나무 이야기가 나오는 대목에서 하나님께서 모세에게 어떻게 말씀하셨는지를 너희는 읽어보지 못하였느냐? 하나님이 모세에게 '나는 아브라함의 하나님, 이삭의 하나님, 야곱의 하나님이다.'라고 하셨다." (26절)

"모세의 책" (*te biblo*, the book)은 모세 오경으로, 구약의 초두에 나오는 다섯 권의 책을 가리킨다. 예수님은 사두개인이 신봉하는 모세 오경 가운데 출애굽기 3:6의 말씀을 인용해 부활을 설명하셨다. 이 말씀은 하나님이 언약의 하나님이심을 모세에게 밝히신 계시의 말씀이다. 하나님은 아브라함, 이삭, 야곱이 이미 죽어 이 세상 사람이 아니었는데도 불구하고 '아브라함과 이삭과 야곱의 하나님' 이라 하셨다. 이것은 그들이 죽어서 없어진 존재가 아니라는 사실을 말해준다. 이들이 멸절되었다면 하나님은 이들의 하나님이라 하지 않았을 것이다. 이 말씀은 하나님이 믿음의 선조들을 절대로 음부에 버려두지 아니하고 부활시키신다는 것이다.

아브라함이 이 땅에서 죽은 후에도 하나님께서는 그의 하나님이라 하셨다. 이것은 아브라함은 죽은 사람이 아니라 부활하여 새로운 생명체가 되어 하나님과 영원히 살고 있다는 말씀이다. 하나님은 산 자의 하나님이시기 때문이다. 따라서 누구든지 그리스도를 믿으면 죽어도 살아있는 것이다(요 11:25). 이것이 바로 부활이다.

하나님은 모세에게 언약의 하나님으로서 조상들과 맺은 언약을 기억하여 이스라엘을 이집트에서 구원해 내실 것을 약속하셨다. 산 자의 하나님은 언약을 지키시는 분이시다. 하나님이 맺으신 구원언약은 영원한 것이며 폐기될 수 없다. 따라서 그 언약을 맺은 구원의 백성들은 그 모든 존재가 소멸되는 것이 아니다.

"하나님은 죽은 자(*nekron*, the dead)의 하나님이 아니라 산 자(*zonton*,

the living)의 하나님이시다. 너희는 크게 잘못 생각하고(*planasthe*, err) 있다."(27절) 그러므로 하나님은 죽은 하나님이 아니라 살아있는 자들의 하나님이시다. 아브라함, 이삭, 야곱이 부활하지 못하고 죽었다면 산 자의 하나님이라 하지 않으셨을 것이다.

예수님은 부활이 있다는 것과 부활 후의 생명이 이 땅의 삶과 같은 의미로 생각해서는 안 된다는 것을 가르치셨다. 많은 사람들이 이 말씀을 듣고 그의 가르침에 놀랐다. 부활은 오늘도 우리에게 영원한 삶의 비전을 준다. 하나님은 우리의 구원자이시며 산 자의 하나님이시다.

4. 첫째가는 계명(28-34절)

곁에서 듣고 있던 서기관(*grammateon*, scribes) 중 한 사람이 예수님이 대답을 잘하시는 것을 보고 물었다. "모든 계명(*entole*, commandments) 중에 제일 중요한 것(prote, the first)이 어느 계명입니까?"(28절)

서기관은 율법학자이다. 유대교는 모두 613개의 조항의 세부 계명들을 가지고 있었다. 그 가운데 365개는 금령, 곧 금지조항이고 248개는 부칙이었다. 서기관들은 그 많은 율법가운데 어느 것이 가장 큰 것(*megale*, the greatest)인가, 다시 말해 가장 중요하고 우선시되어야 하는가를 줄곧 연구하고 논의해 온 사람들이다. 유대의 랍비들은 계명을 613개의 세부적인 항목으로 나누어서 중요한 것과 덜 중요한 것으로 차등을 두었다.

따라서 이 서기관은 자신들로서 매우 중요한 이 신학적 이슈에 대해 답변을 예수님께 구한 것이다. 그 수많은 계명 중 제일 중요한 첫째 계명이 무엇인가를 답하는 것은 그들로서는 매우 중요하면서도 난해한 질문이다.

그러자 예수님은 이렇게 대답하셨다. "가장 중요한 첫째 계명(*hoti prote*,

the foremost)은 이것이다. 이스라엘아, 들으라. 우리 주 하나님은 단 한 분밖에 없는 유일한 주(*heis*, One)이시다." (29절)

"이스라엘아 들으라." (*Akoue Israel*, Hear this, O Israel) 이 말씀은 신명기 6:4, 5을 인용하신 것으로, 여호와 하나님의 유일성에 대한 신앙고백이다. 히브리어로는 "쉐마, 이스라엘" 또는 "쉐마"라 한다. "쉐마" (shema)는 "들으라"는 명령어이다. 이 구절은 유대교의 기본신앙고백이 되어 경건한 유대인들은 하루에 두 번, 곧 아침저녁으로 이를 암송했다(신 6:7). 지금도 회당에서는 쉐마를 암송하는 것으로 예배를 시작한다. 나아가 이 구절을 양피지에 기록하여 경문에 담은 후 손목에 매거나 미간에 붙여 기호를 삼았고, 집 문설주와 바깥문에 기록하였다(신 6:8, 9).

"네 마음을 다하고 목숨을 다하고 뜻을 다하고 힘을 다하여 주 너의 하나님을 사랑하라." (30절) 이것은 신명기 6:5의 말씀으로, 전심을 다해 하나님을 온전히 사랑하라는 것이다. 하나님을 말로만 사랑하는 것이 아니다. 마음(*kardias*, heart)을 다하고, 목숨(*psyches*, soul, 영, 정성)을 다하고, 뜻(*dianoias*, mind)을 다하고, 힘(*ischyos*, strength)을 다하여 주 너의 하나님을 사랑하라. 모든 것(*holes*, all), 곧 자신의 인격 전체를 다해 주님을 사랑하라는 말씀이다.

"둘째는 이것이니 네 이웃을 네 자신과 같이 사랑하라 하신 것이라 이보다 더 큰 계명이 없느니라." (31절) 둘째(*deutera*, the second)는 "네 이웃(*plesion*, neighbor)을 네 몸과 같이(*hos seauton*, as yourself) 사랑하라" 하신 것이다.

이것은 십계명의 후반부를 요약한 것으로 레위기 19:18을 인용한 말씀이다. 하나님을 향한 사랑이 이웃에 대한 희생적인 사랑으로 표현되어야 한다는 말씀이다. 유대인들은 이웃을 자신의 동포만을 생각했다. 하지만 예수님은 사마리아인의 비유를 통해 도움을 필요로 하는 모든 사람이 우리의 이웃임을 가르쳐주셨다.

예수님은 이 두 계명이 "온 율법과 선지자의 강령"이라(마 22:40) 하셨다. 두 계명에 온 율법과 예언서의 본 뜻이 달려 있다는 것이다. 다시 말해 모든 율법과 예언자들의 가르침은 이 두 계명에서 나온 것이라는 말씀이다. 이 말씀은 유대교의 근본적이고 본질적인 가르침이므로 율법사도 이에 어떤 반론도 제기할 수 없었다. 이 계명은 최고의 윤리강령이다.

그러자 서기관이 말했다. "선생님, 옳은 말씀입니다. 하나님은 한 분이시요, 그 밖에 다른 이는 없다고 하신 그 말씀은 옳습니다."(32절) 서기관은 그 수많은 율례와 규례, 그리고 십계명의 정신을 하나님 사랑과 이웃 사랑, 두 계명으로 요약하신 예수님의 통찰력에 감탄했다.

그리고 "마음을 다하고 뜻을 다하고 힘을 다하여 하나님을 사랑하는 것과 이웃을 자기 몸과 같이 사랑하는 것이 짐승을 불에 태워 바치는 모든 번제와 제물(희생물)보다 낫습니다."라고 대답했다(33절). 원문에는 "모든 번제물과 기타 제물보다"가 아니라 "모든 번제와 제물보다"라 되어 있다.

번제(*holokautomaton*, burnt offerings)는 황소, 수양, 수 염소, 수비둘기 등을 잡아 가죽만 빼고 나머지는 모두 태우는 제사로 하루에 두 번, 아침과 저녁에 드렸다. 제물(*thysion*, sacrifices)은 이처럼 하나님께 드리는 제물을 가리킨다. 하지만 그것이 다른 제사보다 나은 것이라 해도 그것은 하나님에 대한 자신의 사랑과 순종의 자세를 나타내는 것이 불과하다. 이것이 자신이 직접 온 마음과 뜻을 다해 하나님을 사랑하고 이웃을 사랑하는 행위보다 나을 수 없다.

예수님은 그가 지혜롭게 대답하는 것을 보시고 말씀하셨다. "너는 하나님의 나라에서 멀지 않다." 그 후부터는 감히 예수님께 묻는 사람이 없었다(34절).

예수님은 그를 향해 하나님의 나라에서 멀지 않다(*ou makran*, not far)고 하셨다. 하나님 나라에 들어갈 수 있는 열쇠가 사랑이라는 것을 깨달았기 때문이다. 그러나 아직 그 나라에는 이르지 못했다는 점에서 문제가 있다. 하나님 나라 밖은 생명이 있는 것이 아니라 죽음이 있기 때문이다. 그가 하나님 나라에 들어오기 위해서는 예수를 그리스도로 고백하고, 그 말씀을 순종하는 믿음의 걸음이 필요하다. 이것이 하나님 나라 밖에서 하나님 나라로 들어서는 데 필요한 마지막 한 걸음이다. 그 걸음을 걷기 위해서는 지식에만 의존하는 삶에서 벗어나 영적으로 거듭나는 역사가 있어야 한다. 이 일에는 성령님의 도우심이 필요하다. 물과 성령으로 거듭나지 않으면 안 된다는 것은 이 때문이다.

5. 다윗 자손에 대한 예수의 질문: 그리스도는 누구의 자손인가(35-37절)

예수님이 성전에서 가르치실 때에 이렇게 질문을 던지셨다. "어찌하여 서기관들은 그리스도를 다윗의 자손이라고 하느냐?"(35절) 이 질문은 자신이 단순한 다윗의 자손이 아니라 그 이상의 존재임을 알리시기 위한 것이다.

마태복음 22:41에 따르면 이 질문은 바리새인들이 모였을 때 예수님이 그들에게 던진 것이다. 계명에 대한 바리새인들의 공격을 완전히 꺾으신 예수님은 이번에는 그들을 향해 반격의 질문을 하셨다. 이것은 그들의 기를 꺾기 위한 것이기도 하지만 예수님 자신의 신분을 밝히 드러내기 위한 목적도 있었다.

"다윗이 성령의 감동을 받아서(*en to Pneumati to Hagio*, by the Holy Sprit) 친히 이렇게 말하였다." "주께서 내 주께 이르시되, '내가 네 원수(*echthrous*, enemies)를 네 발 아래에 굴복시킬 때까지, 너는 내 우편에 앉아 있어라.' 하셨도다."(36절)

당시 유대인들은 메시야가 다윗의 자손으로 출생하여 민족을 해방하고 다윗 시대의 영광을 재현할 위대한 왕으로 생각했다. 그러나 예수님은 시편 110:1을 인용하시면서 메시야는 단순히 다윗의 혈통을 잇는 위대한 왕이 아니라 다윗의 주님이며, 영원한 구원자이심을 밝히신다.

마태복음 22:43은, 다윗이 성령의 감동을 받아, 그리스도(*Christou*, Christ)를 주님이라고 부르면서 이렇게 말했다고 했다. 다윗이 메시야(예수님)를 '주' 라고 부른 것이다.

"주(*Kyrios*, the Lord)께서 내 주께(*to Kyrio*, to the Lord) 이르시되"는 "주님께서 내 주께 말씀하셨다."는 것이다. 이것은 시편 110:1을 인용하신 것으로 "하나님께서 내 주께", 즉 하나님께서 메시야에게 말씀하셨다는 것이다. 이것은 다윗이 메시야(예수님)를 "주"라고 부른 것이다. 이 땅에서 사신 예수님은 다윗의 후손이지만 부활하신 그리스도는 오히려 다윗의 주님이시라는 근거로 이 시편을 인용하셨다.

"내가 네 원수를 네 발 아래(*hypokato*, footstool)에 둘 때까지 내 우편에 앉아 있으라."는 말씀은 예수님께서 하나님 우편에 앉아계시다가 세상 끝 날에 심판주로 재림하여 모든 원수를 정복하실 것을 예언한 말씀이다. 이것은 고대 근동의 왕들이 전쟁에서 승리한 뒤 패전국의 왕을 발로 밟았던 관습(수 10:24)에서 나온 것으로, 이것은 예수께서 사단을 완전히 굴복시킬 것을 나타낸 것이다. "우편"(*dexion*, the right hand)은 "오른쪽"으로, 위엄과 권위를 지닌 통치권과 심판권을 상징한다.

"다윗 스스로가 그를 주라고 불렀는데, 어떻게 그가 다윗의 자손이 되겠느냐?" 많은 무리가 예수의 말씀을 기쁘게 들었다(37절).

다윗이 그리스도를 주(*Kyrion*, the Lord)라고 불렀는데, 이것이 어찌된 일이냐는 말씀이다. 그렇다면 어떻게 그리스도가 다윗의 자손(*huios*, son)이 되겠느냐는 것이다. 이 말씀은 예수님이 다윗의 자손이 아니라는 말씀이 아니다. 예수님은 구약의 예언을 따라 다윗의 혈통에서 나셨고, 예수님 자신도 이를 인정하셨다. 예수님은 사람으로서는 다윗의 자손이다. 하지만 하나님으로서는 창세전부터 계신 하나님이시다. 그러므로 다윗의 주가 되신다. 바리새인들은 메시야가 다윗의 자손인 줄은 알았지만(바리새인들은 메시야가 다윗의 후손이라는 인성만을 인정했다) 그가 하나님의 아들 되심(그리스도의 신성)은 몰랐다. 예수님은 바로 그들이 모르는 점을 지적하시며 자신이 메시야이심을 보여주셨다. 예수님은 인성과 신성 모두를 가지신 분이시다. 그리스도는 다윗의 자손이기도 해도 신성을 지닌 하나님이셨다(롬 1:2-4).

많은 사람들은 예수님의 명쾌한 말씀을 기쁘게 들었다. 마태복음 22: 46에 따르면 바리새인 중 아무도 예수께 한 마디도 대답하지 못했다. 그 날부터는 예수님에게 감히 묻는 사람도 없었다.

6. 서기관들을 조심하라(38-40절)

예수께서 가르치시면서 말씀하셨다. "서기관들을 조심하라. 그들은 긴 옷을 입고 다니기를 좋아하고 시장에서 문안 받는 것을 좋아한다."(38절)

긴 옷(*stolais*, robes)은 예복이다. 왕이나 귀족들이 입는 긴 옷은 가장자리에 장식술까지 달려 품위가 있어 보였다. 서기관들은 발목까지 내려오는 흰 두루마기 모양의 예복을 입고 다녔다. 그들은 그 예복을 입고 다니며 사람들의 존경받기를 좋아했다. 이것은 위선적인 행동이다.

또한 시장(*agorais*, marketplaces)에서 문안 받는 것(*aspasmous*, greetings), 곧 인사받기를 좋아했다. 당시 시장은 사회생활의 중심지로 사람들이 많이 붐볐다. 시장에서 받는 것은 사회적으로 존경을 받는다는 뜻을 가지고 있다.

회당에서는 높은 자리에 앉기를 좋아하고, 잔치에서는 윗자리에 앉기를 좋아한다(39절).

그들은 회당의 높은 자리와 잔치 자리의 특석을 좋아한다. 회당의 높은 자리(*protokathedrias*, first seats)는 기도 인도자와 성경 낭독자가 올라서도록 높게 꾸며진 강단 앞에 위치한 좌석을 말한다. 잔치의 윗자리(*protoklisias*, first places)는 잔칫집의 상석을 가리킨다. 잔칫집에서는 서기관이 오는 것을 매우 영광스럽게 여겼고, 서기관들은 그것을 즐겼다.

"그들은 과부의 가산을 삼키며 외식으로(*prophasei*, as a pretext) 길게 기도하는 자니 그 받는 판결이 더욱 중하리라 하시니라."(40절)

그들은 과부의 재산을 가로채고 사람들 앞에서 거룩하게 보이려고 길게 기도한다. 이런 사람들은 더욱 엄한 심판(*perissoteron krima*, greater judgment)을 받게 될 것이다. 남을 가르치고 자신은 그렇게 살지 않는 스승들에 대한 심판이 더욱 가혹할 것을 말씀하신 것이다(약 3:1).

"과부의 가산(*oikias*, houses)을 삼키며"는 당시 서기관들의 행태를 말한다. 그들에게 일정한 생활비가 지급되지 않아 생계를 후원자의 도움에 의지하고 있었다. 그런데 이런 상황이 오용되어 특히 과부들이 착취를 당하는 사태까지 이르게 되었다.

7. 과부의 헌금(41-44절)

예수님이 헌금함 맞은쪽에 앉아서 사람들이 어떻게 헌금함에 돈을 넣는가를 보고 계셨다. 많이 넣는 부자가 여럿 있었다(41절). 성전의 뜰은 제사장의 뜰, 이스라엘의 뜰, 여인의 뜰, 이방인의 뜰로 나뉘어 있다. "여인의 뜰"에는 이스라엘 여인들이 들어가는 곳이었다. 그곳에 13개의 헌금함(*gazophylakiou*, treasury)이 놓여있었다. 모양은 나팔 형이고, 13개 중 아홉 개에는 성전세와 제물을 위한 헌금을 드리고, 4개는 성전 수리와 장식을 위한 헌금을 드렸다.

그런데 가난한 과부 한 사람은 와서 렙돈 두 닢, 곧 한 고드란트를 넣었다(42절). "렙돈"(*lepton*, small copper coin, penny)은 이스라엘 화폐 단위의 동전이고, "고드란트"(*kodrantes*, quadrans)는 로마의 화폐 단위이다. 둘 다 가장 작은 화폐단위이다. 누가복음 12:59에서는 "렙돈"을 "한 푼"이라 했다. 한 렙돈은 노동자의 하루 품삯인 한 데나리온의 16분의 1에 해당하는 금액이다.

예수님은 제자들을 곁에 불러 놓고서 그들에게 말씀하셨다. "내가 진정으로 너희에게 말한다. 헌금함에 돈을 넣은 사람들 기운데, 이 가난한 과부가 어느 누구보다도 더 많이 넣었다."(43절) 예수님은 부자의 많은 헌금보다 가난한 여인의 작은 헌금을 귀히 보셨다. 헌금의 양보다 헌금의 질을 보신 것이다.

그들은 다 풍족한 가운데 얼마씩을 떼어 넣었다. 하지만 이 과부는 가난한 가운데서 자기의 가진 것 모두, 곧 자기 생활비 전부를 바쳤다(44절) 예수님이 왜 이 과부의 헌금을 귀히 보셨는가를 보여주는 말씀이다. 부자들은 넉넉한(*perisseuontos*, abounding) 가운데 극히 일부를 떼어 바쳤지만 이 과부는 지금 참으로 가난한 형편(*hystereseos*, poverty)에서 자기의 모든 것, 곧 생활비(*bion*, livelihood) 전부를 바쳤다. 그러므로 하나님은 이 작은 헌금을 더 귀히 보신다는 말씀이다. 자기희생과 정성이 담긴 헌신의 예물만이 참다운 가치를 가진다.

마가복음 13장

말세에 대한 가르침, 그리스도의 재림

1. 말세에 대한 가르침: 말세의 징조(1-23절)

예수님께서 성전을 떠나가실 때에 제자가운데 한 사람이 예수께 말했다. "선생님, 이것 좀 보십시오. 얼마나 굉장한 돌입니까. 얼마나 훌륭한 건물들입니까!" (1절). 예루살렘 성전을 보며 그 웅장함에 감탄한 것이다. 유대인들에게 있어서 성전은 하나님 임재의 상징이었다.

이 성전은 헤롯 대왕이 세운 것으로, B.C. 19년에 착공해 A.D. 63년에 완공되었다. 그러므로 예수님 당시에는 완공된 상태가 아니었다. 성전 주변에 큰 돌도 있었을 것이고, 일부 지어 사용되는 부분도 있었을 것이다. 헤롯은 디아스포라 유대인의 환심을 사기 위해 성전을 거대하게 건축했다. 그리고 외벽을 금으로 입혔다. 유대인들은 헤롯성전을 위대하게 생각했다. 제자들은 이 성전의 웅장함에 압도되어 예수님께 질문을 한 것이다.

그런데 예수님은 그에게 말씀하셨다. "네가 이 건물을 보고 웅장하다고 하느냐? 그러나 돌 하나도 돌 위에 남지 않고 다 무너져 내릴 것이다(*katalythe*, shall be thrown down)." (2절) 이것은 성전이 완전히 파괴될 것을 말씀하신 것이다. 보이는 성전만 보지 말고 살아계신 성전인 예수님을 바라보라는 것이다. 참 성전인 주님을 바라보지 못하는 제자들이 문제이다.

이 예언은 A. D. 66년부터 유대 독립전쟁이 일어나자 A. D. 70년 티투스

(Titus) 장군이 이끄는 로마군에 의해 예루살렘이 함락되었을 때 성전이 완전히 파괴됨으로써 그대로 성취되었다. 완공된 지 7년밖에 되지 않은 성전이 완전히 무너짐을 당한 것이다. 이 때 백만 명 이상의 유대인들이 살해되었을 것으로 추정되고 있다.

예수님이 감람산에서 성전을 마주 보고 앉아 계셨다. 감람산에서 금으로 장식된 성전을 바라다볼 때 그 화려함이 더 컸을 것이다. 그 때 베드로, 야고보, 요한, 그리고 안드레가 조용히 와서 물었다(3절). 예수님이 감람산에서 제자의 질문에 대해 말씀하시며 말세의 징조까지 언급하고 있어 13장을 "감람산 강화"라 한다.

"선생님, 우리에게 말씀해 주십시오. 이런 일이 언제(*pote*, when) 일어나겠습니까? 또 이런 일들이 이루어지려고 할 때에는 무슨 징조(*semeion*, sign)가 있겠습니까?" (4절) 예수님이 성전에 대해 하신 말씀이 궁금했던 것이다.

"이런 일"은 성전이 파괴되는 것을 가리킨다. 제자들은 성전 파괴, 곧 유대 민족에게 임할 심판이 세상의 종말이라 생각했을 것이다. 그러나 예수님은 예루살렘 파괴와 세상 종말을 구분하지 않고 말씀하셨다. 마태복음에는 "주의 오심과 세상 끝에 무슨 징조가 있사오리까?" (마 24:3) 하였다. 예루살렘의 멸망(성전 파괴)과 세상의 종말(예수님의 재림) 사이에는 시간의 간격이 있다. 첫 번째 심판은 종말 심판의 그림자라 할 수 있다.

예수님은 그들에게 말씀하셨다. "너희가 사람의 미혹을 받지 않도록 주의하라." (5절) 아무에게도 속지 않도록(*planese*, mislead) 주의하라는 말씀이다. 예수님은 그 시기에 대해서는 언급하지 않으시고, 징조에 대해서만 강조하시면서 미혹되지 말라 하셨다.

"많은 사람이 내 이름으로 와서는 '내가 그리스도다' (*ego eimi*, I am He) 하면서 많은 사람을 속일 것이다." (6절) 거짓 선지자들이 나타나 자기가 그리스도다 하면서 사람들을 현혹시킬 것이라는 말씀이다.

"또 너희가 여기저기에서 난리(*polemous*, wars), 곧 전쟁이 일어난 소식과 전쟁이 일어날 것이라는 소문(*akoas*, rumors)을 듣게 되어도 놀라지 말라. 이런 일이 반드시 일어나야 한다. 그러나 아직 끝(*telos*, end)은 아니다(7절)." 종말의 징조로 전쟁이 일어나고 전쟁에 관한 소문이 끊이지 않을 것을 말씀하고 있다. 하지만 그것으로 끝나지 않는다. 더 많은 일들이 일어난다는 말씀이다.

민족(*ethnos*, nation)과 민족이 맞서 싸울 것이고, 나라(*basileia*, kingdom)와 나라가 맞서 싸울 것이다. 그리고 지진(*seismoi*, earthquakes)이 곳곳에서 일어나고, 기근(*limoi*, famines)이 들 것이다. 이런 일들은 진통(*odinon*, birth pains)의 시작이다(8절). 종말의 징조로 각종 전쟁과 지진, 그리고 기근이 일어날 것을 말씀하고 있다. 이것은 산통의 시작일 뿐이다. 더한 일들이 일어난다.

"너희는 스스로 조심하라. 사람들이 너희를 배반해 법정에 넘겨주고, 너희가 회당에서 매를 맞을 것이다. 또 너희는 나 때문에 총독들과 임금들 앞에 서게 되고, 그들에게 증언(*martyrion*, testimony)하게 될 것이다(9절)."

이것은 성도들이 신앙으로 인해 극심한 박해를 받게 될 것을 말하고 있다. "총독들과 임금들"은 좁게는 유대를 다스린 로마 총독들, 헤롯 아그립바 1세와 아그립바 2세 등을 가리키며, 넓게는 그리스도인을 박해하는 모든 세상 권력을 가리킨다. 성도들이 박해를 받는 가운데 그들 앞에서 서게 되지만 오히려 그것이 그들에게 예수님을 증거 하는 기회가 된다.

"또 먼저 복음이 모든 민족(*ethne*, nations)에게 전파되어야(*kerychthenai*, proclaim) 한다."(10절) 박해조차도 종말 직전의 징조가 아니다. 그 전에 먼저 복음이 온 세계에 전파되어야 한다(복음의 세계적인 전파).

"너희는 끌려가 조사를 받을 때 무슨 말을 할까 걱정하지 말고 성령님이 일러 주시는 대로 말하라. 말하는 분은 너희가 아니라 성령님이시다."(11절)

법정에 섰을 때 무슨 말을 할까 불안해 하지 말라. 성령님께서 진리의 능력으로 할 말을 일러주실 것이다. 이 때문에 제자들은 용기 있게 세상 권력에 맞설 수 있었다.

12-13절은 복음 때문에 한 집안에서도 분열이 일어나고 배신이 일어날 것을 말하고 있다. "형제가 형제를, 아버지가 자식을 고발하여 죽게 할 것이며 자식들이 부모를 대적하여 죽게 할 것이다."(12절) "그리고 너희가 나 때문에 모든 사람에게 미움을 받을 것이나 끝까지 견디는 사람은 구원을 받을 것이다."(13절) 참고 기다리라 하신다. 최후 심판 때 그리스도의 재림으로 구원을 얻을 것이기 때문이다. 이 같은 인내는 구원에 이르는 분명한 증거가 된다.

14-23절은 성전이 언제 무너질 것인가라는 제자들의 질문에 대한 주님의 대답이다.

"멸망의 가증한 것이 서지 못할 곳에 선 것을 보거든(읽는 자는 깨달을진저) 그 때에 유대에 있는 자들은 산으로 도망할지어다."(14절) "멸망의 가증한 것"(*to bdelygma tes eremoseos*, the abomination of the desolation)은 다니엘이 예언한 것을 말한다(단 11:31, 12:11). 이 예언은 헬라의 수리아 왕 안티오쿠스 에피파네스 4세가 B. C. 168년에 예루살렘을 정복하고 성전의 번제 제단을 없애고 그 위에 제우스신을 섬기는 제단을 세우고 그 위에 돼지를 잡아 희생으로 잡음으로서 실현되었다고 생각했다(마카비1서 1:54-59, 6:7). 멸망할 가증한 것이 서지 못할 곳, 곧 성전에 선 것이다.

하지만 여기서 이 구절은 앞으로 이와 비슷한 신성모독 사건이 일어날 것에 대한 예언이다. 이에 대해 세 가지 해석이 있다.

첫째는, 앞으로 예루살렘 멸망 직전에 유사한 일이 일어난다는 것이다. 역사가 요세푸스가 쓴 「유대전쟁사」에 따르면 이것은 A.D. 67년 11월에서 68년 봄까지 성전 안에서 열심당들의 만행을 가리킨다. 이 때 열심당원들은 성전을 점거하고, 지성소에 난입했으며, 성전 구내에서 살인을 자행하였다. 이 가증스러운 행위들을 본 그리스도인들은 성전이 파괴될 것을 예감하고 예수님이 경고하신 대로 펠라(Pella)로 도피했다.

둘째는, 로마 군대에 의해 예루살렘과 성전이 파괴될 것에 대한 예언으로 보는 것이다. 이 예언도 A.D. 70년에 성취되었다. 이 두 사건은 종말에 있을 사건을 예표 한다. 종말 사건의 그림자다.

끝으로, 예루살렘 성전 파괴가 임박함과 동시에 '자신의 것이 아닌 것', 곧 하나님의 영광을 자신의 것인양 내세우며 그분을 모독할 적그리스도의 출현으로 보는 주장이다.

15-18절은 위험이 매우 시급하므로 지체하지 말고 도피할 것을 말하고 있다.

"지붕 위(*domatos*, housetop)에 있는 자는 내려오지도 말고, 제 집 안에서 무엇을 꺼내려고 들어가지도 말라."(15절) 이스라엘의 가옥구조는 집 바깥에 계단이 붙어있어 옥상에 오르도록 되어 있다. 평평한 지붕(옥상)은 휴식처나 기도처로 사용되었다. "들에 있는 사람은 겉옷을 가지러 집으로 돌아가지 말라."(16절) 겉옷(*himation*, clothing)은 공기가 차가운 밤에 입는 옷으로, 낮에 일할 때는 집에 두거나 밭둑에 벗어둔다.

"그 날에는 아이 밴 여자들과 젖먹이가 딸린 여자들에게는 화가 있으리라."(17절) 이들은 환난 때에 대피하기가 가장 어려운 자들이다. 그들은 결국 불행하게 될 것이다. 이 때에는 오히려 수태치 못한 여인이 다행이다(눅 23:29)

"이 일이 겨울에 일어나지 않도록 기도하라."(18절) 겨울에는 기온이 영하로 내려가기도 하여 춥고, 계절이 우기라 하천이 불어나 피난하기조차 어렵다.

"그 날에 환난(*thlipsis*, tribulation)이 닥칠 것인데, 그런 환난은 하나님께서 세상을 창조하신 이래로 지금까지 없었고, 앞으로도 없을 것이다."(19절)

로마 군대에 의해 예루살렘이 멸망할 때도 극심한 환난이 있었다. 요세푸스에 따르면 당시 유월절 절기로 많은 사람들이 예루살렘에 모여들었는데, 그 중에 약 110만 명이 죽음을 당하고, 10만 여명이 포로로 잡혀갔다. 예수님의 이 예언은 궁극적으로 역사의 종말에는 전무후무한 환난이 있을 것을 가리킨다.

"만일 하나님이 이 고난의 기간을 줄이시지 않았더라면 아무도 살아남지 못할 것이다. 그러나 하나님이 자기가 택하신 백성들을 위해 그 기간을 줄여주셨다."(20절)

만일 하나님께서 그 날들(*hemeras*, days), 곧 환난의 날들을 짧게 하지 않으셨다면 어떤 육체(*pasa sarx*, any flesh)도 구원을 얻지 못했을 것이다. 하지만 그가 택하신 자들(*tous eklektous*, the elect), 곧 성도들을 위해 그 고난의 날들을 줄여주셨다. 절대 멸망의 위기에서 구원함을 받은 것이다. 이것은 환난 날에도 하나님의 택하신 백성이 얼마나 중요한 역할을 하는가를 보여준다.

21-23절은 5-6절의 반복이다. 거짓 그리스도와 거짓 선지자들의 거짓된 주장 때문에 도피가 늦어져서는 안 된다는 것이다(적그리스도의 출현).

"그때 누가 너희에게 '그리스도가 여기(*hode*, here) 있다', '저기(*ekei*, there) 있다' 해도 믿지 말라."(21절) 환난이 절정에 달할 때는 사람들의 마음은 극도의 공포와 불안에 휩싸이게 된다. 그래서 거짓 선지자들의 말에 유혹되기 쉽다. 그래도 그 유혹에 미혹되지 말라는 말씀이다.

"거짓 그리스도들과 거짓 선지자들이 나타나 큰 기적과 놀라운 일을 행하여 할 수만 있으면 선택된 사람들까지 속이려고 할 것이다."(22절) 이적(*semeia*, signs)과 기사(*tereta*, wonders)는 하나님의 초월적인 역사다. 그러나 환난 때 사단은 거짓 그리스도들(*pseudochristoi*, false Christs)과 거짓 선지자들(*pseudoprophetai*, false prophets)을 곳곳에 일으켜 그들로 하여금 큰 이적과 기사를 행하게 한다. 그렇게 하여 택하신 자를 미혹하고자 한다.

"그러므로 너희는 조심하라. 내가 이 모든 일을 너희에게 미리 말하여 둔다."(23절) 주님이 미리 말해주었으니(*proeireka*, have foretold) 삼가 조심하라는 말씀이다.

2. 그리스도의 재림(24-37절)

24-27절은 예수님의 재림에 관한 예언을 담고 있다.

"그러나 그 때에 그 환난 후 해가 어두워지고, 달이 빛을 내지 않을 것이다."(24절) "그 때에 그 환난 후"는 "그 환난이 지난 뒤에(after the tribulation), 그 날에는(in those days)"이다. "그 날"은 종말 예언에서 자주 사용하는 표현으로 심판 날을 가리킨다. 하지만 성경에서 그 정확한 시간은 말하지 않는다. 5-23절에 언급된 모든 사건들은 주님이 재림하시기 전에 반드시 일어난다. 마태복음 24:29에서는 "즉시"라고 말함으로써 환난이 지나면 재림하실 것을 암시해주고 있다.

"별들이 하늘에서 떨어지고, 하늘의 권능들이 흔들릴 것이다."(25절) 예수님 재림 이전에 천체에 변화가 있을 것을 말해준다. "하늘의 권능들"(*dynameis*, powers)은 하늘에 있는 세력들로, 별들, 곧 천체를 가리킨다. 이것은 우주적인 징조가 있게 될 것임을 말해준다.

"그때 사람들은 인자가 구름을 타고 큰 능력(*polles dynameos*, great power)과 영광(*doxes*, glory)으로 오는 것을 볼 것이다."(26절) 예수님의 재림의 모습이다. 이것은 그리스도의 궁극적인 승리를 나타낸다.

"그리고 그 때에 내가 천사들을 보내 땅 끝에서 하늘 끝까지 사방에서 택한 자들(*tous eklektous*, the elect)을 모을 것이다."(27절) 택한 자들은 성도, 곧 주님에 의해 택함을 입은 하나님의 백성들을 가리킨다. 천사들이 사방에서

(from the four winds) 하나님의 백성들을 모을 것이다(*episynaxei*, will gather together)는 말씀은 복음이 전 세계에 전파될 것을 암시하고 있다.

28-31절은 예루살렘의 멸망(5-23절)과 관련되는 말씀이다.

"무화과나무의 비유(*parabolen*, parable)를 배우라 그 가지가 연하여지고 잎사귀를 내면 여름(*theros*, summer)이 가까운 줄 아나니."(28절) 무화과나무는 이스라엘 곳곳에서 볼 수 있는 흔한 나무이다. 여름이 되면 무화과나무 가지가 푸른 잎에 싸이듯 인자가 올 때도 징조가 있을 것이라는 말씀이다.

"이와 같이 너희가 이런 일들이 일어나는 것을 보거든 인자가 문 밖에 가까이 온 줄 알라."(29절) 이런 징조들이 일어나는 것을 보면 주님이 문 앞 가까이 이른 줄 알라는 말씀이다.

"내가 분명히 말해 든다. 이 세대가 지나가기 전에 이 모든 일이 반드시 일어날 것이다."(30절) "이 세대"는 예수님과 동시대를 가리킨다. 예루살렘이 멸망할 것이라는 말씀이다.

"천지는 없어지겠으나 내 말(*logoi mou*, the words of Me)은 없어지지 아니하리라."(31절) 예수님의 말씀이 그대로 이루어지리라는 것을 강조하는 말씀이다.

32-37절은 예수님이 언제 다시 오실지 모르니 항상 깨어 준비하고 있으라는 말씀이다.

"그러나 그 날(*tes hemeras*, the day)과 그 때(*tes horas*, the hour)는 아무도 모르나니 하늘에 있는 천사들도, 아들(*ho Huios*, the Son)도 모르고 아버지(ho Pater, the Father)만 아시느니라."(32절) 예수님의 재림 시기를 말한다. 그 날과 그 때를 예수님이 모르실리 없다. 그런 데 왜 자신은 모른다 하셨을까? 이에 대해 여러 주장들이 있다.

첫째, 예수님은 지금 성육신 상태이시기 때문에 인간의 한계를 자발적으로 수용하여 그 비밀을 나타내지 않으셨다는 것이다. 둘째, 그 비밀을 알고는 계셨지만 제자들에게 드러낼 일이 아니기 때문에 모른다고 하셨다. 셋째, 성부 하나님에 대한 완전한 복종과 겸손을 나타내기 위함이다. 끝으로, 성부는 계획자, 성자는 계시자, 성령은 보존자시라는 사실을 인식하셨다는 주장 등이다.

"정신 차리고(*blepete*, take heed) 깨어 있어라(*agrypneite*, watch). 그 때(*ho kairos*, the time)가 언제인지 너희는 모른다."(33절) "그 때"를 카이로스라 했다. 하나님이 정하신 시간이다. 그 때가 언제인지는 나의 제자인 너희도 모른다. 그러니 정신을 차리고 깨어 있어야 한다. 영적으로나 도덕적으로 해이해지지 말고 각성해 있으라는 말씀이다. 즉, 주님의 오심을 간절히 바라고 기도하며, 복음을 전하면서 서로 사랑하라는 말씀이다.

그것은 마치 어떤 사람이 여행을 떠나면서 종들에게 각각 권한(*exousian*, authority)을 주어 일을 맡기고 문지기(*thyroro*, doorkeeper)에게는 잘 지키라고 명령하는 것과 같다(34절).

주인이 집을 떠날 때 종에게 권한을 주듯이 주님은 교회와 성도들에게 하나님 나라를 전할 사명을 주시고 그 일을 충성스럽게 감당하기를 바라신다. 따라서 우리는 이 바람에 따라 선한 청지기 역할을 잘 감당해야 한다. 예수님은 "문지기"의 역할을 강조하면서 종말에 대해 철저히 대비하며 근신하도록 하고 있다.

"그러므로 깨어 있어라. 집주인이 언제 올는지, 저물 때(저녁녘, *opse*, evening)일지, 한밤중(*mesonyktion*, midnight)일지, 닭이 울 무렵(*alektorophonias*, when the rooster crows)일지, 새벽(이른 아침녘, *proi*, morning)일지, 너희가 알지 못하기 때문이다."(35절) 이것은 밤을 사경으로 나눈 로마의 시간 계산법에 따른 것이다. 밤은 해가 질 때인 저녁 6시부터 해뜨기 직전인 아침 6시까지를 가리킨다. 주님이 언제 오실지 모르기 때문에 깨어있으라는 말씀이다.

주인이 갑자기(*exaiphnes*, suddenly) 와서 너희가 잠자고 있는 것을 보게 되는 일이 없도록 하라(36절). 다가올 하나님의 심판 앞에서 깨어있는 자세로 성실히 믿음을 지키라는 말씀이다.

"깨어 있으라 내가 너희에게 하는 이 말은 모든 사람에게 하는 말이니라." (37절) 내가 너희에게만 아니라 모든 사람에게 말한다. "깨어 있어라"(*gregoreite*, watch). 우리 모두를 향한 주님의 말씀이다. 예수님의 오심과 죽으심은 열두 제자나 특정 유대인을 위한 것이 아니다. 만민을 위한 것이다. 우리 모두 그의 오심을 대망하며 믿음을 강하게 하고, 열심히 복음을 전하자.

마가복음 14장

유대인의 모의, 예수께 향유를 부은 마리아, 유다의 반역, 최후의 만찬, 베드로의 부인 예고, 겟세마네의 기도, 예수의 잡히심, 대제사장의 심문, 베드로의 부인

1. 유대인의 모의(1-2절)

유월절(*pascha*, Passover)과 무교절(*azyma*, Feast of Unleavened Bread) 이틀 전이었다. 유월절은 출애굽을 기념하는 날로, 유대월력으로는 니산 월(3월 또는 4월) 14일 저녁에 시작되어 15일 저녁까지 지킨다. 14일이 시작되기 전인 오전에는 집안의 누룩을 치우고 오후에는 양을 잡아 성전에서 제사를 드린 뒤에 유월절 음식을 준비한다. 이어 15일부터 21일까지는 누룩 없는 빵을 먹는 무교절을 지킨다.

유월절 이틀 전이므로 수난주간의 수요일에 해당된다. 이 때 유대 종교지도자들 사이에 예수님을 체포할 음모가 세워지고, 마리아가 예수님께 향유를 붓는 사건이 일어난다.

그런데 대제사장들과 서기관들은 어떻게 몰래(*en dolo*, by stealth) 예수를 붙잡아 죽일까 궁리하고 있었다(1절). 예수님을 체포하여 은밀히 제거하려는 움직임은 오래전부터 있어왔다. 유월절과 무교절이 곧 다가오자 대제사장들과 서기관들은 그 계획을 구체화하고 싶어 했다. 유월절의 어린 양은 예수 그리스도를 상징한다. 그것은 유대 종교지도자들이 유월절에 예수를 죽일 음모를 꾸몄기 때문이다.

하지만 "백성이 소동(*thorybos*, uproar)을 일으키면 안 되니, 명절에는 하지 말자"고 했다(2절). 예수를 따르는 군중이 많은 데 섣불리 작전을 폈다 군중들이 난동을 일으킬지 모른다. 그래서 명절에는 하지 말자 한 것이다. 유월절에는 전국에서 수많은 순례자들이 예루살렘으로 몰려들었다.

2. 마리아가 예수께 향유를 붓다(3-9절)

예수님이 베다니에 있는 나환자 시몬의 집에서 머물며 식사하실 때였다. 한 여자가 매우 값진 향유 곧 순전한 나드 한 옥합을 가지고 와서 그 옥합을 깨뜨려 예수의 머리에 부었다(3절).

베다니는 감람산 동쪽 기슭에 위치한 곳으로, 여리고에서 예루살렘으로 가는 순례자들이 마지막 머무는 휴식처였다. 나환자(*leprou*, leper) 시몬은 나병을 앓다가 예수님으로부터 치료를 받은 것으로 보인다. 당시 나병은 나병 자체뿐 아니라 갖가지 피부병을 나병이라 했다.

"한 여자"(*gyne*, a woman)는 마르다와 나사로의 누이인 마리아일 것으로 추정된다(요 12:1-8). 나아드(*nardou*, nard) 향유(*myrou*, fragrant oil)는 히말라야 산맥에서 자라는 나드의 뿌리와 잎사귀에서 뽑은 향유라서 매우 값이 나갔다. 여인은 나아드 향유 한 옥합(*alabastron*, an alabaster flask), 곧 한 병을 가지고 와서 깨뜨려 예수님의 머리에 부었다. 아주 귀한 것을 주님께 드린 것이다. 잔치 때 기름을 붓는 것은 일반적인 관습이었다.

그것은 혼수품 1호, 가보 1호였을 수 있다. 그것을 한 순간에 부었다. 하나도 남기지 않았다. 그만큼 예수님을 가치 있게 생각한 것이다. 그것은 예수님에 대한 마리아의 지극한 헌신이었다. 순전한 나드, 곧 순전한 헌신을 했기 때문이다. 그는 힘을 다해 부었다. 그리고 자기 체면을 생각하지 않고 머리로 씻었다. 자기 모든 것을 다 바친 전신 헌신이다. 회개눈물과 감격, 그리고 감사가 있었다.

그런데 그 자리에 있던 몇몇 사람이 화를 내면서 자기들끼리 말하였다. "어찌하여 향유를 이렇게 허비하는가(*apoleia*, waste)?" (4절) 가룟 유다를 비롯해 일부 제자들은 낭비한다 생각했다. 세상의 눈으로 보면 시간낭비, 돈 낭비다. 그러나 마리아에게는 "거룩한 낭비" 다.

이 향유를 팔면 300 데나리온(*denarion*, denarii)도 더 받을 텐데 이것을 팔아 가난한 사람들(*tois ptochois*, the poor)에게 줄 수 있었겠다며 그 여자를 호되게 나무랐다(*enebrimonto*, grumbling)(5절). 300 데나리온은 안식일을 빼고 일했을 경우 받을 수 있는 1년 품삯에 해당한다. 당시 유월절에는 가난한 사람들에 대한 구제 의무가 있었다. 제자들은 이 때문에 불평했을 수 있다. 그런데 요한복음 12:5, 6에 따르면 이 말은 가룟 유다가 했다. 그는 가난한 자편을 드는 척 했지만 실제로는 가난한 자보다 3백 데나리온에 더 관심이 컸다. 마리아의 헌신의 가치도 몰랐고, 예수님의 가치도 몰랐다. 가룟 유다의 비판은 거셌다. 여인의 행동은 그를 화나게 만들었다. 사단이 들어가 "극성스럽다", "낭비다" 생각하게 만들었다. 그러다보니 결국 예수님을 은 30에 팔게 되었다.

그러자 예수님은 이렇게 말씀하셨다. "내버려 두어라. 왜 그 여자를 괴롭히느냐? 그녀는 나에게 좋은 일(*kalon ergon*, good work)을 하였다." (6절) 오히려 예수님은 여인을 두둔하셨다. 책망하지 않으셨다. 칭찬 하셨다. 잔치 때 기쁨과 축하의 표시로 손님의 머리에 기름을 붓는 것은 당시의 풍습이었다. 그러나 이 여인의 행위에는 예수님에게는 깊은 의미가 있다고 하셨다. "아름다운 일" (새번역)을 했기 때문이다. 좋은(*kalon*)은 "선한", "아름다운" 이라는 뜻을 가지고 있다. "내게 좋은 일을 하였느니라." 여인은 그 누구보다 예수님으로부터 인정을 받았다. 내가 좋아하는 일이 아니라 주님이 좋아하시는 일을 하라.

"가난한 자들은 항상 너희와 함께 있으니 아무 때라도 원하는 대로 도울 수 있거니와 나는 너희와 항상 함께 있지 아니하리라."(7절)

가난한 사람들은 항상 너희와 함께 있다. 그래서 마음만 있으면 너희가 언제든지 도울 수 있다. 하지만 나는 너희와 항상 함께 있는 것이 아니다. 이것은 예수님이 십자가를 지실 것을 암시하시는 말씀이다.

"그는 힘을 다하여 내 몸에 향유를 부어 내 장례를 미리 준비하였느니라."(8절)

"이 여인은 내 몸에 향유를 부어 내 장례(*entaphiasmon*, burial)를 미리 준비했으니 자기가 할 수 있는 일을 다 한 것이다." 여기서 "그는 힘을 다 하여"(*ho eschen epoiesen*, what she could she did,)라 함은 여인 자신이 주를 위해 할 수 있는 것을 다하는 것(She did what she could)을 말한다.

여인의 행동은 예수님의 대속의 죽음을 장식하는 것이었다. 유대인들은 장례 때 시신이 부패하는 냄새를 막기 위해 시체에 향유를 발랐다. 여기에서 주님은 자신이 장차 죄인으로 누명을 쓰고 죽임을 당할 것을 예견하신 것으로 보인다. 그런 상황 속에서 시신에 향유를 바르는 일이 불가능할 것이기 때문이다. 그런데 예수님이 돌아가셨을 때 급히 장사하느라 시신에 기름을 바르지 못했던 것으로 보인다(막 15:42-47, 요 19:39-40). 예수님은 이런 상황을 미리 아시고 이렇게 말씀하신 것 아닐까. 장례 준비는 중요한 일이다. 주님이 기뻐하시는 일을 하려면 힘을 다해야 한다. 주님이 기회를 주실 때 놓치지 말자. 막달라 마리아가 향유를 준비하고 예수님의 무덤에 찾아갔지만 주님은 이미 부활하고 무덤에 계시지 않았다.

"내가 진실로 너희에게 이르노니 온 천하에 어디서든지 복음이 전파되는 곳에는 이 여자가 행한 일도 말하여 그를 기억하리라 하시니라."(9절)

온 천하에 복음이 전파될 때마다 이 여인을 기억하기(*mnemosynon*, a memorial) 위해 그의 행적이 언급될 것임을 말한다. 주님이 기억되는 일을 하자. 하나님의 뜻과 사명을 바라보며 살자.

3. 유다의 반역(10-11절)

열두 제자 가운데 한 사람인 가룟 유다가 예수를 넘겨주려고(*paradoi*, might deliver up, betray) 대제사장들에게 갔다(10절). 당시 산헤드린의 가장 큰 문제는 공개적으로 민중을 자극하지 않고 예수님을 체포하는 것이었다. 그런데 예수의 제자가 그들에게 넘겨줄 마음을 갖고 찾아온 것이다. 넘겨 주려는 행위는 배반이다.

그들이 듣고 기뻐하여 돈(*argyrion*, money)을 주기로 약속하니 유다가 예수를 어떻게 넘겨줄까 하고 그 기회를 찾더라(11절)

그들은 너무 기뻤다. 마태복음 26:15에 따르면 가룟 유다는 돈을 요구하고 있다. 이것은 물욕에 어두워 예수를 배반했음을 보여준다. 나아가 예수에 대한 기대, 곧 정치적 메시야에 대한 기대가 무너지자 배반했을 가능성도 있다. 그들은 가룟 유다에게 돈을 주기로 약속했다. 유다는 대신 예수를 넘겨줄 기회를 찾았다. 원문은 "쉽게(*eukairos*, conveniently) 넘겨줄 방법을 찾았다"고 했다. 이렇게 해서 예수님은 유월절의 어린 양처럼 죽음을 맞게 된다.

4. 최후의 만찬(12-26절)

12-26절은 수난 주간 중 목요일 저녁에 있었던 최후의 만찬을 소개하고 있다. 이 만찬은 예수님이 제자들과 함께 드신 마지막 저녁 식사였다.

누룩 넣지 않은 빵을 먹는 명절인 무교절의 첫날은 유월절 양을 잡는 날이었다. 그 날 제자들이 예수님께 물었다. "우리가 가서, 선생님께서 유월절 음식을 드시게 준비하려 하는데, 어디에다 하기를 바라십니까?" (12절) 주님이 잡수실 유월절 음식을 어디에다 마련할지 묻는 물음이었다.

그러자 예수님은 베드로와 요한 제자 두 사람(눅 22:8)을 보내며 말씀하셨다.

"너희가 성 안에 들어가면 물동이(*keramion*, a pitcher, 물통 하나)를 가지고 가는 한 사람(*anthropos*, a man)을 만날 것이다. 그를 따라 가거라. 그리고 그가 들어가는 집 주인에게 '우리 선생님이 제자들과 함께 유월절 음식을 먹을 객실(*katalyma*, guest room)을 알아보라고 하셨습니다.' 해라. 그러면 잘 준비된 넓은 다락방(*mega anagaion*, large upper room, 이층 넓은 방)으로 안내할 것이다. 거기서 준비하도록 하여라." (13-15절)

관습적으로는 여인들이 물을 길러 나르는데, 본문에서는 남성이 물통을 나르는 것으로 되어 있다. 이것은 당국자들의 시선을 피해 유월절을 지내시려는 것으로 보인다. 큰 다락방은 이층에 있어 사람들의 방해를 받지 않는다.

제자들이 성 안에 들어가 보니 예수님이 말씀하신 그대로였다. 그래서 그들은 거기서 유월절 음식을 준비하였다(16절). 날이 저물자 예수님은 열 두 제자와 함께 그 집으로 가셨다(17절). 유월절 식사는 평상시의 식사와 달리 해가 저문 후에 시작되어 한밤중까지 계속되었다.

예수님은 유월절 음식을 잡수시며 말씀하셨다. "내가 분명히 말하지만 너희 중 하나가 나를 팔 것이다(*paradosei*, will betray). 그 사람은 지금 나와 함께 먹고 있다." (18절) "팔 것이다"는 문자적으로 "배반할 것이다"라는 말씀이다. 그들은 근심에 싸여 저마다 예수님께 말하기 시작했다. "나는 아니지요?" (19절)

예수님이 말씀하셨다. "그는 열둘 가운데 하나로, 나와 함께 그릇에 손을 넣는 자이다."(20절) 같은 대접에 빵을 적시는 사람이 배반할 것이라는 말씀이다. 이 그릇(*hen tryblion*, one bowl)은 무화과, 대추야자, 아몬드 등으로 만든 과즙과 물, 그리고 식초를 섞은 양념 그릇으로, 유월절 빵을 여기에 찍어 먹었다. "손을 넣는다."(*embaptomenos*, dipping)는 것은 찍어먹는 행위를 가리킨다. 가룟 유다는 식사할 때 예수님 가까이 앉아 있었기 때문에 같은 양념 그릇을 사용했을 것이다. 배신자에 대한 공개는 매우 암시적이어서 다른 제자들이 눈치 채지 못했다.

"인자는 자기에 대하여 기록된 대로 가거니와 인자를 파는 그 사람에게는 화가 있으리로다 그 사람은 차라리 나지 아니하였더라면 자기에게 좋을 뻔하였느니라 하시니라"(21절).

예수님은 자신이 성경이 기록된 대로 죽게 된다는 것을 강조하셨다. 왜냐하면 제자들은 메시야가 죽는다는 사실을 이해하지 못했기 때문이다. 예수님은 이사야 53장에 나타난 "고난의 종"에 관한 예언을 염두에 두셨을 것이다. 예수님은 사람들 손에 의해 희생되는 것이 아니라 이미 성경에 예언된 말씀대로 하나님의 구원 계획을 실현하시기 위해 스스로 죽으시고 부활하신다.

하지만 예수님을 파는 사람에게는 불행이 닥친다. 하나님의 예정이 인간의 도덕적 책임을 무효화시키지 않기 때문이다. 가룟 유다는 자신의 행위에 대해 책임을 져야 한다. 그래서 예수님은 그가 차라리 태어나지 않았더라면 좋았을 것이라 하셨다.

"그들이 먹을 때에 예수께서 떡을 가지사 축복하시고 떼어 제자들에게 주시며 이르시되 받으라 이것은 내 몸이니라 하시고."(22절) 그들이 먹고 있을 때 예수님은 빵(*arton*, bread)을 들어 감사 기도를 드렸다. 그리고 떼어서 제자들에게 주시며 이것은 "내 몸"(*to soma mou*, the body of Me)이라 하셨다. 내 몸은 예수님의 한 부분인 육신만을 뜻하지 않고 예수님 전부를 가리킨다. 떡을 떼어 주신 것은 십자가에서 예수님 자신을 모두 내어주신다는 것을 상징한다.

"또 잔을 가지사 감사기도 하시고 그들에게 주시니 다 이를 마시매 이르시되 이것은 많은 사람을 위하여 흘리는 나의 피 곧 언약의 피니라."(23, 24절) 또 포도주 잔(*poterion*, cup)을 들어 감사 기도를 드리신 다음 제자들에게 주시자 모두 그 잔을 돌려가며 마셨다. 그러자 예수님은 이렇게 말씀하셨다. "이것은 많은 사람을 위해서 흘리는 나의 피(*to haima*, the blood), 곧 내 언약(*diathekes*, the covenant)의 피다." "나의 피" 역시 예수님의 한 부분인 혈액만을 뜻하는 것이 아니고 예수님의 전부를 가리킨다. 이 잔은 우리의 죄를 속죄하기 위해 십자가에서 쏟으실 피를 상징한다.

"언약의 피"는 하나님과 이스라엘 사이에 맺어진 언약을 말한다. 모세는 짐승을 잡아 그 피를 제단과 백성들에게 뿌림으로써 하나님과 이스라엘 사이에 언약을 체결했다. 하나님은 이스라엘을 돌보는 대신 이스라엘은 하나님만을 섬기기로 약속했다. 하지만 이스라엘은 하나님을 떠나 우상을 섬김으로써 그 약속을 지키지 않았다. 그래서 하나님은 하나님의 백성과 더불어 새 언약을 맺으실 것을 약속하셨다(렘 31:31-33). 이제 예수님의 피로 새 언약이 체결되는 것이다(고전 11:25). 그리스도의 죽음은 예레미야가 예언한 새 언약이 시작된다는 의미를 지니고 있다.

하나님은 인간과 언약을 맺으시고 그 결과 생명과 죽음을 선택하게 하셨다(창 2:16, 17). 이 언약을 깨뜨릴 때에는 대속의 피를 요구하신다. 구약에서는 제물의 피를 통해, 신약에서는 예수의 피를 통해 용서하셨다. 따라서 새 언약은 하나님의 용서와 그의 내재하심을 의미한다.

"진실로 너희에게 이르노니 내가 포도나무에서 난 것(*genematos*, fruit)을 하나님 나라에서 새 것으로 마시는 날까지 다시 마시지 아니하리라 하시니라."(25절) 예수님은 제자들과 함께 떡과 포도주를 마시는 것이 마지막인 것을 아셨다. 따라서 그렇게 말씀하신 것이다. 이것은 예수님의 마지막이며, 고별의 식사임을 말해준다. "새 것으로 마시는 날"은 예수님이 재림하시는 날을 말한다. 그 때는 하나님 나라가 실현된다. 어린 양의 혼인잔치에서 하늘의 식탁이 마련될 것이다(계 19:7, 눅 22:30).

5. 베드로의 부인 예고(26-31절)

"이에 그들이 찬미하고 감람산으로 가니라."(26절) 예수님 일행은 찬송을 부르면서(*hymnesantes*, having sung a hymn) 감람산으로 갔다. 유월절 만찬은 할렐(Hallel) 시편의 후반부, 곧 시편 115-118편을 제창함으로써 끝마친다. 이 시들은 메시야를 예언한 것이다. 예수님은 "내가 죽지 않고 살아서 여호와의 행사를 선포하리로다"(시 118:17) 노래하시면서 겟세마네 동산으로 향하셨을 것이다.

그때 예수님은 제자들에게 말씀하셨다. "너희가 다 나를 버릴 것이다. 성경에도 '내가 목자(*ton poimena*, the shepherd)를 칠 것이니 양들(*ta probata*, the sheep)이 흩어질 것이다.' 라고 쓰여 있다."(27절) 목자가 맞아서 쓰러지면 양들은 흩어진다. 마찬가지로 목자이신 예수님이 십자가에 달리시면 제자들이 흩어질 것을 아셨다. 그리스도가 죽자 제자들은 뿔뿔이 흩어짐으로써 스가랴 13:7 말씀이 성취되었다.

"그러나 내가 살아난 후에 너희보다 먼저 갈릴리로 가리라."(28절) 죽으신 예수님이 부활하시어 제자들보다 먼저 갈릴리로 가실 것이라는 말씀이다.

베드로가 예수님께 "모든 사람이 주님을 버린다 해도 저는 절대로 주님을 버리지 않겠습니다." 하자 예수님은 베드로에게 말씀하셨다. "내가 분명히 너에게 말하지만 바로 오늘 밤 닭이 두 번 울기 전에 네가 세 번이나 나를 모른다고 말할 것이다."(29, 30절)

베드로는 주님을 버리지 않겠다고 했다. 하지만 주님은 그의 단언이 깨어질 것을 말씀하셨다. 이 밤에 닭(*alektora*, rooster)이 두 번 울기 전에 세 번이나 주님을 모른다고 부인할 것(*aparnese*, will deny)을 예언하신 것이다. 이것은 베드로의 자만이 얼마나 헛된 것인가를 보여준다. 닭이 두 번 울 때 베드로는 예수님의 말씀을 기억하고 눈물로 회개할 것이다. 로마인들은 밤을 4등분했는데 세 번째 시각, 곧 밤 12시에서 새벽 3시를 "닭 울 때"라 불렀다(막 13:35).

그러나 베드로는 힘주어서(*ekperissos*, emphatically) 계속 말했다. "내가 주님과 함께 죽는 한이 있을지라도 절대로 주님을 모른다고 하지 않겠습니다." 다른 제자들도 모두 그렇게 말했다(31절).

6. 겟세마네의 기도(32-42절)

32-42절은 겟세마네 동산에서의 기도를 다루고 있다. 이 부분부터 십자가까지의 사건은 수난기간 중 금요일에 일어났다.

예수님의 일행은 겟세마네(Gethsemane)라고 하는 곳에 이르렀다. 겟세마네는 예루살렘 인근의 얕은 산들의 하나로, 감람산의 일부로 보기도 한다. 겟세마네는 "짜다"는 뜻을 가지고 있다. 그곳에 감람기름을 짜는 집이나 틀이 있었다 해서 이 이름이 붙여졌다. 이곳은 예수님이 평소에 자주 찾아 기도하며 하나님과 대화하신 곳이다. 예수님은 함께 온 제자들에게 말씀하셨다. "내가 기도하는 동안에 너희는 여기에 앉아 있어라."(32절)

그리고 베드로와 야고보와 요한을 데리고 가셨다. 예수님은 매우 놀라며

(*ekthambeisthai*, greatly awe-struck) 괴로워하기(*ademonein*, deeply distressed) 시작하셨다(33절) 그래서 세 제자들을 따로 불러 부탁하셨다. "내 마음이 심히 고민하여(*perilypos*, very sorrowful) 죽을 지경이다. 너희는 여기에 머물러서 깨어 있어라."(34절) 인성을 가지신 예수님에게 죽음은 견디기 어려운 일일 수 있다. 그러나 "심히 고민하여 죽게 되었다"고 말씀하시는 것은 단순히 죽음에 대한 두려움 때문은 아니다. 무엇보다 죄가 없는 예수님이 죄인이 되어 하나님으로부터 버림받는 일은 죽음보다 더 고통스러운 일이었다. "깨어 있으라"(gregoreite, watch)는 말씀은 제자들도 예수님과 함께 그 고통을 함께 하면서 기도하라는 말씀이다.

영혼불멸을 믿었던 소크라테스는 죽음을 담대히 받아들였다. 오히려 독약을 혀로 핥는 태연함을 보였다. 예수님이 단지 죽음에 대한 두려움 때문에 고민하고 죽게 되었다고 말했다면 주님을 소크라테스보다 못한 존재로 인식하는 결과밖에 안 된다.

예수님의 번민은 그가 받아야 할 잔 때문이다. 그 잔은 하나님의 분노의 잔이요 저주의 잔이요 심판의 잔이다. 아무나 받을 수 있는 잔이 아니다. 그 잔은 우리의 죄 값을 대신 치루기 위한 고난의 잔이요 대속의 잔이다. 언약의 피를 마시기 위한 것이다. 주님이 그 고난의 잔을 대신 마실 때 하나님의 분노가 쏟아질 것이고 순간이나마 하나님으로부터 버림받게 된다. 순간이지만 하나님과의 교제가 끊어진다. 지금까지 단 1초라도 하나님과 끊어져 본 적이 없는 예수님이 아버지 하나님과의 교제가 끊어진다는 것이 두려운 것이다.

그리고서 예수님은 조금 더 나아가 땅에 엎드리셨다(fell upon the ground). 땅에 엎드려 기도하신 것이다. 이것은 주님의 완전한 겸손, 낮춤, 전적 순종, 하나님 아버지에 대한 전적 의존을 나타낸다. 예수님은 할 수만 있으면 그 때(*he hora*, the time)가 자기에게서 지나가기를 빌었다. 끊어짐의 순간이 빨리 지나가기를 바라신 것이다. 그리고 이렇게 기도하셨다(35절). 예수님의 위대한 기도다.

"아빠 아버지여 아버지께는 모든 것이 가능하오니 이 잔을 내게서 옮기시옵소서 그러나 나의 원대로 마시옵고 아버지의 원대로 하옵소서." (36절)

"아빠 아버지"는 아람어 "압바(*abba*)", 헬라어 "*Pater*"를 동시에 사용한 것으로 모두 "아버지"라는 뜻이다. "아버지"라 부르신 것은 성부와의 친밀한 관계를 나타내신 것이다. 독일 신학자 요아킴 예레미아스(Joachim Jeremias)는 "*abba*"를 유아들의 용어인 "아빠"(daddy)로 보았고, 이것이 한국어의 "아빠"와 유사한 발음으로 들려지면서 널리 받아들여졌다. 그러나 영국의 제임스 바(James Barr)는 결코 그렇게 사용한 것이 아니라 주장했다. 장성한 자녀가 아버지를 부를 때나 마을에 사는 남자 노인을 친근하게 부를 때, 제자가 자기 스승을 부를 때도 "*abba*"를 사용했다는 것이다. 따라서 "*abba*"를 "아버지"로 인식하는 것이 바른 이해일 것으로 생각된다. "압바"든 "아버지"든 친근하기는 마찬가지다.

아버지께서는 무슨 일이나 다 하실 수 있다. 이 고난의 잔(*poterion*, cup)도 거두실 수 있다. "하지만 제 뜻대로 마시고 아버지의 뜻대로 하옵소서." (*ou ti ego thelo, alla ti si,* Not what I will, but you) 이것은 겟세마네 동산에서 하신 기도의 핵심이다.

여기서 잔은 십자가의 죽음을 가리킨다. 예수님은 아버지께서 주신 고난의 쓴 잔을 홀로 마시기 위해 기도하시지 않으면 안 되었다. 주님은 더욱 힘쓰고 애쓰고 간절히 그리고 땀방울이 핏방울이 되도록 기도하셨다. 올리브가 기름틀에서 으깨지는 것처럼 겟세마네 동산에서 자신의 몸이 으깨지도록 기도하셨다. 예수님은 비록 짧은 순간의 끊어짐이겠지만 자신의 뜻보다 아버지의 뜻이 이뤄지기를 기도했다. 예수님은 우리를 사랑하셨으므로 자원하는 마음으로,

기쁜 마음으로, 적극적으로 그 잔을 마셨다.

그리고 예수님은 세 제자에게 돌아와 그들이 잠든 것을 보시고 베드로에게 말씀하셨다. "시몬아, 자고 있느냐? 네가 한 시간(mian horan, one hour)도 나와 함께 깨어 있을 수 없느냐?"(37절)

주님은 피맺힌 절규의 기도를 하는데 제자들은 자고 있었다. 그 모습을 보시고 주님은 베드로를 향해 한 말씀하셨다. 예수님은 베드로의 나약함을 지적하고자 하실 때는 종종 제자가 되기 전의 이름, 곧 "시몬"이라 부르셨다.

이미 닭이 두 번 울기 전에 세 번 나를 부인하리라는 말씀을 들은 그가 아닌가. 그럼에도 그는 잠을 이기지 못했다. 주님과의 마지막 밤이라는 사실을 알았더라면 그렇게 잘 수 있었을까. 그러나 베드로만 탓할 일은 아니다. 그들은 피곤했고, 예수님의 죽으심을 이해하지 못하고 있었다.

"시험에 들지 않게 깨어 있어 기도하라 마음에는 원이로되 육신이 약하도다 하시고."(38절)

"너희는 유혹(*peirasmon*, temptation)에 빠지지 않도록 깨어서 기도하라. 마음은 간절하지만, 육신이 약하구나."

이 말씀은 시편 51:12을 인용한 것이다. 여기서 "마음"(*pneuma*, spirit)은 영을 가리키며, "육신"(*sarx*, the flesh)은 타락한 죄성을 가진 육체를 가리킨다. 영적 인간은 성령을 의지하므로 깨어 기도할 수 있지만 육적 인간은 연약해 잠이라는 시험조차 이길 수 없다. 성령의 도우심을 통해서만 시험을 이길 수 있다. 주님은 잠든 제자들 향해 깨어 기도함으로써 영의 새로운 능력을 힘입어 시험을 물리치라 하신다. 우리에게도 영적으로 깬 겟세마네 기도가 필요하다.

예수님은 다시 가서 같은 말씀으로 기도하셨다. 그리고 나서 돌아와 보니 제자들이 몹시 피곤하여 또 자고 있었다. 졸려서 눈을 뜰 수 없었던 것이다

(heavy eyes). 그들은 예수님께 무슨 말로 대답해야 할지 몰랐다(39, 40절). 예수님을 보고 몸 둘 바를 몰랐다는 말이다.

예수님은 세 번째 제자들에게 오셔서 이렇게 말씀하셨다. "이제는 자고 쉬라 그만 되었다 때가 왔도다 보라 인자가 죄인의 손에 팔리느니라."(41절) 세 번이나 제자들에게 오셨지만 제자들은 자고 있었다. 이처럼 세 번 오신 것은 베드로가 세 번 부인한 것과 대조된다. "이제는 자고 쉬라 그만 되었다 때가 왔도다 보라 인자가 죄인의 손에 팔리느니라."는 원문에 "너희들은 아직도 자며 쉬고 있느냐? 그만하면 됐다. 보라 이제 인자가 죄인(*ton hamartolon*, the sinful)의 손에 넘겨질 시간(*he hora*, the time)이 왔다."로 되어 있다.

"일어나라 함께 가자 보라 나를 파는 자가 가까이 왔느니라."(42절). "일어나라. 같이 가자. 나를 배반할 자(*ho paradidous*, the one betraying)가 가까이 왔다." 예수님은 기도로 준비하셨고, 이제 담대히 고난의 잔과 마주 설 수 있게 되었다. "일어나라. 같이 가자." 담대해지신 예수님의 모습을 보라. 그분은 이미 승리하셨다. 시험에 지고만 제자들과는 너무나 비교가 된다.

겟세마네의 예수님은 기도, 순종, 겸손을 짜기 위한 것이지만 예수님을 잡으러 온 겟세마네의 무리는 무력, 음모, 수탈, 불법을 짜기 위해 왔다. 그 안에 가룟 유다가 있었다.

예수님이 그 잔을 마심으로 하나님과 적대관계에 있던 우리가 하나님과 화해하는 복된 관계로 발전하게 되었다. 예수님이 이 고난을 당함으로 인해 우리 속에 기쁨과 화해와 회복의 공동체가 세워지게 되었다. 주님만 이 고난의 잔을 마실 것이 아니라 그리스도인 모두도 주님이 원하시면 그 잔을 마셔야 한다. 우리가 그 잔을 기쁨으로, 사랑으로 마실 때 우리의 공동체가 거듭나게 된다. 이제는 우리가 주님을 위해 무엇을 해야 하는가를 고민할 차례다.

7. 예수의 잡히심(43-52절)

예수님의 말씀이 미처 끝나기도 전에 열 두 제자 중의 하나인 가룟 유다가 왔다. 그리고 대제사장들과 서기관들과 장로들이 보낸 많은 무리도 칼과 몽둥이(*xylon*, clubs)를 들고 같이 왔다(43절).

"대제사장들과 서기관들과 장로들"은 유대의 최고 법정인 70인 공회, 곧 산헤드린의 구성원들을 가리킨다. 대제사장들은 전직, 현직 대제사장 모두를 포함한다. 서기관은 율법과 조상들의 전통을 해석하는 사람을 가리키며, 장로들은 예루살렘의 유력인사로 부유한 지주계급을 가리킨다. "무리"(*ochlos*, a crowd)는 로마 군대와 하속들(성전 경비병)을 가리킨다(요 18:3). 이것은 예수님을 체포하기 위해 상당한 병력이 동원되었음을 알 수 있다.

유다는 "내가 예수에게 입을 맞출 테니 그를 단단히 붙잡아 가시오." 하고 미리 신호(*syssemon*, a sign)를 짜 둔 후 곧 예수님께 나아와 "랍비여" 하며 예수님께 입을 맞췄다. 유대 풍습에서 제자들이 랍비들에게 존경의 표시로 입을 맞추는 것은 흔했기 때문에 자연스럽게 신호로 삼을 수 있었다. 그러자 그들이 달려들어 예수님을 붙잡았다(44-46절).

그때 예수님 곁에 섰던 한 사람이 칼을 빼어 대제사장의 종을 쳐서 그의 귀를 잘라 버렸다(47절). 요한복음에서는 칼을 뺀 사람이 베드로임을 밝히고 있다(요 18:10). 그리고 귀가 잘린 사람은 말고였다.

예수님은 무리들을 보시고 말씀하셨다. "내가 마치 강도(*lesten*, a robber)라도 되는 것처럼 너희가 칼과 몽둥이를 들고 나를 잡으러 왔느냐? 내가 날마다 너희와 함께 성전에 있으면서 가르칠 때는 너희가 나를 잡지 않았다. 그러나 이런 일이 일어나게 된 것은 성경 말씀을 이루기(*plerothosin*, may be fulfilled) 위해서이다."(48, 49절) 예수님은 자신을 범법자처럼 취급하는 것에 대해 분노하셨다. 하지만 이 모든 것이 "범죄자 중 하나로 헤아림을 입었음이라"(사 53:12) 하신 성경 말씀을 이루려 한 것임을 밝히셨다.

그 사이에 제자들은 예수님을 버리고 모두 도망쳐 버렸다(50절). 제자들이 도망한 것은 예수님이 이미 스가랴 13:7을 인용하시면서 예언하신 말씀(27절)이 그대로 이뤄졌음을 보여준다.

그리고 한 청년이 베 홑이불(*sindona*, linen cloth)만 두르고 예수님을 따라가다가 그들에게 잡히자 두른 것을 팽개치고 알몸으로 달아났다(51, 52절). 이 구절은 마가복음에만 소개된다. 이 청년은 제자는 아니지만 예수님의 신변을 염려했던 사람이었을 것이다. 그가 누구인지는 알 수 없지만 다른 복음서에는 이 사건이 기록되지 않아 마가복음을 기록한 마가일 것으로 추측하고 있다. 어둠 속에서 자신이 아니면 그런 사실을 잘 알 리가 없을 것이기 때문이다. 그러나 이러한 추측을 뒷받침해줄 만한 실제적인 근거는 없다. 이 두 구절이 기록된 것은 제자들이 예수님을 홀로 남겨두고 모두 도망했음을 강조하려는 데 있다.

8. 대제사장의 심문(53-65절)

그들은 예수를 대제사장에게로 끌고 갔다. 그러자 대제사장들과 장로들과 서기관들이 모두 모여들었다(53절). 그 해의 대제사장은 가야바였다. 그는 A. D. 18년에서 37년까지 재임했다. 가야바는 예수를 체포하고 빌라도로 하여금 정치범으로 사형에 처하게 한 교활한 사람이다. 복수의 "대제사장들"은 전직 대제사장까지 포함한 것이다.

예수님의 재판은 두 단계에 걸쳐 진행되었다. 첫 번째 단계는 유대인들에 대한 재판이다. 먼저 전직 대제사장이었던 안나스 앞에서의 예비심문(요

18:12-14, 19-23)에 이어, 대제사장 가야바와 산헤드린 공회 앞에서의 심문(막 14:53-65), 산헤드린 공회의 최종 판결(막 15:1) 순으로 진행되었다. 그리고 두 번째 단계는 로마인들에 의한 재판이다. 이 재판은 빌라도의 심문(막 15:2-5), 분봉왕 헤롯 안디바의 심문(눅 23:6-15), 그리고 빌라도의 계속된 심문과 최종 판결(막 15:6-15)로 진행되었다.

53절의 재판은 대제사장 가야바와 산헤드린 공회 앞에서의 심문을 가리킨다. 공회는 예루살렘에 설치된 유대인의 최고회의로, 위원은 모두 70명이었다. 의장직을 맡은 대제사장까지 포함하면 71명이다. 의장은 현직 대제사장이 맡고, 전직 대제사장들과 장로들, 서기관들, 바리새인, 사두개인들로 구성된다. 그들은 예수 문제를 신속히 처리하기 위해 공회를 소집했음을 알 수 있다(15:1). 율법 해석서인 미쉬나에 따르면 회원 중 23명만 참석해도 회의는 개최되었다.

베드로는 멀찍이 떨어져서 예수를 뒤따라 대제사장의 집 뜰(*aulen*, court)에까지 들어갔다. 그는 아랫사람들(경비병들, *hypereton*, officers)과 함께 앉아 불을 쬐고 있었다(54절).

대제사장들과 온 공회가 예수를 사형에 처하려고 그를 고소할 증거(*martyrian*, testimony)를 찾았다. 그러나 찾아내지 못했다(55절). 유대는 로마 속국이었지만 어느 정도 자유가 허용돼 산헤드린 공회가 유대의 정치를 담당했다. 유대교 법정에서는 증인이 적어도 두 명 있어야 하고 유죄판결을 내릴 수 있고, 판사는 증인들의 증언이 세부적으로 일치할 때만 유죄 또는 무죄 판결을 내릴 수 있었다. 그런데 그를 칠 증거를 얻지 못했다.

예수에게 불리하게 거짓으로 증언하는 사람은 많이 있었다. 하지만 그들의 증언은 서로 들어맞지 않았다(*isai*, alike)(56절). 거짓으로 증거 하는 사람이 많았지만 그 증거에 대한 당위성이 성립되지 못했다. 그 중 한 가지 사례로

57-59절이 소개된다.

그때 몇 사람이 일어나 "우리가 이 사람이 말하는 것을 들었는데 '내가 사람의 손으로 지은(*cheiropoieton*, made with hands) 이 성전을 허물고, 손으로 짓지 않은 다른 성전을 사흘 만에 세우겠다.' 하였습니다." 하며 예수님께 대하여 거짓 증언을 하였다. 그러나 이 증언도 서로 맞지 않았다(57-59절). 왜 그럴까? 예수님께서 성전을 헐라는 말을 유대인들에게 하신 것은 맞다. 하지만 "손으로 지은"이라는 말은 하지 않으셨다. 또한 무엇보다 예수님이 성전을 비방하거나 모독한 적이 없었다. 따라서 그들의 고소는 사실과 일치하지 않는 것이었다. 예수님은 "성전"인 예수님의 육체가 삼일 만에 부활할 것을 말씀하신 것이다(요 2:21).

그래서 대제사장이 한가운데 일어서서 예수께 물었다. "이 사람들이 그대에게 불리하게 증언을 하는데도 왜 아무 답변도 하지 않는가?"(60절). 대제사장 가야바가 직접 심문에 나선 것이다.

예수님이 침묵하며 대답을 하시지 않자 대제사장은 다시 물었다. "네가 찬송 받을 이(하나님, *tou Eulogetou*, the Blessed One)의 아들 그리스도(*ho Christos*, the Christ)냐?"(61절)

거짓증언으로도 증거가 세워지지 않자 다급해진 대제사장 가야바는 "네가 그리스도냐"고 물음으로써 유도심문을 하기 시작했다. 대제사장이 증거를 얻기보다 유도심판을 함으로써 스스로 불법을 자행한 것이다.

그의 질문은 예수님이 자신을 메시야라고 주장했는가 하는 것이다. 이 질문은 아주 결정적인 것이었다. 그렇게 주장했다면 메시야는 자기 증명을 해야 한다. 그런데 제자들마저 모두 도망한 처지에서 재판을 받고 있는 예수님이 친히 메시야임을 선언한다면 그것은 유대인의 생각에 하나님을 모독하는 것이라 생각하기에 충분한 것이었다.

예수님은 대답하셨다. "내가 그니라. 인자가 전능하신 분의 우편에 앉은 것과 구름을 타고 오는 것을 너희가 볼 것이다."(62절)

예수님은 살벌한 상황에서도 전혀 두려워하지 않고 "내가 그니라"(*Ego eimi*, I am)고 말함으로써 그리스도임을 밝히셨다. 죽음이 임박한 이 때에 자기가 메시야이심을 밝히는 것은 예수님의 마지막 남은 사역 가운데 하나였다. 그리고 전능하신 하나님 우편에(*ek dexion*, at the right hand) 앉을 것과 구름타고 오실 것에 관련된 말씀은 시편 110:1과 다니엘서 7:13을 인용한 것으로, 예수님이 부활 승천하여 하나님 우편에 앉아계시다가 종말에 심판주로 재림하실 것이라는 말씀이다. 유대인들은 "우편"을 지극히 존귀한 위치로 여겼다. 하나님 우편은 더 말할 것 없다.

이에 대제사장이 자기 옷을 찢었다. 분노가 극에 달한 것이다. 그는 말했다. "우리가 이 이상 무슨 증거가 더 필요하겠는가!"(63절). "여러분도 저 사람이 하나님을 모독하는 말(*blasphemias*, blasphemy)을 다 들었습니다. 여러분은 어떻게 생각합니까?" 그러자 그들은 모두 예수는 사형을 받아야(*einai thanatou*, to be of death) 마땅하다고 정죄하였다(64절). 대제사장은 확실한 증인을 찾을 수 없게 되자 예수님의 고백을 증거삼아 판결을 내린 것이다. "산헤드린이 7년 동안 단 한 사람이라도 사형을 언도하면 그곳은 도살장이다"는 말이 있다. 그들은 그만큼 인권을 존중하고자 했다. 그러나 그들은 예수님에게만은 예외였다. 그들은 예수를 죽이고자 사형을 언도했다.

그들 가운데서 어떤 사람들은 달려들어 예수께 침을 뱉고, 얼굴을 가리고 주먹으로 마구 치면서 "예언자야, 너를 때리는 사람이 누군지 알아맞혀 보아라."(*Propheteuson*, prophesy)하고 놀려대기 시작하였다. 그리고 하인들(경비병들, *hyperetai*, officers)은 예수님을 넘겨받더니 손바닥으로 뺨을 쳤다(65절). 눈을 가리고 때리며 누가 그랬는지 알아맞히는 행동은 그가 메시야인지를 확인하는 전통적인 관습이었다. 유대인들은 이사야 11:3을 자의적으로 해석하며 그가 진정 메시야라면 눈과 귀를 사용하지 않고 냄새만으로도 판단할 것이라 믿었다.

이 장면은 예수님이 집단폭행을 당했음을 보여준다. 주님은 사형을 언도받고 무리들로부터 폭행을 당해도 그 모두를 받아들이셨다. 우리의 구원을 위해, 차라리 자신이 저주를 받더라도 우리가 축복 받기를 바라면서 그 모든 수모를 받아들이셨다.

9. 베드로의 부인(66-72절)

한편 베드로가 안뜰(the courtyard) 아래쪽에 있었다. 그 때 대제사장의 하녀(*paidiskon*, servant girls) 가운데 하나가 와서 불을 쬐고 있는 베드로를 유심히 보며 말했다. "당신도 저 나사렛 사람 예수와 함께(*meta*, with) 다닌 사람이지요?"(66, 67절) 당신도 나사렛 사람 예수와 한패가 아니냐는 것이다.

그러자 베드로는 "도대체 무슨 소리를 하는지 모르겠소(I don't know). 당신이 하는 말을 이해하지 못하겠소(I don't understand)." 하고 부인하며 현관(*proaulion*, porch)쪽으로 나갔다. 그 때 닭이 울었다(68절).

그 여종이 다시 베드로를 보고 곁에 선 사람들에게 말했다. "이 사람은 그들 중 한 사람임이(*ex aouton*, one of them) 틀림없어요."(69절) 그러나 베드로는 다시 부인하였다. 조금 뒤에 곁에 서 있는 사람들이 다시 베드로에게 말했다. "당신도 갈릴리 사람인 걸 보니 그들과 한패임이 틀림없소."(70절) 베드로가 갈릴리 사투리를 사용하는 것을 보고, 한 패라 여긴 것이다.

그러나 베드로는 저주하고(*anathematizein*, curse) 맹세하며 말했다. "나는 당신들이 말하는 그 사람을 알지 못하오."(71절). 자신은 예수를 전혀 모르는 사람이라며 주님을 저주하고 맹세까지 하며 완강히 부인했다.

바로 그때 닭이 두 번째 울었다. 새벽닭은 비교적 규칙적으로 자정에서 새벽 3시 사이에 세 번 약 3-5분간 울었다고 한다. 베드로는 예수님께서 "닭이 두 번 울기 전에 네가 세 번이나 나를 모른다고 말할 것이다."라고 하신 말씀이 생각났다. 그는 엎드려서(*epibalon*, having broken down) 울기 시작했다(*eklaien*, he began to weep)(72절). 그는 주님을 세 번이나 부인했다. 심지어 저주까지 했다. 그러나 하나님은 그에게 회개의 영을 부어주셨고 더욱 귀한 일꾼으로 세워주셨다.

마가복음 15장

빌라도의 재판, 군인들의 희롱을 받으심, 십자가에 달리심, 무덤에 장사되심

1. 빌라도의 재판(1-15절)

새벽에 대제사장들이 즉시 장로들과 서기관들이 공회 전체 회의를 열었다. 공회는 밤에 모일 수 없었지만 대제사장은 예수를 빨리 없애기 위해 밤에 재판을 열었고, 날이 새자마자 다시 심문을 한 다음 결의한 뒤 예수를 결박하여 끌고 가서 빌라도에게 넘겨주었다(1절).

공회에서는 예수님을 신성모독 죄로 몰았고, 이제 로마의 법에 따라 진행되도록 빌라도에게 넘겨준 것이다. 빌라도(*Pilato*, Pilate)는 당시 유대와 사마리아를 다스리던 제5대 로마 총독이었다. 당시 유대 공회는 사형을 집행할 권한이 없었다. 따라서 총독의 허가를 받기 위해 빌라도에게 넘긴 것이다. 빌라도는 평상시에는 가이사랴에 머물러 있었지만 유월절과 같은 특별한 때에는 유사시를 대비해 예루살렘에 와있었다.

빌라도가 예수님께 "네가 유대인의 왕(*ho Basileus*, King)이냐?" 하고 물었다. 이것은 공회가 예수를 정치적 목적으로 고발했음을 보여준다. 빌라도는 유대의 종교 문제에 대해서는 관심이 없었기 때문이다. 예수님은 "네 말이 옳도다." 고 대답하셨다(2절). 원문은 "당신이 말한 그대로다" (*Sy legeis*, You have said)이다. 예수님의 이 대답은 긍정과 함께 부정의 뜻이 담겨 있다. 예수님은 유대의 왕, 메시아이시다. 그러나 그것은 영적인 차원에서 그런 것이지 정치적이 차원은 아니기 때문이다.

대제사장들이 갖가지 죄목을 붙여 예수님을 고소했다(3절). 누가복음을 보면 그들은 예수님이 대중을 선동해서 소요를 일으키게 했다, 로마황제에게 세금을 내지 말라고 했다, 자칭 왕 그리스도 행세를 했다는 등 여러 가지로 고소했다(눅 23:2).

그러자 빌라도는 다시 예수님께 물었다. "당신은 아무 답변도 하지 않소? 사람들이 얼마나 여러 가지로 당신을 고발하는지 보시오."(3, 4절). 그러나 예수님은 더 이상 아무 대답도 하지 않으셨다. 그러자 빌라도는 놀랍게 여겼다(*thaumazein*, amaze)(5절).

유월절 같은 명절(*heorten*, feast)이 오면 로마총독은 유대인의 민심을 얻기 위해 백성이 원하는 죄수 하나를 석방하는 전례가 있었다(6절). 마침 민란(*stasei*, insurrection, uprising)을 일으키고 살인한 죄로 갇혀 있는 폭도들 중에 바라바(Barabbas)라는 죄수가 있었다(7절). 그는 로마제국으로부터 민족 독립을 쟁취하기 위해 무력을 사용한 열심당원의 우두머리로 간주되고 있다. 당시 로마 속국이었던 유대에서는 독립을 얻기 위해 투쟁하는 사람들이 있었다. 그들을 열심당원이라 불렀다. B.C. 6년에 갈릴리 사람 유다가 독립운동을 벌인 것을 시작으로, A.D. 74년경에는 마사다에서 최후까지 저항한 일도 있었다. 바라바는 예수님 당시에 로마에 저항하다 체포된 것으로 보인다.

군중들이 빌라도에게 전례대로 죄수 하나를 석방하라고 소리쳤다(8절). 그러자 빌라도가 그들에게 물었다. "여러분은 내가 유대인의 왕을 놓아 주기를 원하는가?"(9절). 유대인의 송사에 깊이 관여하고 싶지도 않았고, 대제사장들이 예수님을 시기하여(*phthonon*, envy) 자기에게 넘겨 준 것을 알고 이렇게 물은 것이다(10절).

그러나 대제사장들은 무리를 선동하여(*aneseisan*, stirred up) 오히려 바라

바를 놓아 달라 요구하게 하였다(11절). 군중은 대제사장들의 선동에 넘어갔다. 한 때 예수님을 열광적으로 환영했던 그들이었다. 하지만 군중은 이 상황에서 쉽게 배반했다.

빌라도는 다시 그들에게 말했다. "그러면, 당신들은 유대인의 왕이라고 하는 그 사람을 나더러 어떻게 하라는 거요?"(12절). 그들이 다시 소리를 질렀다. "그를 십자가에 못 박으시오(*Stauroson auton*, Crucify Him)."(13절). 유대인들의 사형 법은 주로 돌로 치는 것이었다. 그러나 당시 유대는 로마 속국이어서 로마의 극형에 해당하는 십자가 처형을 원한 것이다. 이것은 유대종교지도자들의 선동에 따른 것이다.

빌라도가 그들에게 말했다. "이유가 무엇이오? 이 사람이 무슨 악한 죄를 지었다는(*epoiesen kakon*, commit evil) 것이오?" 하지만 그들은 더욱 크게 소리를 지르며 십자가에 못 박으라 했다(14절).

그러자 빌라도는 무리를 만족시켜 주려고 바라바는 놓아주었다. 그리고 예수는 채찍질한(*phragellosas*, having flogged) 다음에 십자가에 처형당하게 넘겨주었다(15절). 죄수를 십자가에 처형할 때는 우선 채찍질로 기운을 빼 가급적 빨리 죽게 하였다. 채찍은 몇 개의 가죽 끈으로 되어 있고, 그 끝에는 뼈나 납으로 된 조각들이 달려있어, 심하게 맞으면 뼈가 드러나고 내장이 노출되어 사망하기도 했다. 유대인들은 매질의 형량을 40대 이내로 정해놓았으나 로마인에게는 이러한 제한이 없었다.

마태복음을 보면 민란이 나려는 것을 보고 물을 가져다가 무리 앞에서 손을 씻었다고 했다. 자기는 이 문제에 관한 한 잘못이 없다는 것이다. 하지만 빌라도는 예수님이 죄가 없음을 알면서도 유대종교지도자들에 의해 조작된 민의에 굴복하고 말았다.

2. 군인들의 희롱을 받으심: 가시관을 쓰시다(16-19절)

로마 병사들은 예수를 브라이도리온(*Praitorion*, the Praetorium)이라 하는 뜰 안으로 끌고 갔다. 그 곳은 총독 공관이었다. 그들은 온 부대를 집합시켰다(16절). 총독들은 일반적으로 왕궁을 관저로 사용했기 때문에 이곳을 헤롯 궁으로 보는 학자도 있다.

그런 다음에 그들은 예수께 자색(*porphyran*, purple) 옷을 입히고, 가시관(*akanthinon stephanon*, thorn crown)을 엮어서 머리에 씌웠다(17절). 헬라 시대 임금들은 자주색 옷을 입었다. 로마 군인들이 예수님께 입힌 옷은 그들이 입는 자주색 망토였다. 또한 당시 임금들은 황금 잎사귀로 만든 왕관을 썼다. 그러나 가시로 엮어 만든 관을 예수님께 씌운 것은 조롱하기 위한 것이었다.

그런 다음 그들은 저마다 경례하면서(*aspazesthai*, salute) "유대인의 왕 만세!"(Hail King of the Jew)를 외쳤다(18절). 또 갈대(*kalamo*, a reed)로 예수의 머리를 치고, 침을 뱉고, 무릎을 꿇어서 그에게 경배하였다(19절). 마태복음 27:29-30에 따르면 먼저 갈대를 예수님의 손에 들렸다가 희롱한 뒤 빼앗아 그것으로 머리를 쳤다. 갈대를 왕권을 상징하는 홀(笏, scepter)로 가장한 것이다.

3. 십자가에 달리시다(20-41절)

이렇게 예수를 희롱한(*enepaixan*, have mocked) 다음 그들은 자색 옷을 벗기고, 그의 옷을 도로 입혔다. 그런 다음에, 그들은 예수를 십자가(*staurou*, cross)에 못 박으려고 끌고 나갔다(20절).

마침 알렉산더와 루포의 아버지 구레네 사람 시몬이 시골에서 올라오는 길에 그 곳을 지나가고 있었다. 군인들은 그를 보고 강제로 붙잡아 예수님의 십자가를 지고 가게 하였다(21절)

십자가는 사형을 당하는 사람이 지고 가는 것이 관례였다. 하지만 예수님은 채찍질을 너무 당해 끝까지 지고 가실 수 없었다. 따라서 군인들이 한 사람을 징발하여 대신 십자가를 지게 했다. 그 사람이 구레네(*Kyrenaion*, Cyrene) 사람 시몬(*Simona*, Simon)이었다. 그는 마침 그 순간 공교롭게도 그곳을 지나가다 억지로 십자가를 지게 된 것이다. 구레네는 북아프리카, 지금의 리비아의 한 도시를 가리킨다. 그곳에 유대인이 많이 살았다. 시몬은 그곳에서 디아스포라 유대인으로 살다가 이스라엘로 돌아와 정착한 것으로 보인다.

그는 알렉산더(Alexander)와 루포(Rufus)의 아버지로 소개되고 있다. 그의 가족이 소개된 것은 나중에 예수를 믿었고, 또 독자들에게 잘 알려진 때문인 것으로 보인다. 바울은 로마교회에 문안할 때 루포와 그의 어머니(시몬의 아내)를 언급했다. 안디옥 교회에선 많은 구레네 사람들이 교회의 초석이 되었다. 이 교회에서 바울과 바나바를 최초 선교사로 파송했다.

시몬은 수난기에 예수님을 만난 인물이다. 그는 처음엔 억지로 십자가를 졌으나 영적으로 변화했음을 보여주고 있다. 예수의 눈빛을 보았고, 고난 받는 여호와의 종을 보았고, 골고다 십자가의 예수를 보았다. 백부장이 예수를 가리켜 "그는 진실로 하나님의 아들이었다"는 고백도 들었을 것이다. 그 후 그는 식구들에게 예수를 전했고, 그의 식구들도 그리스도인이 되었다. 따라서 그가 십자가를 지게 된 것은 우연이 아니라 신적 개입이 있었음을 알 수 있다.

그들이 예수님을 끌고 "해골 터"로 일컫진 골고다로 갔다(22절). 골고다(Golgotha)는 히브리어로 "해골"이라는 뜻이다. 라틴어로는 "갈보리"(Calvary)이다. 바위 언덕으로 된 그 지형이 해골을 닮은 데서 유래된 것으로 보인다.

몰약을 탄 포도주를 마시라고 예수님께 드렸으나 예수님은 받지 않으셨다(23절). 몰약을 탄 포도주는 마취제 역할을 했다. 십자가 처형을 당하는 사형수에게 마취성 음료를 제공해 고통을 덜고자 한 것이다. 그러나 예수님은 거부하셨다. 자신에게 정해진 고통을 맑은 정신으로 당하기 위해 사양한 것이다.

그들은 예수님을 십자가에 못 박고 나서 제비(*kleron*, lots)를 뽑아 예수님의 옷을 나눠 가졌다(24절). 사형수의 옷은 형을 집행하는 군인들이 나눠 갖는 것이 관례였다. 예수님의 옷은 속옷과 겉옷, 그리고 허리띠와 머리 수건이었을 것이다. 이것은 시편 22:18의 말씀이 실현된 것이기도 하다.

예수님이 십자가에 못 박히신 때는 제 삼시였다(25절). 해 뜰 때인 오전 6시 경을 0시로 하여 계산하므로 제 삼시는 오전 9시가 된다. 예수님의 죄명이 적힌 죄 패(the inscription of the charge)에는 "유대인의 왕"(The King of the Jews)이라고 쓰여 있었다(26절). 요한복음 19:19에 따르면 죄 패에는 히브리어, 라틴어, 헬라어로 "나사렛 예수 유대인의 왕"이라 쓰여 있었다.

그들은 또 예수님과 함께 두 강도(*lestas*, robbers)도 십자가에 못 박았는데 하나는 예수님의 오른편에, 하나는 왼편에 매달았다(27절). 일반 강도는 십자가형에 처하지 않는다. 그 이상의 정치범일 가능성이 높다. 요세푸스는 "강도"라는 단어는 자주 열심당을 가리켜 사용되었다고 했다.

28절은 (없음)으로 되어 있다. 그러나 NASB는 ['범죄자 중 하나로 헤아림을 받았음이니라' (사 50:12)라는 성경말씀을 이루려 함이라]로 소개하고 있다.

십자가는 내가 치러야할 죄의 고통을 죄 없으신 주님이 대신 받으신 것이다. 그 처절한 고통을 통해 나의 죄와 수치가 제거되었다. "여호와께서 모든 얼굴에서 눈물을 씻기시며 그 백성의 내 수치를 온 천하에서 제하시리라"(사 25:8).

지나가는 사람들이 머리를 흔들면서 예수를 모욕하며 말했다. "아하! 성전을 허물고 사흘 만에 짓겠다던 사람아, 자기나 구원하여 십자가에서 내려오라." (29, 30절) 머리를 흔든다는(shaking the heads) 것은 놀림과 조롱의 표시이다(시 22:7). 사람들은 예수님이 십자가에 매달리신 것을 보고 실력도 없이 큰 소리만 친 과대망상자로 여기며 조롱한 것이다.

대제사장들도 서기관들과 함께 조롱하면서 서로 말했다. "그가 남은 구원하였으나 자기는 구원하지 못하는구나. 이스라엘의 왕 그리스도는 지금 십자가에서 내려와 봐라. 그래서 우리로 하여금 보고 믿게 해라!" 예수와 함께 십자가에 달린 두 사람도 그를 욕하였다(31, 32절). "우리로 하여금 보고 믿게 하라"는 것은 예수가 지금 이적을 보이면 믿겠다는 뜻이다.

제육시, 곧 낮 열두 시가 되었을 때에 어둠이 온 땅을 덮었다. 그리고 그것이 제구시, 곧 오후 세 시까지 계속되었다(33절). 정오부터 세시까지 일식이 일어난 것이다. 일반적으로 유월절 때에는 시기적으로 일식이 일어나지 않는데, 이 때 일어난 것은 기적이 아닐 수 없다. 아모스 선지자는 심판 날, 곧 메시야의 날에 대한 예언을 하면서 백주에 땅이 캄캄하게 되고, 너희 절기를 애통으로 변하게 하며, 독자의 죽음을 인하여 애통하듯 하게 할 것이라 했다(암 8:9-10).

제구시, 곧 오후 3시에 예수님께서 큰소리로 부르짖으셨다. "엘리 엘리 라마 사박다니(*Eloi Eloi lema sabachthani*)." 그것을 번역하면 "나의 하나님, 나의 하나님, 어찌하여 나를 버리셨나이까?"라는 뜻이다(34절).

마가는 예수님의 십자가상의 칠언 가운데 네 번째 말씀을 소개하고 있다. "엘리 엘리 라마 사닥다니"는 아람어이다. 예수님의 모국어로, 시편 22:1을 인용하신 말씀이다. 하나님에게서조차 버림받은 것 같은 정신적 고통을 절규의 목소리로 나타내신 것이다. 예수님은 인류의 죄를 대신하여 그 짐을 지시고, 저주를 받으셨다. 바로 우리 죄 때문이다.

거기에 서 있는 사람들 가운데서 몇이 듣고서 말했다. "보시오, 그가 엘리야를 부르고 있소."(35절) "엘리"를 "엘리야"로 잘못 들은 것이다. 그들은 예수님이 엘리야를 찾으며 구원을 요청하는 것으로 착각했다. 민간에서는 엘리야가 곤경에 처한 의인을 구해준다는 믿음을 가지고 있었다.

그때 한 사람이 달려가 흡수성이 강한 해면(*spongon*, a sponge)을 신 포도주(*oxous*, vinegar)에 적셔 갈대에 꿰어다가 예수님의 입에 대며 말했다. "가만두라(let be). 엘리야가 와서 그를 내려 주나(*kathelein*, take down) 보자."(36절) 신 포도주는 식초로, 로마 병사들이 평소 잘 마시던 것이었다. 그들이 예수님께 가져다 준 것은 그것이 고통을 덜어주는 역할을 하기 때문이었다. 로마병사들은 예수의 생명을 이렇게 연장시켜 과연 엘리야가 와서 그를 구해주는지 보고 싶어 했다.

예수님이 큰 소리를 지르시고 숨을 거두셨다(37절). 이 때 큰 소리는 "다 이루었다", "아버지여, 내 영혼을 아버지 손에 부탁하나이다."라는 말씀이었을 것이다.

그 때에 성전 휘장(*katapetasma*, veil)이 위에서 아래까지 찢어져 둘이 되었다(38절). 성전 휘장이 두 폭으로 찢어진 것이다. 이 휘장은 성소와 지성소 사이에 드리워져 있는 것이다(삼하 7:2). 일 년에 한 번 대제사장과 백성의 죄를 대속하는 대속죄일에 대제사장이 이 휘장을 열고 들어갈 수 있었다. 이 날을 "욤 키푸르"(Yom Kippur), 곧 죄 사함을 받는 대속의 날이라 한다.

예수님의 죽음으로 이 휘장이 위에서 아래로 찢어진 것은 구약의 제사제도가 그리스도의 대속의 죽음으로 완성되어 인류의 죄가 구속함을 받게 되었음을 가리킨다. 이제는 대제사장이 아니라 모든 성도가 제사장이 되어(벧전 2:9) 하나님 앞에 직접 나아갈 수 있게 되었다(히 6:19). 인간과 하나님 사이에 가로막고 있는 모든 담들이 제거된 것이다.

예수를 마주 보고 서 있던 백부장(*kentyrion*, centurion)이, 예수님께서 이와 같이 숨을 거두시는 것을 보고서 말했다. "이 사람은 진실로 하나님의 아들(*Huios Theou*, the Son of God)이었도다."(39절). 백부장은 병사 100명을 거느린 로마 장교이자 사형집행관이었다. 그는 이 모든 과정을 지켜보며 예수님이 어떤 존재인가를 깨닫고 고백하게 된 것이다.

멀리서 이 광경을 지켜보고 있는 여자들도 있었다. 그 가운데는 막달라 마리아도 있었고, 작은 야고보와 요세의 어머니 마리아도 있었고, 살로메도 있었다(40절). 막달라 마리아(Mary Magdalenc)는 일곱 귀신 들렸다가 고침을 받은 후 예수를 따르던 여자로, 막달라라는 작은 고을 출신이었다. 작은 야고보(James the less, the younger, the least)는 열두 제자 중 한 사람인 "알패오의 아들 야고보"를 가리킨다. 세베대의 아들 야고보와 비교하기 위해 "작은 야고보"라 불렀다. 요세(Iosetos, Joses, Joseph)는 작은 야고보의 형제 요셉을 가리킨다. 살로메(Salome)는 야고보와 요한의 어머니로, 요한복음 19:25에서는 예수님의 이모로 소개된다.

이들은 예수님이 갈릴리에 계실 때에 예수님을 따라다니며 섬기던 여자들이었다. 그 밖에도 예수님과 함께 예루살렘에 올라온 여자들이 많이 있었다(41절).

4. 무덤에 장사되심(42-47절)

그 날, 곧 예수님이 십자가 위에서 죽임을 당하신 날은 안식일 전날, 곧 안식일을 준비하는 금요일(예비일, *Paraskeue*, Preparation)이었다(42절). 금요일 낮에 안식일에 쓸 것을 미리 준비한다. 이 날은 예수님의 수난주간 중 금요일에 해당한다. 안식일이 시작되면 시체를 옮기지 못하기 때문에 그 전에 장사를 끝내야 했다. 율법 규정으로도 시체를 나무 위에 밤새 방치해둬서도 안 된다. 해가 지면(오후 6시) 안식일이 시작된다. 그런데 이미 날이 저물어가고 있었다.

그 때 아리마대(*Harimathaias*, Arimathea) 사람 요셉(*Ioseph*, Joseph)이 용감하게 빌라도를 찾아가서 예수님의 시체를 달라 했다. 그는 덕망이 높은(*euschemon*, prominent) 공회 회원이며 하나님의 나라를 기다리는 사람이었다(43절).

빌라도 앞에서 당당한 요셉과 도망한 제자를 비교해보라. 십자가 죽음 사건 후 그는 모든 두려움을 떨치고 담대해졌다. 이전에 그는 예수의 제자인 것을 숨겼다(요 19:38). 그러나 이제는 용감하게 나서서 예수의 시체를 요청하고 매장하고자 한 것이다. 당시 사형수 시체는 관정의 허락을 받아야만 장사지날 수 있었다. 시체를 다루면 부정한 사람으로 취급된다. 그는 주님을 생각하며 유월절을 포기했다. 그는 유대인도 두려워하지 않았다. 빌라도가 유대인에게 넘겨줄 위기도 감수했다.

빌라도는 예수가 벌써 죽었을까 하고 의아하게 생각했다. 십자가형은 며칠씩 고통을 받다가 죽는 것이 보통인데 시신을 요구하니 이상하게 여긴 것이다. 하지만 예수님은 불과 몇 시간 만에 숨을 거두셨다. 빨리 운명하신 것이다. 그래서 백부장을 불러서 예수가 죽은 지 오래되었는지 물어 보았다(44절). 빌라도는 백부장에게 알아보고 난 후 시신을 요셉에게 내어주었다(45절)

요셉은 예수님의 시체를 내린 후 준비한 세마포(*sindona*, linen cloth), 곧 고운 모시 천으로 쌌다. 시신을 씻고 향유를 발라 정결케 한 다음 옷을 입힌 뒤 세마포로 감싼 다음 관에 넣지 않고 무덤에 넣는 것이 일반적인 유대 장례법이었다. 그는 바위를 쪼아 내 만든 무덤에 넣고 큰 돌을 굴려 입구를 막았다(46절). 유대인들은 흔히 바위를 뚫어 시신을 안장하고 연자매 비슷한 돌로 입구를 막아놓았다. 이 무덤은 그가 자신을 위해 마련해놓은 것으로 새로 판 것이었다(마 27:60, 요 19:41). 이로써 이사야 53:9의 예언이 성취되었다.

이때 막달라 마리아와 요세의 어머니 마리아가 예수님의 시체를 넣어 둔 곳을 지켜보고 있었다(47절). 예수님의 시신이 어디에 잘 안장되고 있는지 지켜본 것이다. 이로써 예수님은 안식일인 토요일에 무덤에 계셨다.

마가복음 16장

부활하심, 제자들에게 나타나심, 제자들에게 사명주심, 승천하심

1. 부활하시다(1-8절)

안식일이 지났을 때 막달라 마리아, 야고보의 어머니 마리아, 그리고 살로메가 가서 예수님의 시신에 바를 향품(*aromata*, spices)을 사두었다(1절). 토요일 해가 지는 순간에 안식일이 끝난다. 그 때부터 물건을 사고 팔 수 있다. 여인들은 그 저녁에 향품을 사두었다. 시신이 썩는 냄새를 제거하기 위한 것이다. 마태복음 28:1에는 막달라 마리아와 다른 마리아로 소개되어 있다. "야고보의 어머니 마리아"는 작은 야고보와 요세의 어머니 마리아인지 알패오의 아내 마리아(요 19:25)인지 확실치 않다. 복음서를 보면 이 세 여인 외에 요안나, 또 다른 여자들도 있다(눅 24:10).

여인들은 안식일 다음 날, 곧 일요일 동틀 무렵에 무덤으로 갔다(2절). 일요일 새벽에 예수님께서 부활하셨기 때문에 일요일을 주일로 정해 예배를 드린다(행 20:7, 고전 16:2).

그들은 가면서 서로 걱정하는 말을 했다. "무덤 입구에 막아 둔 돌(*lithon*, stone)을 누가 굴려 줄까?"(3절) 무덤 입구를 막아놓은 돌을 굴려 출입구를 여는 것은 여러 명의 장정이 힘을 합쳐야 하는데, 여인들로서는 힘에 부치는 일이었기 때문이다. 일반적으로 무덤은 지면보다 낮아 지면에서 무덤 입구까지 경사진 골을 팠다. 따라서 입구를 돌로 막을 때는 돌을 굴리기 쉽지만 그

돌을 옮겨 무덤 문을 여는 것은 결코 쉬운 일이 아니었다.

그런데 눈을 들어서 보니, 그 돌덩이는 이미 굴려져 있었다. 그 돌은 엄청나게 컸다(4절). 그 여자들은 무덤 안으로 들어갔다. 그런데 웬 젊은 남자가 흰 옷을 입고 오른쪽에 앉아 있는 것을 보고 몹시 놀랐지 않을 수 없었다(5절). 흰 옷을 입은 청년은 천사를 가리킨다. 누가는 찬란한 옷을 입은 두 사람이 있었다했고, 요한은 흰 옷을 입은 두 천사라 했다. 여기서 흰 색은 빛깔의 표시라기보다 천사의 눈부신 영광을 표시한다(막 9:3, 계 6:11, 7:9, 13).

그 청년이 말했다. "놀라지 말아라. 너희가 십자가에 못 박히신 나사렛 예수님을 찾는 모양인데 그분은 다시 살아나서서 여기 계시지 않는다. 보아라. 여기가 그분의 시체를 두었던 자리이다."(6절). 여인들은 예수님의 몸에 향유를 바르기 위해 찾아왔지만 예수님은 이미 죽음에서 살아나셨다. 부활하신 것이다. 예수님의 무덤이 비었다는 것은 그가 부활하셨다는 증거이다.

청년은 계속해서 말했다. "너희는 제자들과 베드로에게 가서 예수님이 전에 말씀하신 대로 그들보다 먼저 갈릴리로 가서 거기서 그들을 만날 것이라고 알려 주어라."(7절)

"예수님이 전에 말씀하신 대로"는 예수님이 이미 예언하신 것이다(막 14:28). 갈릴리는 예수님이 가장 활발하게 복음을 전하신 곳이다. 예수님은 이곳에서 실망과 좌절에 빠진 제자들에게 새로운 교훈을 주시기 위해 모으신 것이다. 제자들은 주님이 자신들에게 말씀하신 것과 천사의 말을 통해 이 사실을 다시금 확인했을 것이다. 그 후 제자들은 갈릴리에서 주님을 만나게 된다. 그곳에서 베드로는 "내 양을 치라"는 사명을 받게 된다.

여자들은 무서워 떨며(*tromos*, trembling) 놀라(*ekstasis*, amazement) 정신없이 무덤에서 도망쳐 나왔다. 그들은 겁에 질려 아무에게도 말을 못하였다(8절). 이것은 예수님의 부활 사실에 놀랐고, 하나님께서 이 일에 결정적으로 개입하셨음을 깨닫자 두려워하지 않을 수 없었다. 그들은 거의 실신 상태에 이르렀다.

2. 제자들에게 나타나시다(9-13절)

마가복음은 18절로 끝났다. 9-20절은 괄호[ ]로 소개되고 있다. 이 부분은 후에 부활하신 예수님이 제자들에게 나타나신 것과 승천 기사를 덧붙인 것으로, "긴 결문"(the Longer Ending)이라 한다. 다른 복음서와 사도행전을 참고했을 것이다.

[예수께서 안식 후 첫날 이른 아침에 살아나신 후 전에 일곱 귀신을 쫓아내어 주신 막달라 마리아에게 먼저 보이셨다(9절). 2절의 표현이 반복되고 있다. 부활하신 예수님은 막달라 마리아에게 가장 먼저 나타나셨다. 이에 관해서는 마태복음 28:9, 누가복음 8:2, 요한복음 20:1, 14-19에 기록되어 있다.

부활 후 주님이 찾은 사람은 자신의 죽음을 슬퍼하는 막달라 마리아였다. 주님은 그의 눈물을 보신 것이다. 소망이 없어 보이는 그, 초라한 그를 찾으셨다. 주님은 또한 실패하여 도망가는 베드로를 만나셨다. 이것은 주님이 어떤 사람과 동행하기를 원하시는가를 보여준다. 주님은 우리가 약할 때, 실패하고 낙담할 때, 주저앉아 있을 때 찾아오신다.

마리아는 슬픔에 잠겨(*penthousi*, mourning) 울고 있는(*klaiousin*, weeping) 제자들에게 가서 이 사실을 말했다(10절). 이것은 제자들도 좌절과 슬픔 속에 빠져있었음을 잘 보여준다. 그러나 그들은 예수가 살아나셨다는 것과, 마리아에게 보이셨다는 말을 듣고서도 믿지 않았다(11절). 제자들은 주님이 부활할 것을 믿거나 기대하지 않았다. 주님이 부활하리라 기대하며 무덤 앞에 서성거린 제자는 하나도 없었다. 그들은 듣고도 믿지 않았다(*epistesan*, disbelieved).

이것은 여인에 대한 유대인 남성의 편견도 작용한 것으로 보인다. 당시 유대인들은 여인들을 재판 석에 증인으로 세우지 않았다. 편견 때문이었다. 당시는 여자들의 말은 믿지 않던 시대였다. 특히 일곱 귀신 들렸던 여인, 창녀출신, 천한 여자로 찍힌 막달라 마리아가 증거 하니 더욱 믿을 수 없었을 것이다.

12-13절은 예수님이 엠마오로 가던 두 제자에게 나타나신 사건을 기록한 것이다.

그 후 두 제자가 시골로 내려가고 있는데 예수님이 다른 모양으로 그들에게 나타나셨다(12절). "다른 모양으로"(*en hetera morphe*, in another form)는 예수님이 변형된 모습으로 그들에게 나타난 것이 아니라 그들이 예수님의 부활을 믿지 않았기 때문에 알아보지 못했음을 말한다. 그들은 영안이 열린 후에야 비로소 예수를 알아볼 수 있었다(눅 24:16, 31).

그 두 사람이 돌아가서 이 소식을 다른 제자들에게 알렸다. 하지만 그들은 이 말도 믿지 않았다(13절) 엠마오로 가던 두 제자가 돌아와 예수님을 만났다 해도 믿지 않았다. 그만큼 예수님의 부활은 믿기 어렵고, 놀라운 사건이었다. 우리는 부활을 철저히 믿어야 한다. 머리로 믿지 말고 전 인격적으로 믿어야 한다.

3. 제자들에게 사명을 주시다(14-18절)

그 뒤에 열한 제자가 음식을 먹고 있을 때에 예수님께서 그들에게 나타나셨다. 주님은 그들의 믿음 없음(*apistian*, unbelief)과 마음이 무딘 것(*sklerokardian*, hardness of heart)을 꾸짖으셨다. 그들이, 자기가 살아난 것을 본 사람들의 말을 믿지 않았기 때문이다(14절). 이 사건은 누가복음 24:36-49에도 소개된다. 예수님은 그들의 믿음 없는 것과 마음이 완악한 것을 책망하셨다.

그리고 예수님은 그들에게 이렇게 말씀하셨다. "너희는 온 세상에(*eis ton kosmon hapanta*, into all the world) 나가 모든 사람에게 복음을 전파하라(*keryxate*, proclaim)." (15절) 이것은 제자들이 머지않아 성령의 능력을 받아 전도에 나서게 될 것을 예언하신 말씀으로, 열한 제자에게 선교의 대 사명을 주신 것이다. 복음의 골자는 십자가와 부활이다. 십자가에 죽으시고 부활하신 예수님을 자신의 주로 받아들이면 구원을 얻는다.

"믿고 세례를 받는 사람은 구원을 얻을 것이요, 믿지 않는 사람은 정죄를 받을 것이다." (16절)

선포되는 복음을 믿고 세례를 받는 사람은 구원을 얻는다(*sothesetai*, will be saved). 하지만 그렇지 않는 자는 죄인으로 단정된다(*katakrithesetai*, will be condemned). 세례는 옛 사람이 그리스도와 함께 죽고 그분과 함께 새 생명으로 부활하는 것을 뜻한다. 예수를 불신할 때 정죄를 받는 것이지 의식을 준수하지 않아 정죄 받는 것은 아니다.

17-18절에는 믿는 자들에게 나타나는 다섯 가지 이적 현상이 기록되어 있다.

"믿는 자들에게는 이런 표적이 따르리니 곧 그들이 내 이름으로 귀신(*daimonia*, demons)을 쫓아내며 새 방언(*glossais kainais*, new tongues)을 말하며 뱀(*opheis*, serpents)을 집어 올리며 무슨 독(*thanasimon ti*, deadly anything)을 마실지라도 해를 받지 아니하며 병든 사람에게 손을 얹은즉 나으리라 하시더라." (17, 18절) 예수 그리스도 이름으로 악한 귀신을 쫓아낸다. 성령의 은사로서 방언을 말한다. 독사에게 물려도 해를 입지 않는다(사 11:8, 9). 병든 사람에게 안수하여 낫게 한다. 독을 마셔도 해를 받지 않는다.

4. 승천하시다(19-20절)

주 예수께서 그들에게 이 말씀을 하신 뒤에 하늘로 들려 올라가셔서 하나님의 오른쪽(*dexion*, right hand)에 앉으셨다(19절). 이 때는 부활하신 후 40일이었고(행 1:3), 장소는 베다니 부근에 위치한 감람산이었다(행 1:12). 예수님은 부활, 승천하신 후에 하나님의 보좌 위에 앉으셨다.

제자들은 나가서 곳곳에 복음을 전파하였다. 주님께서 그들과 함께 일하시고(*synergountos*, working with them), 여러 가지 표적(*semeion*, signs)이 따르게 하셔서 말씀을 확증하여(*bebaiountos*, confirming) 주셨다](20절). 이 구절은 사도행전을 요약한 것이다. 사도행전은 예수님이 승천하신 후 제자들의 복음 사역을 자세히 담고 있다.

공동번역에는 21, 22절을 계속 소개하고 있다. 한글개역개정이나 현대인의 성경 등에는 소개되지 않고 있다. 이 두 구절을 20절에 함께 소개하는 헬라어 성경도 있다.

"그 여자들은 베드로와 그의 동료들에게 가서 그들이 들은 모든 것을 간추려 이야기해 주었다(21절) 그 뒤 예수께서는 친히 제자들을 해가 뜨는 곳에서 해가 지는 곳까지 보내시어 영원한 구원(*aioniou soterias*, eternal salvation)을 선포하는 거룩한 불멸의 말씀(*hieron kai aphtharton kerygma*, sacred and imperishable preaching)을 전하게 하셨다. 아멘(22절)."

Mark 1:1
The beginning of the gospel of
Jesus Christ,
the Son of God.

Ἀρχὴ τοῦ εὐαγγελίου
Ἰησοῦ Χριστοῦ
[υἱοῦ θεοῦ].